不動産の
取得・賃貸・譲渡・承継の
消費税実務

税理士 熊王 征秀

清文社

四訂にあたって

　ついにインボイス制度がスタートしました。インボイス制度の導入により、駐車場や店舗・事務所などの不動産を賃借する事業者は、原則として賃貸人がインボイスの登録をしていなければ、仕入税額控除の適用を受けることができません。また、免税事業者が賃貸物件の建築費について消費税の還付を受けようとする場合、従来の手法であれば事前に「課税事業者選択届出書」を提出しておくことが必要とされていたわけですが、インボイス制度の導入に伴う経過措置により、免税事業者は「課税事業者選択届出書」を提出しなくても、インボイスの「登録申請書」を提出することで登録事業者（課税事業者）になることができるようになりました。

　登録申請書の「登録希望日」に記載した日から登録事業者（課税事業者）になることができるので、月の中途から課税事業者になることも認められます。また、「課税事業者選択届出書」を提出する必要がないことから、賃貸物件の取得価額が1,000万円未満の場合には「旧3年縛り」の規定は適用されないというメリットもあります（「旧3年縛り」については61～72頁で詳細に解説しています）。

　そこで、第四版の執筆に当たっては、インボイス制度の導入に伴う不動産取引に関する情報を最新状態にアップデートするとともに、下記の内容について加筆修正をすることとしました。

●第1部（インボイス制度関連）の内容をインボイス導入後の文章に変え、最新情報を追加
●第2部の第1章（取得）に「土地と建物の一括譲受」を追加
●第2部の第1章（取得）のⅤ（還付請求手続の実践演習）をインボイス導入後に全面改訂
●第3部の第2章Ⅳ（消費税経理通達関係Q&A）の改正に伴う改訂
●令和6年度改正のうち、不動産関連のものを追加掲載

　本書が、不動産実務に携わる税理士や公認会計士などの職業会計人のお役に立つことができれば幸甚です。

　令和6年6月

税理士　熊王　征秀

　令和の到来とともに、消費税はついに二桁税率の時代となりました。令和元年10月からの10%への増税とともに軽減税率制度が導入されたことに加え、令和5年10月からは適格請求書等保存方式（日本型インボイス制度）が実施されます。

　このように、消費税法の根幹に関わる重大な改正が着々と実現する一方で、消費税の還付請求に関する納税者と課税庁のいたちごっこは資産税顔負けの様相を呈しています。

　平成22年度改正法による「旧3年縛り」と平成28年度改正による「新3年縛り」が併存することによる実務上の混乱に加え、特定期間中の課税売上高による納税義務判定（平成23年度改正）と特定新規設立法人の納税義務免除の特例制度（社会保障・税一体改革法）の創設により、新設された法人の納税義務判定は、ジグソーパズルのように複雑怪奇なものへと変化してしまいました。

　実務の現場では、現住建造物を販売した場合の課税仕入れの用途区分に関する税務訴訟やサブリース契約に関する問題点など、とりわけ不動産に関するトラブルが勃発しているのが現状です。こういった実情を踏まえ、令和2年度改正では、居住用賃貸建物に対する仕入税額控除の制限や、非課税となる住宅の貸付けの範囲の実質判定など、不動産に関係する重要な改正がありました。

　建物の取得費は、相対的にその金額が大きくなることから、消費税の税額計算に多大なる影響があります。居住用の賃貸物件であれば、その取得費は仕入税額控除ができない反面、貸店舗などの商業用の物件であれば取得費の全額が仕入税額控除の対象となり、結果として消費税が還付されることも決して珍しいことではありません。

　こういった実情を踏まえ、本書では、まず第1部で「取得」、「賃貸」、「譲渡」、「承継」のカテゴリーごとに、不動産取引の実務上のポイントを整理することにしました。また、第1部の内容をフォローする目的で、第2部では、不動産取引に影響の大きい「特例選択（不適用）届出書」、「会計処理」、「納税義務判定」についての解説を試みています。

　本書が、不動産実務に携わる税理士や公認会計士などの職業会計人のお役に立つことができれば幸甚です。

令和2年9月

税理士　熊王　征秀

CONTENTS 目次

凡　例

本書において、カッコ内における法令等については、次の略称を使用しています。
【法令名略称】

消法	消費税法
消令	消費税法施行令
消基通	消費税法基本通達
法法	法人税法
法令	法人税法施行令
所法	所得税法
所令	所得税法施行令
所基通	所得税基本通達
軽減税率Q&A（個別事例編）	消費税の軽減税率制度に関するQ&A（個別事例編）（平成28年4月）（令和5年10月改訂）
インボイスQ&A	消費税の仕入税額控除制度における適格請求書等保存方式に関するQ&A（平成30年6月）（令和5年10月改訂）
TAINS	日税連税法データベース

＜記載例＞

消法2①九	消費税法第2条第1項第9号
令和2年改正法附則	令和2年改正消費税法附則
消基通11-2-19	消費税法基本通達11-2-19

※本書の内容は、令和6年6月1日現在の法令等に依っています。

第1部

インボイス制度の導入に伴う消費税実務の留意点

はじめに

　インボイスが導入される令和5年9月30日までの間は、免税事業者との取引であっても仕入税額控除の対象とすることができました。こういった理由から、免税事業者が発行する区分記載請求書には、軽減税率の適用対象取引であることと、税率ごとの取引金額を記載することが義務付けられていました（軽減税率Q＆A（個別事例編）問111）。

　軽減税率Q＆A（個別事例編）問111には、『…免税事業者は、取引に課される消費税がないことから、請求書等に「消費税額」等を表示して別途消費税相当額等を受け取るといったことは消費税の仕組み上、予定されていません。』との記載がされています。しかし、免税事業者が別途消費税相当額を受け取ることは法令などで禁止されていないため、現実の商取引においては、免税事業者でも外税で消費税相当額を受領しています。

　令和5年10月以降に、免税事業者が消費税相当額を記載した書類を発行することは、法令上禁止されているものではありません。しかし、インボイスの交付されない取引について、領収証や請求書に外税で消費税相当額が記載されていることに問題があるのもまた事実です。

　インボイスのない課税仕入れは経過措置により原則として仕入税額の80％しか控除できないわけですから、取引先（仕入先）との価格交渉において、トラブルに繋がる可能性があることに注意する必要があります。

　免税の不動産賃貸業者が駐車場の賃料に外税で消費税相当額を上乗せしている場合、賃借人が本則課税で消費税の申告をしていたらどうでしょう…10％の消費税相当額のうち80％しか控除できないのに何も言わずに10％の消費税相当額を払ってくれるでしょうか…？

　私見ではありますが、インボイスの登録をしていない事業者が外税で消費税相当額を受領することは、法律上問題はないものの、商取引としてそもそも成立しないのではないかと思います。消費税相当額を受領しているのであるならば、インボイスの登録をして納税するのが当たり前ではないでしょうか？

　ましてや不動産賃貸業であれば、必要経費は固定資産税と借入金利子、減価償却費くらいしかないわけですから、本則課税で申告した場合と比較して、簡易課税や2割特例を使うことにより、納税額は驚くほどに圧縮することができるのです。すべての免税事業者がインボイスの登録をする必要はありませんが、少なくとも外税で消費税相当額を受領している不動産賃貸業者は、礼儀としてインボイスの登録は必要ではないかと思います（私見）。

Ⅰ 家賃の改定方法

インボイス導入後は、賃貸人が課税事業者か免税事業者かによって、また、外税により消費税相当額を受領しているかどうかによって家賃の改定方法が異なってくるものと思われます。

いずれにせよ、契約更新時などに、インボイスの導入をきっかけにした賃料改定のタイミングを逃すことのないよう、事前に周到な準備が必要になるものと思われます。

	消費税の受領方法	登録の是非の検討	家賃の改定方法
課税事業者	外税	登録（○）	課税事業者であれば登録をして従来どおり外税で消費税を受領することで問題ないと思われます。
	内税	登録（○）	外税への変更を賃借人に打診（お願い）してみてはどうでしょうか？
免税事業者	外税	登録（○）	賃借人が本則課税の場合、賃貸人が登録しないと仕入税額控除ができません。よって、外税で消費税を受領する限りは登録が必要になるものと思われます。 ※消費税相当額を受領するかどうかは値決めの問題であり、免税事業者でも消費税相当額を受領することに問題はないという意見もあります。
	内税	登録（×）	内税であればあえて登録の必要はないものと思われます。また、賃借人がサラリーマンや免税事業者、簡易課税適用事業者の場合も登録は必要ありません。 ※登録して外税への変更をお願いするという方法も検討する必要があります。

Ⅱ 立替金と口座振替家賃

1 立替金の精算

他の者が立替払をした経費などの精算については、他の者が受領したインボイスのコピーとともに、立替金精算書等の書類の保存を要件に仕入税額控除を認めることとしています。この場合において、他の者（立替者）が適格請求書発行事業者であるかどうかは問いません。

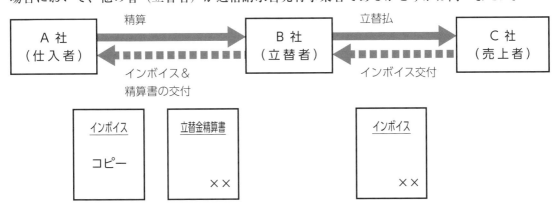

なお、インボイスのコピーが大量になるなど、事務的な諸事情がある場合には、立替金精算書等の書類の保存だけでよいこととされています（消基通11－6－2・インボイスＱ＆Ａ問94）。

2　口座振替（振込）家賃の取扱い

　口座振替や振込により決済される家賃については、登録番号などの必要事項が記載された契約書とともに、日付と金額が印字された通帳を保存することにより、インボイスの発行を省略することができます。

　なお、不動産の賃貸借のように請求書等が発行されない取引については、中途で貸主が適格請求書発行事業者でなくなることも想定されますので、国税庁のホームページ（公表サイト）で貸主の状況を確認したうえで仕入控除税額の計算をする必要があります（インボイスＱ＆Ａ問95）。

適格請求書の記載事項		記載書類
①	適格請求書発行事業者の氏名又は名称	契約書
②	登録番号	契約書
③	取引年月日	通帳
④	取引内容	契約書
⑤	税率区分ごとに合計した取引金額	通帳
⑥	⑤に対する消費税額等および適用税率	契約書
⑦	請求書等受領者の氏名又は名称	契約書

3　集金代行

　媒介者交付特例は商品などの販売委託だけでなく、請求書の発行事務や集金事務といった商品の販売等に付随する行為のみを委託しているような場合も対象となります。よって、賃借人から家賃を集金代行する際には、管理会社の名称でインボイスを発行することができます。

　また、賃貸人の名称でインボイスを代理交付することもできます（消令70の12①・インボイスＱ＆Ａ問48）。

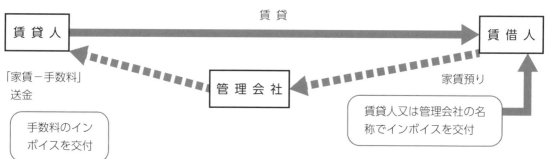

Ⅲ 共有物の取扱い

　非登録事業者である共同所有者とともに共有物の譲渡又は貸付けを行う場合には、譲渡対価や家賃の額を持分割合などで合理的に区分したうえで、自己のインボイスを発行する必要があります（インボイス通達3－5、インボイスＱ＆Ａ問52）。よって、賃借人の利便性を考慮した場合、下記のような方法を検討することも必要ではないかと思われます。

●非登録事業者にもインボイスの登録をさせたうえで、簡易課税制度又は2割特例の適用を検討する。

●共同所有者に非登録事業者がいる場合には、共同所有者が1枚の請求書や領収書によりまとめて決済するのではなく、所有者ごとの書類を準備して決済する。

具体例 夫婦共有の賃貸物件で、夫が登録事業者、妻が非登録事業者の場合

■夫婦共々登録して領収証（インボイス）を発行するケース

```
                        領収書

○○御中                                   ○年○月○日


    ○月分家賃    1,000,000円
    10%消費税      100,000円
                  1,100,000円


○○区○○町○－○－○所在の倉庫の賃貸料として


○○一郎（和子）        登録番号Ｔ－×××××
```

（注）夫（妻）の名前と登録番号でインボイスを発行することができます（インボイスＱ＆Ａ問48）。

■夫婦別々に領収証を発行するケース

```
                        領収書

○○御中                                   ○年○月○日
    ○月分家賃    500,000円
    10%消費税      50,000円
                  550,000円
○○区○○町○－○－○所在の倉庫の持分2分の1に対する賃貸料と
して
    ○○一郎                        登録番号Ｔ－×××××
```

```
                              領収書
  ○○御中                                      ○年○月○日


    ○月分家賃　500,000円


    ○○区○○町○−○−○所在の倉庫の持分２分の１に対する賃貸料と
  して
    ○○和子
```

Ⅳ　非登録事業者から販売用の建物を取得した場合の取扱い

　仕入税額控除の適用を受けるためには、インボイスだけでなく、法定事項が記載された帳簿の保存も必要とされています（消法30⑦～⑨）。

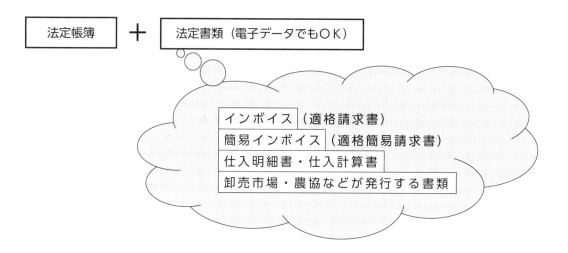

　ただし、<u>宅地建物取引業を営む者が適格請求書発行事業者でない消費者などから買い受ける販売用の建物</u>については、帳簿に下記の事項を記載することにより、インボイスがなくても仕入税額控除が認められます（消令49①一ハ（３））。

●帳簿の記載事項
　①　仕入先の氏名又は名称
　②　取引年月日
　③　取引内容（適格請求書発行事業者でない者から買い受けた販売用の建物）
　④　取引金額（対価の額）

インボイスがなくても仕入税額控除ができるのは、販売用の建物（棚卸資産）に限定されています。よって、消費者などの非登録事業者から事業用の建物（固定資産）を購入した場合には、原則として仕入税額控除はできないことになりますので注意してください。

（注）土地と建物を一括して譲り受けた場合の建物の対価の計算方法は45〜49頁をご参照ください。

V 2割特例

「2割特例」とは、小規模事業者がインボイスの登録をした場合には、仕入税額を売上税額の8割とする制度です。

結果、納税額は課税標準額に対する消費税額の2割となるので、簡易課税制度の適用を受け、第2種事業として申告する場合と納税額は同額になります（平成28年改正法附則51の2）。

$$\boxed{\text{売上税額}} \times 80\% = \boxed{\text{特別控除税額}} \text{（仕入控除税額）}$$

↑
課税標準額に対する消費税額＋貸倒回収に係る消費税額−返還等対価に係る税額

1 適用対象期間

「2割特例」は、インボイスの登録をしなければ免税事業者となるような小規模事業者を対象とするものなので、適用対象期間中であっても、下記の事由が生じた場合には「2割特例」の適用はありません。

また、小規模事業者の計算の簡便化のために創設された制度なので、課税期間を短縮している場合についても適用を受けることはできません。

① 基準期間における課税売上高が1,000万円を超えたことにより課税事業者となる場合

② 特定期間中の課税売上高（給与等の支払額）による納税義務の免除の特例により課税事業者となる場合

③ 相続・合併・分割があった場合の納税義務の免除の特例により課税事業者となる場合
　※相続人がインボイスの登録をした後で相続が発生した場合には、被相続人の基準期間中の課税売上高が1,000万円を超えていたとしても、相続があった年についてだけは「2割特例」を適用することができます。

④ 新設法人・特定新規設立法人の納税義務の免除の特例により課税事業者となる場合

⑤ 調整対象固定資産・高額特定資産を取得した場合の3年縛りの掟により課税事業者となる場合

「２割特例」は、令和５年10月１日から令和８年９月30日までの日の属する各課税期間において適用することができます。「令和５年10月１日から令和８年９月30日までの間」という期間限定ではないので注意する必要があります。

よって、個人事業者であれば令和８年まで、３月決算法人であれば令和９年３月決算期まで「２割特例」が適用できることになります。

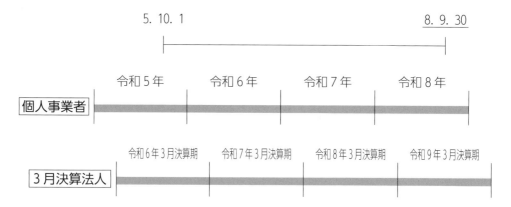

個人事業者の各年における課税売上高が下表のように推移した場合、基準期間における課税売上高が1,000万円を超える課税期間については「２割特例」を適用することができません。

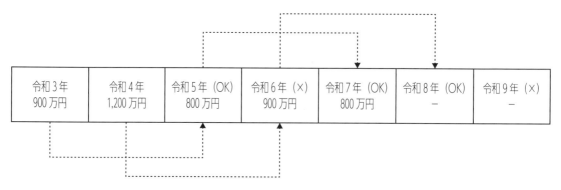

（注）令和９年の基準期間（令和７年）における課税売上高は1,000万円以下ですが、令和９年は「２割特例」の適用対象期間ではありません。

2 相続があった年における２割特例の適用関係

1 ◆事業を承継した相続人がいる場合の取扱い

事業を承継した相続人がいる場合には、みなし登録期間中は、相続人を適格請求書発行事業者とみなし、被相続人の登録番号を相続人の登録番号とみなすこととされています（消法57の３③④）。

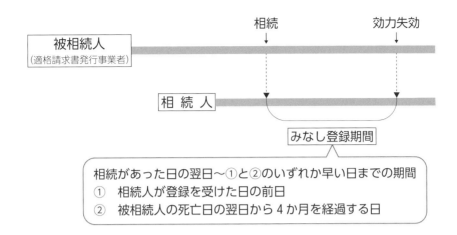

相続があった日の翌日~①と②のいずれか早い日までの期間
①　相続人が登録を受けた日の前日
②　被相続人の死亡日の翌日から4か月を経過する日

2 ◆ 相続があった場合の納税義務の免除の特例

　相続があった年において、被相続人の基準期間中の課税売上高が1,000万円を超える場合には、事業を承継した相続人は、相続のあった日の翌日から12月31日までの期間、課税事業者に取り込まれることになります。

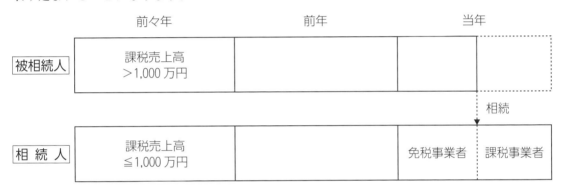

3 ◆ 相続があった年における2割特例の適用関係

　納税義務免除の特例規定が適用され、相続人が課税事業者に取り込まれるようなケースでは、相続人は原則として「2割特例」の適用を受けることはできません。

　ただし、相続人がすでに登録を済ませているようなケースでは、「相続」という予測不可能な事態に巻き込まれた場合でも、事前登録を条件に、相続があった年についてだけは「2割特例」の適用を認めることとしています。

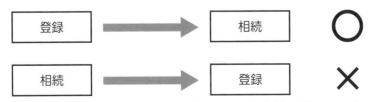

※登録事業者には、相続により事業を承継した相続人（みなし登録事業者）が含まれます。

また、被相続人の基準期間中の課税売上高が1,000万円以下の場合には、そもそも「相続があった場合の納税義務免除の特例規定」の適用はありませんので、相続発生日に関係なく、相続人はインボイスの登録を条件に「2割特例」の適用を受けることができます。

　登録開始日（6.10.1）の前日までに相続が発生しているので「2割特例」の適用はできません。この場合において、被相続人が簡易課税制度の適用を受けている場合には、相続人は、令和6年12月31日までに「簡易課税制度選択届出書」を提出することにより、「（A）＋（B）」の期間中の申告について、簡易課税によることができます（消法37①、消令56①二）。
（注）令和5年10月1日から登録する場合には、登録通知日に関係なく、登録開始日は令和5年10月1日になります。

　登録開始日（6.10.1）以後に相続が発生しているので、相続人は（C）の期間中の申告について「2割特例」の適用を受けることができます。

3 「2割特例」に関する届出書の提出義務

「2割特例」については届出書の提出義務はありません。ただし、「2割特例」の適用を受けようとする場合には、確定申告書にその旨を付記することが義務付けられています。

4 「課税事業者選択届出書」と「2割特例」の関係

「課税事業者選択届出書」を提出している事業者がインボイスの登録をしている場合には、次の①と②のいずれの要件も満たす場合について、「2割特例」の適用が認められます。

> ①　インボイスの登録をしなければ免税事業者となれる課税期間であること
> ②　「課税事業者選択届出書」を提出しなければ免税事業者となれる課税期間であること

ただし、「課税事業者選択届出書」の提出により、令和5年10月1日前から引き続き課税事業者となっている事業者は、令和5年10月1日の属する課税期間について「2割特例」を適用することはできません。

具体例1 令和3年中に「課税事業者選択届出書」を提出した個人事業者が、令和4年分の申告で消費税の還付を受けるケース

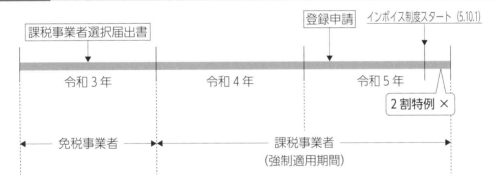

上記の＜具体例1＞では、「課税事業者選択届出書」の提出により、令和5年10月1日前から引き続き課税事業者となっています。よって、令和5年分の申告で「2割特例」の適用を受けることはできません。

なお、「課税事業者選択届出書」の提出により「2割特例」の適用が制限されるのは、令和5年10月1日にまたがる課税期間に限定されています。よって、下記＜具体例2＞のケースでは、令和5年中に調整対象固定資産を取得しない限り、令和6年分の申告で「2割特例」を適用することができます。

(注) 令和5年中に調整対象固定資産又は高額特定資産を取得した場合には、令和6年と令和7年は「2割特例」の適用を受けることができません。

令和 4 年中に「課税事業者選択届出書」を提出した個人事業者が、令和 5 年分
の申告で商品の仕入れなどについて消費税の還付を受けるケース

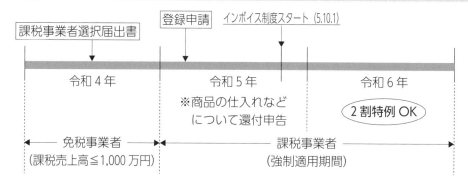

5 「簡易課税制度選択届出書」と「2割特例」の関係

1 ◆「2割特例」との有利選択はできるか？

　簡易課税制度選択届出書が提出済みであったとしても、申告時に簡易課税によるか2割特例
によるかを選択することができます。

　また、「簡易課税制度選択届出書」を提出していない場合には、申告時に本則課税によるか
2割特例によるかを選択することができます。

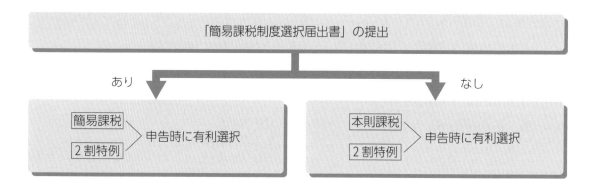

2 ◆「簡易課税制度選択届出書」の提出期限

　「2割特例」の適用を受けた登録事業者が、その翌課税期間中に「簡易課税制度選択届出書」を提出した場合には、その提出日の属する課税期間から簡易課税により申告することができます。

具体例 1

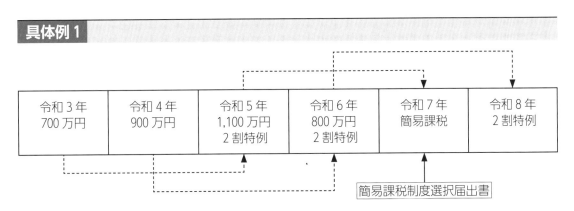

具体例 2

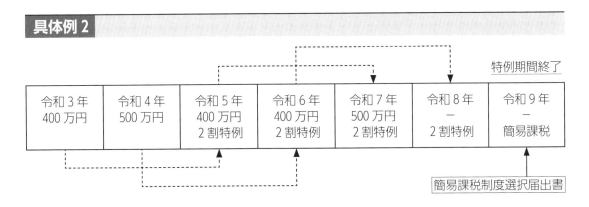

届出書の提出日の属する課税期間から適用を受けようとする場合に☑を忘れない

消 費 税 簡 易 課 税 制 度 選 択 届 出 書

収受印			
令和　年　月　日	届 出 者	（フリガナ）	
		納　税　地	（〒　　－　　　） （電話番号　　　－　　　－　　　）
		（フリガナ）	
		氏 名 又 は 名 称 及 び 代 表 者 氏 名	
＿＿＿＿税務署長殿		法 人 番 号	※個人の方は個人番号の記載は不要です。

下記のとおり、消費税法第37条第1項に規定する簡易課税制度の適用を受けたいので、届出します。

□ 　所得税法等の一部を改正する法律（平成28年法律第15号）附則第51条の2第6項の規定
又は消費税法施行令等の一部を改正する政令（平成30年政令第135号）附則第18条の規定
により消費税法第37条第1項に規定する簡易課税制度の適用を受けたいので、届出します。

①	適 用 開 始 課 税 期 間	自　令和　　年　　月　　日　　至　令和　　年　　月　　日	
②	① の 基 準 期 間	自　令和　　年　　月　　日　　至　令和　　年　　月　　日	
③	② の 課 税 売 上 高		円
事 業 内 容 等		（事業の内容）	（事業区分） 第　　種事業

⋮

第3-(1)号様式

<table>
<tr><td>令和　　年　　月　　日</td><td>税務署長殿</td></tr>
</table>

（収受印）

納　税　地

（電話番号　　　－　　　－　　　）

（フリガナ）
名　　称
又は屋号

個人番号
又は法人番号

↓個人番号の記載に当たっては、左端を空欄とし、ここから記載してください。

（フリガナ）
代表者氏名
又は氏名

※税務署処理欄

（個人の方）振替継続希望

所管｜署号｜整理番号

申告年月日　令和　　年　　月　　日

申告区分｜指導等｜庁指定｜局指定

通信日付印｜確認｜確認書類　個人番号カード　通知カード・運転免許証　その他（　　）｜身元確認

指導　年　月　日｜相談｜区分1｜区分2｜区分3
令和

第一表

令和五年十月一日以後終了課税期間分　一般用

自　平成・令和　　年　　月　　日
至　令和　　年　　月　　日

課税期間分の消費税及び地方消費税の（　　　）申告書

中間申告の場合の対象期間　自　平成・令和　　年　　月　　日　至　令和　　年　　月　　日

この申告書による消費税の税額の計算

課税標準額	①	000
消費税額	②	
控除過大調整税額	③	
控除税額 控除対象仕入税額	④	
返還等対価に係る税額	⑤	
貸倒れに係る税額	⑥	
控除税額小計（④＋⑤＋⑥）	⑦	
控除不足還付税額（⑦－②－③）	⑧	
差引税額（②＋③－⑦）	⑨	00
中間納付税額	⑩	00
納付税額（⑨－⑩）	⑪	00
中間納付還付税額（⑩－⑨）	⑫	00
この申告書が修正申告である場合 既確定税額	⑬	
差引納付税額	⑭	00
課税売上割合 課税資産の譲渡等の対価の額	⑮	
資産の譲渡等の対価の額	⑯	

この申告書による地方消費税の税額の計算

地方消費税の課税標準となる消費税額 控除不足還付税額	⑰	
差引税額	⑱	00
譲渡割額 還付額	⑲	
納税額	⑳	00
中間納付譲渡割額	㉑	00
納付譲渡割額（⑳－㉑）	㉒	00
中間納付還付譲渡割額（㉑－⑳）	㉓	00
この申告書が修正申告である場合 既確定譲渡割額	㉔	
差引納付譲渡割額	㉕	
消費税及び地方消費税の合計（納付又は還付）税額	㉖	

付記事項・参考事項

		有	無	
割賦基準の適用		有	無	31
延払基準等の適用		有	無	32
工事進行基準の適用		有	無	33
現金主義会計の適用		有	無	34
課税標準額に対する消費税額の計算の特例の適用		有	無	35

控除税額の計算方法：
課税売上高5億円超又は課税売上割合95％未満　個別対応方式／一括比例配分方式
上記以外　全額控除

基準期間の課税売上高　　千円

税額控除に係る経過措置の適用（2割特例）

〇を付けます

還付を受けようとする金融機関等：
銀行／金庫・組合／農協・漁協　本店・支店／出張所／本所・支所
預金　口座番号
ゆうちょ銀行の貯金記号番号　－
郵便局名等

（個人の方）公金受取口座の利用

※税務署整理欄

税理士署名

（電話番号　　　－　　　－　　　）

税理士法第30条の書面提出有
税理士法第33条の2の書面提出有

㉖第⑪欄＋第⑫欄＋第⑮欄＋第㉒欄・修正申告の場合は第⑭欄＋㉕欄
※還付税額となる場合はマイナス「－」を付してください

V　2割特例　15

第３−（３）号様式

令和　年　月　日		税務署長殿
納　税　地	（電話番号　　−　　−　　）	
（フリガナ） 名　称 又は屋号		
個人番号 又は法人番号	↓個人番号の記載に当たっては、左端を空欄とし、ここから記載してください。	
（フリガナ） 代表者氏名 又は氏名		

（簡）

第一表

令和五年十月一日以後終了課税期間分一簡易課税用

※税務署処理欄		
	□ （個人の方）振替継続希望	
所轄 要否 整理番号		
申告年月日	令和　　年　　月　　日	
申告区分	指導等 庁指定 局指定	
通信日付印 確認	確認書類 個人番号カード 通知カード・運転免許証 その他（　　　）	身元確認 □
年　月　日		
指導 年 月 日	相談 区分1 区分2 区分3	
令和		

自 平成・令和 □□ □□ □□
至 令和 □□ □□ □□

課税期間分の消費税及び地方消費税の（　　　）申告書

中間申告の場合の対象期間
自 平成・令和 □□ □□ □□
至 令和 □□ □□ □□

この申告書による消費税の税額の計算

課　税　標　準　額	①	000
消　　費　　税　　額	②	
貸倒回収に係る消費税額	③	
控除税額 控除対象仕入税額	④	
返還等対価に係る税額	⑤	
貸倒れに係る税額	⑥	
控除税額小計（④＋⑤＋⑥）	⑦	
控除不足還付税額（⑦−②−③）	⑧	
差引税額（②＋③−⑦）	⑨	00
中　間　納　付　税　額	⑩	00
納　付　税　額（⑨−⑩）	⑪	00
中間納付還付税額（⑩−⑨）	⑫	00
この申告書が修正申告である場合 既確定税額	⑬	
この申告書が修正申告である場合 差引納付税額	⑭	00
この課税期間の課税売上高	⑮	
基準期間の課税売上高	⑯	

この申告書による地方消費税の税額の計算

地方消費税の課税標準となる消費税額 控除不足還付税額	⑰	
地方消費税の課税標準となる消費税額 差引税額	⑱	00
譲渡割額 還　付　額	⑲	
譲渡割額 納　税　額	⑳	00
中間納付譲渡割額	㉑	00
納付譲渡割額（⑳−㉑）	㉒	00
中間納付還付譲渡割額（㉑−⑳）	㉓	00
この申告書が修正申告である場合 既確定譲渡割額	㉔	
この申告書が修正申告である場合 差引納付譲渡割額	㉕	00
消費税及び地方消費税の合計（納付又は還付）税額	㉖	

付記事項				
割賦基準の適用		□ 有	□ 無	
延払基準等の適用		□ 有	□ 無	
工事進行基準の適用		□ 有	□ 無	
現金主義会計の適用		□ 有	□ 無	
課税標準額に対する消費税額の計算の特例の適用		□ 有	□ 無	

参考事項		区分	課税売上高（免税売上高を除く）	売上割合%
	事業区分		千円	
		第1種		
		第2種		
		第3種		
		第4種		
		第5種		
		第6種		
項		特例計算適用（令57③）	□ 有	□ 無

税額控除に係る経過措置の適用（２割特例） □

還付を受けようとする金融機関等	銀　行 金庫・組合 農協・漁協	本店・支店 出 張 所 本所・支所
	預金口座番号	
	ゆうちょ銀行の貯金記号番号	
	郵便局名等	**〇を付けます**

□ （個人の方）公金受取口座の利用

※税務署整理欄

税理士署名	
	（電話番号　　−　　−　　）

□ 税理士法第30条の書面提出有
□ 税理士法第33条の2の書面提出有

16

第4-(13)号様式

付表6　税率別消費税額計算表
〔小規模事業者に係る税額控除に関する経過措置を適用する課税期間用〕

| | | | 特　別 |

| 課　税　期　間 | ・ ・ ～ ・ ・ | 氏 名 又 は 名 称 | |

I　課税標準額に対する消費税額及び控除対象仕入税額の計算の基礎となる消費税額

区　　　　分		税 率 6.24 ％ 適 用 分 A	税 率 7.8 ％ 適 用 分 B	合　　　計　　　C (A＋B)
課 税 資 産 の 譲 渡 等 の 対 価 の 額	①	※第二表の⑤欄へ	円 ※第二表の⑥欄へ　　　　　　円	※第二表の⑦欄へ　　　円
課 税 標 準 額	②	①A欄（千円未満切捨て）	①B欄（千円未満切捨て）	※第二表の①欄へ
		000	000	000
課 税 標 準 額 に 対 す る 消 費 税 額	③	（②A欄×6.24/100）※第二表の⑮欄へ	（②B欄×7.8/100）※第二表の⑯欄へ	※第二表の⑪欄へ
貸 倒 回 収 に 係 る 消 費 税 額	④			※第一表の③欄へ
売 上 対 価 の 返 還 等 に 係 る 消 費 税 額	⑤			※第二表の⑰、⑱欄へ
控 除 対 象 仕 入 税 額 の 計 算 の 基 礎 と な る 消 費 税 額 （ ③ ＋ ④ － ⑤ ）	⑥			

II　控除対象仕入税額とみなされる特別控除税額

項　　　　目		税 率 6.24 ％ 適 用 分 A	税 率 7.8 ％ 適 用 分 B	合　　　計　　　C (A＋B)
特 別 控 除 税 額 （ ⑥ × 80 ％ ）	⑦			※第一表の④欄へ

III　貸倒れに係る税額

項　　　　目		税 率 6.24 ％ 適 用 分 A	税 率 7.8 ％ 適 用 分 B	合　　　計　　　C (A＋B)
貸 倒 れ に 係 る 税 額	⑧			※第一表の⑥欄へ

注意　金額の計算においては、1円未満の端数を切り捨てる。

（R5.10.1以後終了課税期間用）

Ⅵ 申請書・届出書の提出期限

1 免税事業者が登録申請するケース

　免税事業者がインボイスの登録申請をする場合には、「適格請求書発行事業者」になろうとする課税期間の初日から起算して15日前の日までに登録申請書を提出しなければなりません（消法57の2②、消令70の2）。

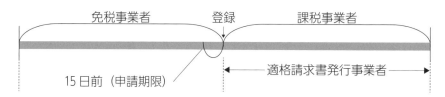

　期限までに申請書を提出した場合において、実際の登録日がその課税期間の初日後にずれこんだ場合には、その課税期間の初日に登録を受けたものとみなされますので、登録通知を受け取った後に登録番号を取引先に通知すれば、通知前に交付した請求書等はインボイスとしての効力を有することになります。

	翌年（翌事業年度）から登録する場合の登録申請書の提出期限
個人事業者	当年の12月17日
3月決算法人	当事業年度の3月17日
9月決算法人	当事業年度の9月16日

「…課税期間の初日から起算して15日前の日までに…」とは？

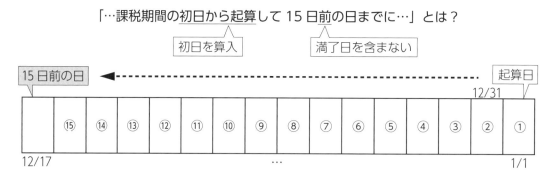

（注）令和4年度第7回日税連マルチメディア研修・財務省主税局税制第二課作成資料31頁を基に作成

2 新規開業などの場合

　事業者が下記の課税期間の初日から登録を受けようとする場合には、その課税期間の末日までに登録申請書を提出することにより、その課税期間の初日に登録を受けたものとみなされます（消令70の4、消規26の4）。

① 新規に開業（設立）をした日の属する課税期間

　　ただし、相続があったことにより登録事業者とみなされる場合を除きます。詳しくは8〜10ページをご参照ください。

② 法人が、吸収合併によりインボイスの登録をしていた被合併法人の事業を承継した場合の合併があった日の属する課税期間

③ 法人が、吸収分割によりインボイスの登録をしていた分割法人の事業を承継した場合の分割があった日の属する課税期間

　新規開業（設立）日の属する課税期間の初日から登録を受けようとする事業者は、登録申請書【1／2】の「事業者区分」欄の該当箇所にチェックするとともに、「課税期間の初日」の欄を忘れずに記載する必要があります。登録申請書の記載欄については23ページをご参照ください。

３　免税事業者が令和5年10月1日から登録する場合

　免税事業者が令和5年10月1日の属する課税期間中に登録を受ける場合には、「課税事業者選択届出書」の提出は不要とされています。

　例えば、免税事業者である個人事業者が令和5年10月1日より「適格請求書発行事業者」となる場合には、上記の期限までに登録申請書を提出することにより適格請求書発行事業者としてインボイスを発行することができます。

　この場合において、令和5年1月1日〜令和5年9月30日の間は免税事業者として納税義務はありませんので、登録開始日である令和5年10月1日以後の期間についてのみ、課税事業者として申告義務が発生することになります（平成28年改正法附則44④、消基通21−1−1）。

　また、登録日以後の期間（令和5年10月1日〜令和5年12月31日）について簡易課税制度の適用を受けようとする場合には、令和5年12月31日までに「簡易課税制度選択届出書」を提出することにより、簡易課税により仕入控除税額を計算することができます（平成30年改正令附則18）。

　つまり、「簡易課税制度選択届出書」は登録日の属する課税期間の末日までに提出すればよいということです。

登録日の属する課税期間から適用を受けようとする場合に☑を忘れない

消 費 税 簡 易 課 税 制 度 選 択 届 出 書

収受印	令和　年　月　日	届　出　者	（フリガナ）	
			納　税　地	（〒　　－　　　） （電話番号　　　－　　　－　　　）
			（フリガナ）	
			氏 名 又 は 名 称 及 び 代 表 者 氏 名	
	＿＿＿＿税務署長殿		法 人 番 号	※個人の方は個人番号の記載は不要です。

下記のとおり、消費税法第37条第1項に規定する簡易課税制度の適用を受けたいので、届出します。

☐ 所得税法等の一部を改正する法律（平成28年法律第15号）附則第51条の2第6項の規定又は消費税法施行令等の一部を改正する政令（平成30年政令第135号）附則第18条の規定により消費税法第37条第1項に規定する簡易課税制度の適用を受けたいので、届出します。

①	適用開始課税期間	自　令和　　年　　月　　日　　　至　令和　　年　　月　　日
②	①の基準期間	自　令和　　年　　月　　日　　　至　令和　　年　　月　　日
③	②の課税売上高	円
事 業 内 容 等	（事業の内容）	（事業区分） 第　　　種事業

⋮

4　免税事業者の登録手続に関する経過措置の延長（令和4年度改正）

1 ◆ 登録手続に関する経過措置の延長と課税期間の中途からの登録

　免税事業者はインボイスの発行ができないため、取引先からの要請により、インボイスの登録申請をして適格請求書発行事業者となることが予想されます。

　この場合、適格請求書発行事業者になると消費税の申告義務が生ずるため、納付消費税額をコストとして負担しなければなりません。

　そこで、免税事業者のような適格請求書発行事業者でない「非登録事業者」からの課税仕入れについては、令和5年10月1日から令和8年9月30日までの期間については課税仕入高の80％、令和8年10月1日から令和11年9月30日までの期間については、課税仕入高の50％を仕入控除税額の計算に取り込むことができます（平成28年改正法附則52、53）。

　免税事業者は、この経過措置も考慮に入れながら、登録の必要性と資金繰りを天秤にかけ、取引先との価格交渉に当たらなければなりません。つまり、登録の是非を慎重に判断する必要があるということです。

　令和4年度改正では、免税事業者が登録の必要性を見極めながら柔軟なタイミングで適格請求書発行事業者となれるようにするため、令和5年10月1日の属する課税期間だけでなく、令

和5年10月1日から令和11年9月30日の属する課税期間においても、「課税事業者選択届出書」を提出することなく、登録申請書を提出することにより、適格請求書発行事業者となることを認めることとしました。また、登録申請書を提出することにより、年又は事業年度の中途から登録をすることもできます（平成28年改正法附則44④）。

　簡易課税制度についても、令和5年10月1日から令和11年9月30日の属する課税期間において登録する免税事業者については、登録日の属する課税期間中に「簡易課税制度選択届出書」を提出することにより、その課税期間から簡易課税により仕入控除税額を計算することができます。

具体例

　個人事業者であれば、登録申請書を提出することにより、令和5年から令和11年分までの任意の年（課税期間）について適格請求書発行事業者になることができます。また、令和6年10月1日といったように、年の中途からの登録も認められます。

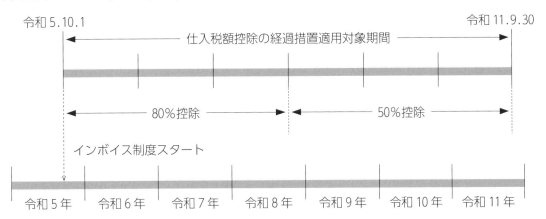

2 ◆ 免税事業者が登録した場合の課税事業者としての拘束期間

　令和4年度改正では、「課税事業者選択届出書」を提出した事業者とのバランスに配慮し、令和5年10月1日から令和11年9月30日の属する課税期間において登録する免税事業者は、令和5年10月2日以後に開始する課税期間について、登録開始日から2年を経過する日の属する課税期間までの間は課税事業者として申告義務を課することとしています（平成28年改正法附則44⑤）。

　注意したいのは、令和5年10月1日の属する課税期間において登録する免税事業者は、いわゆる2年縛りの規定がないということです。

　したがって、個人事業者（免税事業者）が令和5年10月1日に登録した場合には、令和5年12月17日までに登録取消届出書を提出することにより、令和6年から免税事業者となることができるのに対し、令和6年1月1日に登録した個人事業者（免税事業者）は、登録開始日（令和6年1月1日）から2年を経過する日（令和7年12月31日）の属する課税期間（令和7年）までの間は課税事業者として申告義務がありますので、結果、令和6年と令和7年の2年間は課税事業者として拘束されることとなるのです。

3 ◆ 登録希望日

登録申請書の「登録希望日」に記載した日から登録を受けようとする免税事業者は、<u>登録申請書の提出日から15日を経過する日以後の日</u>を登録申請者に記載しなければなりません。この場合において、実際の登録日が登録希望日後にずれこんだ場合には、その登録希望日に登録を受けたものとみなすこととされているので、登録通知を受け取った後に登録番号を取引先に通知すれば、通知前に交付した請求書等はインボイスとしての効力を有することになります（平成30年改正令附則15②③）。

登録希望日	登録希望日から登録事業者になるための登録申請書の提出期限
1月1日	登録希望日の属する月の前月（12月）の17日
10月1日	登録希望日の属する月の前月（9月）の16日

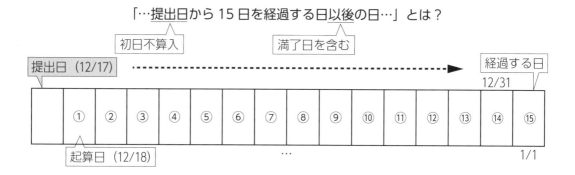

5　「簡易課税制度選択届出書」の取下げ

免税事業者は登録日の属する課税期間中に「簡易課税制度選択届出書」を提出することにより、その課税期間から簡易課税制度の適用を受けることができます。そこで、登録日の属する課税期間中に「簡易課税制度選択届出書」を提出した事業者は、その課税期間中に「簡易課税制度選択届出書」の取下書を提出することにより簡易課税の効力を失効させ、本則課税に変更することが認められています（インボイス制度の負担軽減措置のよくある質問とその回答　財務省（令和5年3月31日時点）問7）。

(注)「取下書」には、提出日、届出書の様式名（表題）、提出方法（書面又はe-Tax）、届出者の氏名・名称、納税地、届出書を取り下げる旨の記載をし、署名をして所轄税務署に提出することとされていますが、「取下書」の書式は定められていません。

国内事業者用

適格請求書発行事業者の登録申請書

【1／2】

収受印				
令和　年　月　日	申請者	（フリガナ）		
		住所又は居所 （法人の場合） 本店又は 主たる事務所 の所在地	（〒　－　） ◎（法人の場合のみ公表されます） （電話番号　－　－　）	
		（フリガナ）		
		納税地	（〒　－　） （電話番号　－　－　）	
		（フリガナ）	◎	
		氏名又は名称		
		（フリガナ）		
		（法人の場合） 代表者氏名		
_____ 税務署長殿		法人番号		

　この申請書に記載した次の事項（ ◎ 印欄）は、適格請求書発行事業者登録簿に登載されるとともに、国税庁ホームページで公表されます。
1　申請者の氏名又は名称
2　法人（人格のない社団等を除く。）にあっては、本店又は主たる事務所の所在地
　なお、上記1及び2のほか、登録番号及び登録年月日が公表されます。
　また、常用漢字等を使用して公表しますので、申請書に記載した文字と公表される文字とが異なる場合があります。

　下記のとおり、適格請求書発行事業者としての登録を受けたいので、消費税法第57条の2第2項の規定により申請します。

この申請書は、令和五年十月一日から令和十二年九月二十九日までの間に提出する場合に使用します。

この申請書を提出する時点において、該当する事業者の区分に応じ、□にレ印を付してください。
　※　次葉「登録要件の確認」欄を記載してください。また、免税事業者に該当する場合には、次葉「免税事業者の確認」欄も記載してください（詳しくは記載要領等をご確認ください。）。

事業者区分	□　課税事業者（新たに事業を開始した個人事業者又は新たに設立された法人等を除く。）
	□　免税事業者（新たに事業を開始した個人事業者又は新たに設立された法人等を除く。）
	□　新たに事業を開始した個人事業者又は新たに設立された法人等
	□　事業を開始した日の属する課税期間の初日から登録を受けようとする事業者 　※　課税期間の初日が令和5年9月30日以前の場合の登録年月日は、令和5年10月1日となります。
	□　上記以外の課税事業者
	□　上記以外の免税事業者

新規開業（設立）日の属する課税期間の初日から登録を受けようとする場合に☑を忘れない

課税期間の初日
令和　年　月　日

税理士署名	（電話番号　－　－　）

※税務署処理欄	整理番号		部門番号		申請年月日	年　月　日	通信日付印	年　月　日	確認	
	入力処理	年　月　日	番号確認		身元確認	□済 □未済	確認書類	個人番号カード／通知カード・運転免許証 その他（　）		
	登録番号	T								

注意　1　記載要領等に留意の上、記載してください。
　　　2　税務署処理欄は、記載しないでください。
　　　3　この申請書を提出するときは、「適格請求書発行事業者の登録申請書（次葉）」を併せて提出してください。

忘れずに記載

適格請求書発行事業者の登録申請書（次葉）

【2／2】

登録申請書の提出日から15日を経
過する日以後の日を記載します

氏 名 又 は 名 称

この申請書は、令和五年十月一日から令和十二年九月二十九日までの間に提出する場合に使用します。

免税事業者の確認	該当する事業者の区分に応じ、□にレ印を付し記載してください。

□ 令和11年9月30日までの日の属する課税期間中に登録を受け、所得税法等の一部を改正する法律（平成28年法律第15号）附則第44条第4項の規定の適用を受けようとする事業者
※ 登録開始日から納税義務の免除の規定の適用を受けないこととなります。

個 人 番 号			
事業内容等	生 年 月 日 （ 個 人 ） 又 は 設 立 年 月 日 （ 法 人 ）	1明治・2大正・3昭和・4平成・5令和 年　　　月　　　日	法人のみ記載

	自 月 日
事 業 年 度	至 月 日
資 本 金	円

事 業 内 容	登 録 希 望 日	令和 年 月 日

□ 消費税課税事業者（選択）届出書を提出し、納税義務の免除の規定の適用を受けないこととなる翌課税期間の初日から登録を受けようとする事業者
※ この場合、翌課税期間の初日から起算して15前の日までにこの申請書を提出する必要があります。

翌課税期間の初日
令和 年 月 日

□ 上記以外の免税事業者

登録要件の確認	課税事業者です。 ※ この申請書を提出する時点において、免税事業者であっても、「免税事業者の確認」欄のいずれかの事業者に該当する場合は、「はい」を選択してください。	□ はい □ いいえ
	納税管理人を定める必要のない事業者です。 （「いいえ」の場合は、次の質問にも答えてください。）	□ はい □ いいえ
	納税管理人を定めなければならない場合（国税通則法第117条第1項） 【個人事業者】 国内に住所及び居所（事務所及び事業所を除く。）を有せず、又は有しないこととなる場合 【法人】 国内に本店又は主たる事務所を有しない法人で、国内にその事務所及び事業所を有せず、又は有しないこととなる場合	
	納税管理人の届出をしています。	□ はい □ いいえ
	消費税法に違反して罰金以上の刑に処せられたことはありません。 （「いいえ」の場合は、次の質問にも答えてください。）	□ はい □ いいえ
	その執行を終わり、又は執行を受けることがなくなった日から2年を経過しています。	□ はい □ いいえ

相続による事業承継の確認	相続により適格請求書発行事業者の事業を承継しました。 （「はい」の場合は、以下の事項を記載してください。）	□ はい □ いいえ

適格請求書発行事業者の死亡届出書の提出先税務署		税 務 署
被相続人	死 亡 年 月 日	令和 年 月 日
	（ フ リ ガ ナ ）	
	納 税 地	（〒 − ）
	（ フ リ ガ ナ ）	
	氏 名	
	登 録 番 号	T

参考事項	

24

6 登録の取消し

　インボイスの登録を受けた適格請求書発行事業者は、登録取消届出書（適格請求書発行事業者の登録の取消しを求める旨の届出書）を提出しない限り、課税事業者として申告義務が発生します。

　登録取消届出書を税務署長に提出した場合には、インボイスの登録が取り消され、インボイスの効力が失効します（消法57の2⑩一）。

　適格請求書発行事業者が翌年又は翌事業年度から登録を取り止めようとする場合には、その課税期間の初日から起算して15日前の日までに登録取消届出書を提出しなければなりません（消法57の2⑩一、消令70の5③）。

　なお、登録取消届出書については提出期限を定めたものではないため、国税通則法10条2項（期限の特例）の規定は適用されません。よって、課税期間の初日から起算して15日前の日が土日祝日などであったとしても、届出書の提出期限はその翌日に延長されませんのでご注意ください（インボイスQ&A問13）。

	翌年（翌事業年度）から登録を取り消す場合の登録取消届出書の提出期限
個人事業者	当年の12月17日
3月決算法人	当事業年度の3月17日
9月決算法人	当事業年度の9月16日

　この場合において、「課税事業者選択届出書」を提出した事業者は、「登録取消届出書」だけでなく、「課税事業者選択不適用届出書」も提出しないと免税事業者になることはできません（消基通1-4-1の2）。

　「ダブルロック」により課税事業者として拘束されているということに注意する必要があります。

■個人事業者が12月18日以後に登録取消届出書を提出した場合

■個人事業者が12月17日までに登録取消届出書を提出した場合

適格請求書発行事業者の登録の取消しを求める旨の届出書

収受印			
令和　年　月　日		（ フ リ ガ ナ ）	
	届	納　税　地	（〒　　　－　　　　） （電話番号　　　　－　　　　－　　　　）
	出	（ フ リ ガ ナ ）	
		氏　名　又　は 名　称　及　び 代　表　者　氏　名	
	者	法　人　番　号	※　個人の方は個人番号の記載は不要です。
＿＿＿＿＿ 税務署長殿		登　録　番　号　Ｔ	

　下記のとおり、適格請求書発行事業者の登録の取消しを求めますので、消費税法第57条の２第10項第１号の規定により届出します。

登 録 の 効 力 を 失 う 日	令和　　　年　　　月　　　日
	※　登録の効力を失う日は、届出書を提出した日の属する課税期間の翌課税期間の初日となります。 　　ただし、この届出書を翌課税期間の初日から起算して15日前の日を過ぎて提出した場合には、翌々課税期間の初日に効力を失うこととなります。 　　登録の効力を失った旨及びその年月日は、国税庁ホームページで公表されます。
適格請求書発行事業者 の 登 録 を 受 け た 日	令和　　　年　　　月　　　日
参　　考　　事　　項	
税 理 士 署 名	 （電話番号　　　　－　　　　－　　　　）

※ 税務署処理欄	整 理 番 号		部 門 番 号		通　信　日　付　印 　年　　月　　日	確認	
	届 出 年 月 日	年　　月　　日	入 力 処 理	年　　月　　日	番 号 確 認		

注意　1　記載要領等に留意の上、記載してください。
　　　2　税務署処理欄は、記載しないでください。

第2部

不動産取引と
消費税実務

第1章 取得

不動産を取得する場合、その利用目的としては、次の3つが想定されます。

① 販売用の棚卸資産として取得する場合

② 店舗や事務所、工場など事業用として使用するために取得する場合

③ 賃貸物件として取得する場合

土地の取得費は非課税ですので仕入税額控除はできません。ただし、土地の取得に伴い支払う仲介手数料や土地造成費には消費税が課税されていますので、その土地の利用目的によっては仕入税額控除の対象となることもあるのです。

建物の取得費は、相対的にその金額が大きくなることから消費税の税額計算に多大なる影響があります。居住用の賃貸物件であれば、その取得費は仕入税額控除ができない反面、貸店舗などの商業用の物件であれば取得費の全額が仕入税額控除の対象となり、結果として消費税が還付されることも決して珍しいことではありません。

本章では、不動産を取得した場合の消費税実務について、仕入税額控除（還付）に関する取扱いや留意点を確認していきます。また、令和2年度改正で創設された「居住用賃貸建物に対する仕入税額控除の制限」と「高額特定資産に該当する棚卸資産に対する3年縛りの適用」について、実務上のポイントを整理します。

I 不動産取引と仕入税額控除

仕入控除税額の計算は、当課税期間中の課税売上高が5億円以下か5億円を超えるかにより取扱いが異なります。課税売上高が5億円を超える場合、あるいは5億円以下でも課税売上割合が95％未満の場合には、個別対応方式か一括比例配分方式により課税仕入れ等の税額をあん分計算する必要があります。

また、調整対象固定資産や棚卸資産に関する税額調整が必要となるケースもあるので注意が必要です。

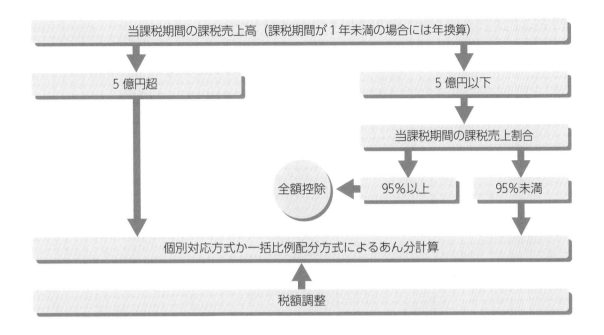

*区分欄：課税仕入れとなるものは「〇」・ならないものは「×」で表示

内容		区分
土地、借地権の購入費		×
建物、建物附属設備、構築物の購入費		〇
土地や建物の購入に伴い不動産業者に支払う仲介手数料	土地の購入に伴う手数料	〇
	建物の購入に伴う手数料	〇
	土地付き建物の購入に伴う手数料	〇
土地の造成費用		〇
借地権の更新料		×
借地権の名義書換料		×
建物などを自己建設する場合	材料費、外注費など	〇
	労務費などの人件費	×
中古物件の取得に伴う未経過固定資産税等の精算金	土地の精算金	×
	建物の精算金	〇
取得した中古物件の取り壊し費用		〇
現住建造物を購入した後で入居者を立ち退かせるために支払った立退料		×
司法書士に支払う登記費用	土地建物の登記費用（登録免許税）	×
	司法書士の報酬	〇
不動産取得税		×

　土地の取得費は非課税ですので仕入税額控除はできません。ただし、土地の取得に伴い支払う仲介手数料や土地造成費には消費税が課税されていますので、その土地の利用目的によっては仕入税額控除の対象となることもあります。このほかにも、中古物件を売買した場合の固定資産税の精算金や不動産取得税、司法書士に支払う手数料など、実務の現場では不動産取引に

絡む金銭には、消費税が課税されているものといないものが混在していますので、まずはこれらの課税区分を理解しておくことが重要です。

1　不動産の取得の時期

　不動産の取得の時期は、原則として物件の引き渡しがあった日になりますが、物件が棚卸資産か固定資産かで取扱いが異なっています（消基通11－3－1、9－1－1、9－1－2、9－1－13）

土地・建物	原則	特例
棚卸資産	物件の引渡しがあった日 ※引渡し日が明らかでない場合には次に掲げる日のうちのいずれか早い日 　①　代金のおおむね50％以上を収受するに至った日 　②　所有権移転登記の申請日（必要書類の相手方への交付日を含む）	
固定資産		譲渡に関する契約の効力発生日 　　　　（消基通9－1－13ただし書）

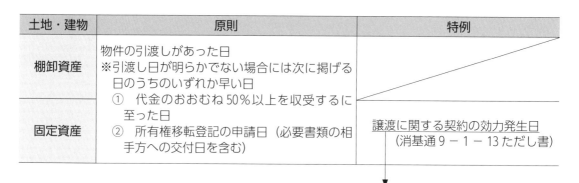

　建物の取得の時期がいつであるかについては、仕入控除税額の計算に大きな影響があることからことさらに慎重な判断が必要になります。課税事業者の時に売買契約を結び、免税事業者になってから物件の引渡しを受けるような場合には、契約の効力発生日を取得日と捉えれば仕入税額控除ができるのに対し、引渡日を取得日と捉えると仕入税額控除はできないことになります。

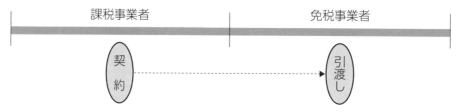

参考

　平成31年3月15日の判決（TAINS Z888－2244）で、建物の取得日について争われた事例があります。

　原告は、建物取得日（課税仕入れを行った日）は売買契約日（平成25年6月28日）であると主張したのに対し、被告税務署長は現実の引渡し日（平成25年7月31日）が建物の取得日であるとしていたところ、東京地裁では、下記の理由により、原告の建物の取得日は平成25年7月31日とする判決（原告敗訴）を下しています。

　この判決では、「消費税法基本通達9－1－13ただし書は、消費税法の解釈に基づき、契約において固定資産に係る権利（所有権）の移転の時期を定めているときはこれによることを定めたものであると解される」としたうえで、「売買契約においては、契約締結日をもって所有

権を移転する旨の明示的な合意はされていない上、原告と甲は、建物の引渡日をもって所有権を移転する旨合意していたと認められ、契約締結日たる平成25年6月28日をもって建物の所有権の移転の時期とする合意があったとは認められない」と結論付けています。よって、契約日と所有権移転登記日、代金決済日などから物件の取得日を安易に選択することはできないように思われます。

（売買契約の内容からの判断）

① 売主（甲）は、売買代金全額の支払を受けるのと引換えに、買主（原告）に対し、建物の引渡し及び所有権移転登記申請手続を行うものとされていること

② 固定資産税等の負担区分は、所有権移転登記の日とされていること

③ 建物から生ずる収益の帰属の区分は、上記①の引渡日とされていること

（契約締結後の経緯からの判断）

① 原告は、平成25年7月31日に、甲に対し、売買代金の全額を支払っていること

② 甲は、同日、抵当権の抹消登記申請手続をしていること

③ 原告と甲は、同日、所有権移転登記手続をしていること

④ 原告は、同日、根抵当権の設定・登記手続をしていること

⑤ 固定資産税等の負担区分は、同日を基準として按分計算していること

⑥ 原告と管理会社は、同日を契約期間開始日とする建物に係る管理委託契約を締結していること

⑦ 原告と甲は、建物の入居者に対し、同日付けで賃貸人が原告に変更した旨の通知をしていること

⑧ 原告は、同日分から建物の賃料の収受を開始していること

⑨ 甲の所得税の確定申告書の添付書類において、建物の引渡しの日が同日と記載され、不動産所得の計算上、賃貸借契約期間及び減価償却費の償却期間を平成25年7月までの期間で計算、申告がされていることが認められること

※上記に類似する判決（TAINS Z888－2248）が平成31年3月14日に東京地裁で下されている。

1 ◆ 建設仮勘定

建物の建築を依頼し、建物の完成前に支払った手付金や中間金については次のように会計処理をします。

（建設仮勘定）　×××　（現預金）　×××

この時点では、建物の引渡しはまだ行われていませんので、仕入税額控除もできません。つまり、「建設仮勘定＝前払金」と考えなければいけないということです。

後に建物が完成し、引渡しを受けた時点で、次のような会計処理をします。

（建物）　　　　　×××　（建設仮勘定）　×××

この時点で、現実に建物の仕入れを行ったことになりますので、ここでその全額が仕入税額控除の計算対象となります。

ところで、消費税法基本通達11－3－6（建設仮勘定）には、建物などの完成前に支払った金額について、建設仮勘定として経理した場合であっても、課税仕入れ等をした日の属する課税期間において仕入税額控除の規定を適用する旨が定められています。

この通達をそのまま読むと、あたかも建設仮勘定が仕入税額控除の対象となるように読めてしまうのですが、ここは注意が必要です。本通達は、あくまでも「課税仕入れ等をした日の属する課税期間において…」と定めているのであり、手付金などの支払日が課税仕入れの日となるわけではありません。

1　原則的処理方法

●設計図面完成時の処理

> ここで課税仕入れを認識する（原則）

（建設仮勘定）100　　　（現預金）100

●建物の手付金（中間金）支払時の処理

（建設仮勘定）400　　　（現預金）400

●建物完成時の処理

> ここで課税仕入れ（400）を認識する（原則）

（建物）500　　　（建設仮勘定）500

たとえば、建物の設計（設計料100）と建築（建築費400）を別々の業者に依頼したような場合には、まず、設計図面が完成した段階で「設計」という役務の提供を受けたことになります。したがって、支払った設計料は建設仮勘定として経理するものの、図面完成の時点で、まずは設計料100を仕入税額控除の対象とすることになるのです。

2　例外的処理方法

●設計図面完成時の処理

（建設仮勘定）100　　　（現預金）100

●建物の手付金（中間金）支払時の処理

（建設仮勘定）400　　　（現預金）400

●建物完成時の処理

> ここで課税仕入れ（500）を認識する（特例）

（建物）500　　　（建設仮勘定）500

上記のように、仕入税額控除のタイミングは、基本的に経理処理とは連動しないわけですが、現実問題として考えた場合、設計料と建築費をバラバラに控除するのはいかにも面倒であり、勘違いの基にもなりかねません。そこで、同基本通達の後段では、目的物が完成した日の属する課税期間において、建設仮勘定にストックしておいた設計料や建築費をまとめて控除することも認めているのです。

■2◆建設業の外注費

　建設業者が工事を請け負った場合の費用収益の認識基準としては、工事完成基準によるケースが一般的です。つまり、工事が完成するまでの間は工事売上高は計上せず、入金額は未成工事受入金として処理をします。また、材料費、外注費などについても未成工事支出金として処理をし、工事原価に計上しないということです。

1　原則的処理方法

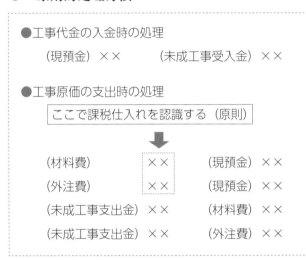

　ただし、仕入税額控除の時期は課税仕入れ等を行った日の属する課税期間であり、支払ベースでの控除を認めるものではありません（消基通11－3－1）。また、課税仕入れの時期については、売上げとの対応関係を考慮する必要もありません。

　建設工事が未完成で、まだ売上げが計上されていない状態であっても、材料費、外注費などについては、課税仕入れをしたときに、仕入税額控除の対象としてかまわないということです。

　ただし、ここで注意したいのが、外注費の取扱いです。

　外注費といってもその内容はさまざまであり、たとえば土木工事一式を下請業者に外注するといったケースもあるし、いわゆる人工（にんく）の応援としての外注もあります。

　人工の応援のように、その内容が人的役務の提供の場合には、月単位などで計上した出来高について、その都度仕入税額控除の対象とすることができます。

　これに対し、下請業者との請負契約により、基礎工事、内装工事などを外注にだしたような場合には、その下請工事が完了したときが課税仕入れの時期となるので、たとえ出来高払いで工事代金を支払い、外注費勘定で処理をしたとしても、下請工事が完了するまでの支払分は単なる前払金であり、仕入税額控除は認められないことになるのです。「外注費なんだから…」という理屈は通用しないことに注意が必要です。

2　例外的処理方法

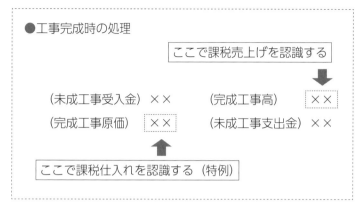

●工事完成時の処理

ここで課税売上げを認識する

（未成工事受入金）×× 　（完成工事高）　　××

（完成工事原価）××　　 （未成工事支出金）××

ここで課税仕入れを認識する（特例）

建設業の場合、経理サイドで外注費の課税仕入れの時期を把握することは、現実問題として容易なことではありません。そこで、工事が完成し、売上げを計上したときに、工事原価のうち、材料費、外注費などの課税仕入れについて、まとめて税額控除をすることも認められています（消基通11－3－5）。

　工事原価である材料費や外注費などの課税仕入れの時期は、おおむね次のようになります（消基通9－1－1、9－1－5、9－1－11、9－1－20）。

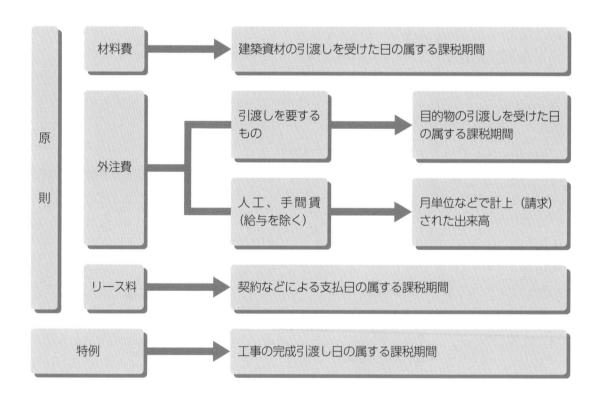

原則

材料費　→　建築資材の引渡しを受けた日の属する課税期間

外注費　→　引渡しを要するもの　→　目的物の引渡しを受けた日の属する課税期間

人工、手間賃（給与を除く）　→　月単位などで計上（請求）された出来高

リース料　→　契約などによる支払日の属する課税期間

特例　→　工事の完成引渡し日の属する課税期間

3 ◆ 出来高検収書の取扱い（消基通11-6-6）

　下請業者に対して外注費を支払う場合において、元請業者が作成する出来高検収書で工事の出来高を検収し、その出来高に応じて支払いをするケースがあります。これは、元請業者からしてみると部分完成引渡しを受けているのとなんら実態は変わらないものであり、このような事情を考慮して、出来高検収書に基づく外注費については、その都度、仕入税額控除の対象とすることが認められています。

　つまり、物の引渡しを要するような外注契約であっても、出来高検収書により検収をし、支払いをしているような場合には、下記の＜要件＞を満たした出来高検収書の保存を条件に、目的物の完成引渡しを待たずとも税額控除ができるということです。

【要件】

①　請求書等の記載要件を満たす出来高検収書であること
②　下請業者の確認を受けたものであること

　なお、下請業者が工事完成基準により売上げを認識していたとしてもこの取扱いは変わりません。外注費を支払う元請業者は、いわば課税仕入れの先取りをするような形で税額控除ができることになります。

2 個別対応方式と課税仕入れの用途区分

　個別対応方式により仕入控除税額を計算する場合には、課税仕入れ等の税額をその用途に応じて下図の①～③のように区分します。そのうえで、①の課税売上対応分は全額を控除し、③の共通対応分は課税売上割合を乗じた分だけ区分するという計算方法です。

　個別対応方式を適用する限り、②の非課税売上対応分はいっさい控除することはできません（消法30②一）。

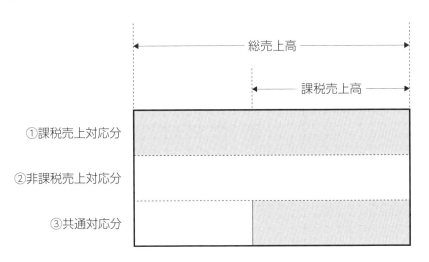

控除対象仕入税額＝①＋③× 課税売上割合

個別対応方式を適用する場合の課税仕入れの用途区分ですが、これは単純に勘定科目により判断することはできません。不動産取引における用途区分の具体例について、ケース別に確認してみたいと思います。

1 ◆ 本社ビルと店舗の建築費

■本社ビルと店舗を取得した場合の用途区分

　電化製品の販売業を営む法人が、業務の拡大に伴い、本社ビルと販売店舗を新たに取得した場合には、販売店舗の取得費は製品売上高と紐付きになるので課税売上対応分に区分することができます。ただし、本社ビルの取得費は会社の営業活動全般に関係するものであり、製品売上高と紐付きの関係にはないことから、共通対応分に区分することになります。

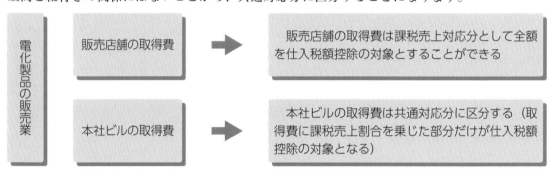

■本社兼用賃貸ビルを取得した場合の用途区分

　商業用ビルを取得し、1階の一部分（総床面積の10％）を本社として使用するとともに他の部分は店舗又は事務所として賃貸する場合には、個別対応方式の適用にあたり、このビルの取得費は共通対応分に区分することになります。

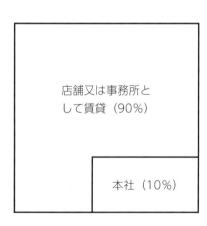

ところで、課税仕入れのうち共通対応分については、消費税法基本通達11－2－19（共通用の課税仕入れ等を合理的な基準により区分した場合）の取扱いにより、床面積割合などの合理的な基準を用いて課税売上対応分と非課税売上対応分に区分することが認められています。本通達は、共通用の課税仕入れを合理的に区分することを認める趣旨のものであるから、課税売上対応分と非課税売上対応分に区分する場合だけでなく、課税（非課税）売上対応分と共通対応分に区分することも認められるべきです。したがって、私見ではありますが、消費税法基本通達11－2－19を準用することにより、賃貸部分は課税売上対応分、本社部分は共通対応分に区分して個別対応方式を適用することができるものと思われます。

消基通11－2－19（共通用の課税仕入れ等を合理的な基準により区分した場合）
　課税資産の譲渡等とその他の資産の譲渡等に共通して要するものに該当する課税仕入れ等であっても、例えば、原材料、包装材料、倉庫料、電力料等のように生産実績その他の合理的な基準により課税資産の譲渡等にのみ要するものとその他の資産の譲渡等にのみ要するものとに区分することが可能なものについて当該合理的な基準により区分している場合には、当該区分をしたところにより個別対応方式を適用することとして差し支えない。

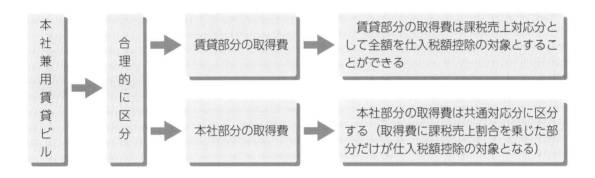

2◆広告宣伝費

　不動産業者の支出する広告宣伝費の場合、主たる収入に課税のものと非課税のものが混在しているため、その内容に応じて個別に判断する必要があります。

　自らが所有する土地を売るための宣伝であれば、土地の売上げに直接対応するものとして非課税売上対応分に区分されます。

　他者の所有する土地の販売にかかるものであれば、仲介手数料に対応する課税仕入れとして課税売上対応分に区分されるわけです。

　不動産の賃貸であれば、土地や居住用家屋の賃貸募集のためのものであれば非課税売上対応分に、店舗、事務所などの賃貸募集であれば課税売上対応分に区分されるということです。

広告宣伝費の内容		課税仕入れの用途区分
販売促進を目的として支出したもの	土地の売却のため	非課税売上対応分
	分譲住宅の売却のため	共通対応分
賃貸を目的として支出したもの	土地の賃貸・居住用家屋の入居者の募集	非課税売上対応分
	店舗、事務所などのテナントの募集	課税売上対応分
他者物件の販売又は賃貸を目的として支出したもの（当社が仲介を依頼されたケース）		課税売上対応分

3 ◆ 福利厚生施設の建築費

　保養所、レジャー施設などを建築し、従業員に低料金で利用させている場合のその建築費は、従業員から収受する利用料が課税売上げであることから、これと直接対応するものとして課税売上対応分に区分されます。

　これらの施設を従業員に無料で利用させている場合には、売上げと明確な対応関係のないものとして、共通対応分に区分されることになります。

　保養所を借り上げ、福利厚生施設として従業員に利用させている場合には、保養所の賃借料は住宅家賃ではないので消費税が課税されます。この保養所の賃借料も、従業員から利用料を収受する場合には課税売上対応分、無料で開放する場合には共通対応分に区分することになります。

保養所の建築費・賃借料	課税仕入れの用途区分
従業員から利用料を収受する場合	課税売上対応分
従業員に無料で開放する場合	共通対応分

4 ◆ 土地の売買に伴う仲介手数料、土地造成費

　土地を売却する際に支払う仲介手数料や、販売用の土地につき要した土地造成費用は、土地の売上げに直接対応するものとして非課税売上対応分に区分されます。

　注意してほしいのは、土地に関係する課税仕入れだから「非課税売上対応分」ということではないということです。

　その購入した土地を事業者がどのように利用するのか、その利用方法により、土地の購入に要した仲介手数料や造成費の用途区分は決定されるのです。

　なお、課税仕入れの用途区分にあたっては、課税仕入れを行った課税期間中に売上げが発生する必要はありませんので、課税仕入れを行った時あるいは課税期間末における事業者の予定（経営方針）により区分すればよいことになります（消基通11-2-20）。

利用方法	課税仕入れの用途区分
① 販売用の土地の場合	土地の売上高に直接対応するものですから非課税売上対応分に区分されます。
② 購入した土地の上に建物を建て、分譲住宅として販売する場合	土地の売上げと建物の売上げに対応するものですから共通対応分に区分されます。 （注）建物の建築費は建物の売上高に直結するものであり、課税売上対応分に区分できます。
③ 購入した土地の上に建物を建て、賃貸住宅として貸し付ける場合	住宅家賃収入に直接対応するものですから非課税売上対応分に区分されます。 （注）建物の建築費も非課税売上対応分になります。
④ 購入した土地の上に建物を建て、店舗として貸し付ける場合	住宅以外の家賃収入に直接対応するものですから課税売上対応分に区分されます。 （注）建物の建築費も課税売上対応分になります。
⑤ 用途未確定の場合	売上げと明確な対応関係のないものとして共通対応分に区分されます。

（注）　土地の購入費は、「非課税仕入れ」であり、「非課税売上対応分の課税仕入れ」とはまったく異なります！
　　　土地の購入費は何があっても絶対に仕入税額控除の対象とはならないということに注意してください。

5 ◆ 寄附する私道の造成費の取扱い（事例）

　精密機器の製造業を営む法人が、自社の工場と一般道路を結ぶ道路を敷設した上で、これを地方公共団体に寄附することを計画しています。この場合における私道の造成費について、個別対応方式を適用する場合の用途区分は次のように取り扱うことになります。

　なお、この私道は、自社工場を利用する目的で敷設するものです。

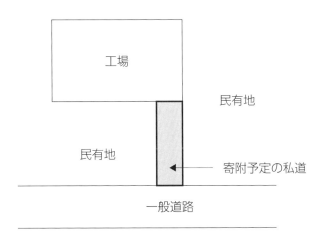

正しい処理	自社工場の利便性を高めるための造成であるから、製造原価に関する課税仕入高と同様に製品売上高と紐付きになるものと考え、「課税売上対応分」に区分する
誤った処理	「寄附」という対価性のない行為に関係するものであり、「共通対応分」に区分する

法人税では、本件のような私道を地方公共団体に寄附した場合には、その私道の帳簿価額を工場の敷地の帳簿価額に振り替えることとされており、寄附をしたことによる損失はないこととされます（法基通7－3－11の5）。また、寄附する予定の私道については、所有権は地方公共団体に移動するものの、帳簿上は簿価が工場の敷地へ振り替えられるだけであり、その利用に係る効用に何ら変化はないことになります。

　こういった理由から、私道の造成費は工場から一般道路への通路とするため、すなわち工場の利便を図るために支出した費用として扱うべきものであることから、精密機器の売上高に直接対応する費用として「課税売上対応分」に区分することができるものと思われます（消費税審理事例集（国税庁作成）10－148を基に作成）。

▌6◆国外で行う土地の譲渡のために国内で要した費用の取扱い

　国外において行う資産の譲渡等は全て課税資産の譲渡等に該当します。したがって、国外に所在する土地の譲渡のように、国内において行えば非課税となる資産の譲渡等のために要する課税仕入れ等であっても、個別対応方式を適用する場合には課税資産の譲渡等にのみ要するものとして仕入控除税額を計算することになります（国税庁の質疑応答事例（国外で行う土地の譲渡のために国内で要した費用）【回答要旨】より抜粋）。

事　例

　当社はオーストラリアに保有していた土地を内国法人に譲渡することになりました。譲渡にあたり、契約のアドバイスを受けるために国内に登録している弁護士と顧問契約を締結し、当該契約に係る顧問料を支払いました。また、土地の購入者を紹介してくれた不動産業者に仲介手数料を支払いました。この場合における、顧問料と仲介手数料は国内における課税仕入れとして仕入税額控除の計算に取り込むことができるのでしょうか。

　また、国内における課税仕入れに該当する場合には、個別対応方式を適用する場合の用途区分についてもご教示ください。

　役務の提供については、役務の提供が行われた場所で内外判定をすることが原則とされています（消法4③二）。ご質問の顧問料と仲介手数料の支払いですが、購入者が内国法人ということですので、たとえ国外に所在する土地の売買に係わるものであっても、役務提供地は国内と考えて問題ないものと思われます。なお、本事例において、仮に購入者が非居住者の場合には、役務の提供が国際間にまたがることも想定されます。このようなケースでは、役務提供に係る事務所等の所在地で判定することとなりますので、弁護士と不動産業者の事務所等の所在場所なども確認する必要があることを付言しておきます（消令6②六）。

　結果、顧問料と仲介手数料は、いずれの費用も国内における課税仕入れに該当することになりますが、次に、個別対応方式を適用する場合の用途区分について説明していきます。

個別対応方式を適用する場合には、ご質問にあるような国外取引のために要する課税仕入れ等は課税売上対応分に区分されますので、結果、その全額を仕入税額控除の対象とすることができます。

　国外取引のための課税仕入れの取扱いについて、ご質問の事例をベースに考えてみたいと思います。本事例において、仮に弁護士費用などに課された消費税等が仕入税額控除の対象にならないものと仮定した場合には、その控除できない金額をコストとして負担する必要が生じてきます。これを消化するためには、国外での土地の売値に転嫁せざるを得ないことになり、結果、国外取引に日本の消費税が転嫁されてしまうことになります。輸出免税の趣旨もそうですが、国外で使用、消費税される財貨などについては、常に税金が転嫁されていない状態で取引が行われる必要があることから、国外取引のための課税仕入れについては、たとえ土地を売るための課税仕入れであっても、その全額を仕入税額控除の対象とすることが認められているのです。

　また、この取扱いは、結論が消費税法基本通達11－2－13（国外取引に係る仕入税額控除）に定められているものの、その根拠については本法から読みとることもできます。消費税法の特色がよく現れた箇所だと思われますので、下記の＜参考＞により、法律から導き出される上記通達の意味するところをご確認頂ければと思います。国外に所在する土地の譲渡は「課税資産の譲渡」に該当することになるのです。

＜参考＞
消費税法　第2条（定義）
　　　　　　　　　　　　　　　：

八　資産の譲渡等　事業として対価を得て行われる資産の譲渡及び貸付け並びに役務の提供（代物弁済による資産の譲渡その他対価を得て行われる資産の譲渡若しくは貸付け又は役務の提供に類する行為として政令で定めるものを含む。）をいう。
　　　　　　　　　　　　　　　：

九　課税資産の譲渡等　資産の譲渡等のうち、第6条第1項の規定により消費税を課さないこととされるもの以外のものをいう。
　　　　　　　　　　　　　　　：

消費税法　第6条（非課税）
　国内において行われる資産の譲渡等のうち、別表第1に掲げるものには、消費税を課さない。
　　　　　　　　　　　　　　　：

消費税法基本通達11-2-13（国外取引に係る仕入税額控除）
　国外において行う資産の譲渡等のための課税仕入れ等がある場合は、当該課税仕入れ等について法第30条《仕入れに係る消費税額の控除》の規定が適用されるのであるから留意する。

この場合において、事業者が個別対応方式を適用するときは、当該課税仕入れ等は課税資産の譲渡等にのみ要するものに該当する。

〈ポイント〉

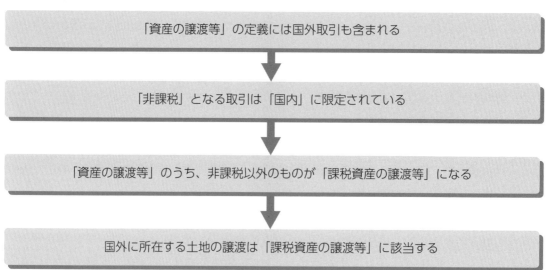

「資産の譲渡等」の定義には国外取引も含まれる

↓

「非課税」となる取引は「国内」に限定されている

↓

「資産の譲渡等」のうち、非課税以外のものが「課税資産の譲渡等」になる

↓

国外に所在する土地の譲渡は「課税資産の譲渡等」に該当する

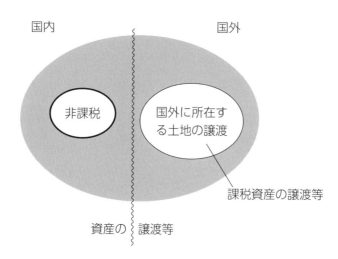

7 ◆ 用途区分の判定時期

　用途区分の判定は、課税仕入れ等を行った日の状況によることが原則とされています。

　ただし、課税仕入れ等を行った日においては用途が未確定の場合において、その課税期間の末日までに用途が明らかにされた場合には、その課税期間末の状況により区分することも認められています（消基通11-2-20）。

　なお、課税売上対応分に区分して仕入控除税額を計算した課税期間の翌課税期間以後において、その当初の用途が変更になったとしても、前課税期間以前にさかのぼって修正申告をする必要はありません。

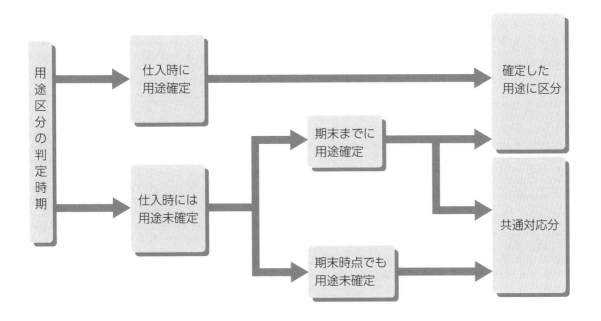

具体例 翌課税期間に用途変更した場合の取扱い

　購入した土地の上に建物を建て、店舗として貸付ける予定の場合には、土地の購入に伴い支払った仲介手数料は課税売上対応分に区分することができます。

　翌課税期間において、建築許可申請が認められなかったことから計画を変更し、最終的に更地のまま売却した場合であっても、前課税期間の用途区分を非課税売上対応分に区分して修正申告をする必要はありません。

3　一括比例配分方式

　個別対応方式を適用する場合には、課税仕入れ等の税額を、その用途に応じて「①課税売上対応分、②非課税売上対応分、③共通対応分」の３つに区分する必要があります。そこで、用途区分が困難な事業者に対する簡便計算として一括比例配分方式による計算を認めることとしています。

　一括比例配分方式とは、課税仕入れ等の税額にまとめて課税売上割合を乗ずる方法です。したがって、一括比例配分方式を適用する場合には、①の課税売上対応分は課税売上割合分しか控除できない半面、②の非課税売上対応分でも課税売上割合分だけ控除できることになります（消法30②二）。

　課税仕入れ等の用途区分ができる場合であっても一括比例配分方式を適用することは問題ありません。よって、実務上は個別対応方式と一括比例配分方式を比較して、いずれか有利な方法を採用することができます（消法30④）。

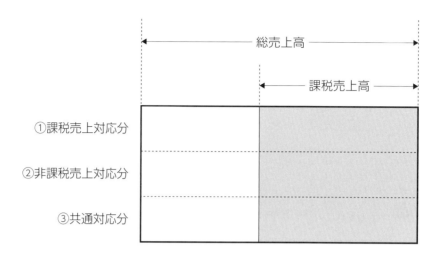

控除対象仕入税額＝（①＋②＋③）×課税売上割合

■一括比例配分方式の継続適用義務

　一括比例配分方式を採用した場合には、その採用した課税期間の初日から2年間の間に開始する課税期間中は、一括比例配分方式の継続適用が義務づけられています（消法30⑤）。

　つまり、課税期間が1年サイクルの場合には、2年間は個別対応方式への変更ができないということです。

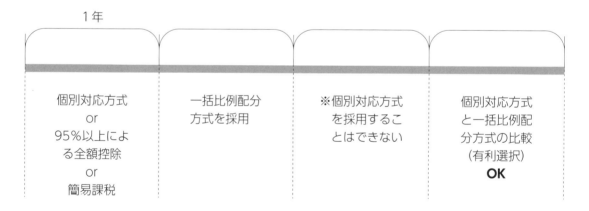

　計算が簡単だからという理由だけで、安易に一括比例配分方式を採用したりすると、思わぬ失敗をすることがありますので注意が必要です。

　また、一括比例配分方式を採用して消費税の確定申告をした後で、計算方法を個別対応方式に変更して更正の請求をするようなことは当然に認められません（消基通15－2－7（注））。

　ただし、一括比例配分方式を採用した課税期間の翌課税期間において課税売上割合が95％以上となったことにより、課税仕入れ等の税額の全額が控除された場合には、その翌課税期間においては、個別対応方式と一括比例配分方式の有利選択は可能となります（消基通11－2－21）。

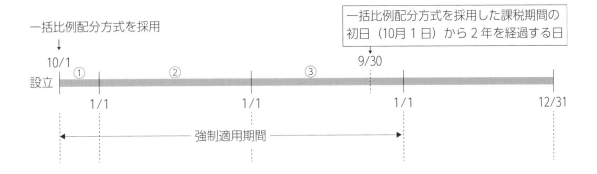

また、新設法人や決算期を変更した法人は、継続適用期間が2年を超えることもあるので注意が必要です。

具体例 新設法人の継続適用義務

10月1日に設立した資本金1,000万円の12月決算法人が、第1期（設立事業年度）から一括比例配分方式を採用した場合には、一括比例配分方式を採用した課税期間の初日（10月1日）から2年を経過する日（3期目の9月30日）までの間に開始する各課税期間（第1期～第3期）において、一括比例配分方式が強制適用となります。

4 土地と建物の一括譲受け

インボイスの登録事業者から土地と建物を同時に譲り受けたとしても、インボイスには建物の対価と消費税額等が記載されていますので、買手はインボイスに基づいて仕入控除税額を計算すれば何ら問題ありません。

一方、インボイスの登録をしていない免税事業者や消費者などの非登録事業者から譲り受けた建物については原則として仕入税額控除はできないわけですが、経過措置により仕入税額の80（50）％を控除することができます（平成28年改正法附則52、53）。

（注） 経過措置の適用を受けるためには、法定帳簿と区分記載請求書等の保存が必要です。

また、宅地建物取引業を営む者が非登録事業者から買い受ける下線_販売用の建物については、帳簿に法定事項を記載することにより、インボイスがなくても仕入税額控除が認められています

（6ページのⅣを参照）。

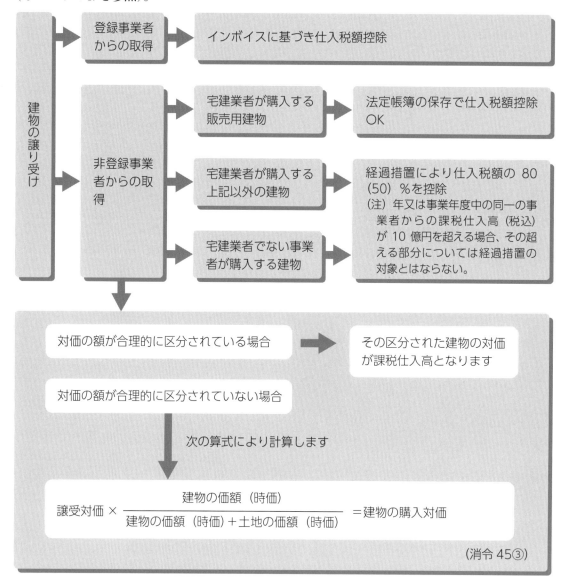

建物の譲り受け

登録事業者からの取得 → インボイスに基づき仕入税額控除

非登録事業者からの取得
- 宅建業者が購入する販売用建物 → 法定帳簿の保存で仕入税額控除OK
- 宅建業者が購入する上記以外の建物 → 経過措置により仕入税額の 80（50）％を控除
  （注）年又は事業年度中の同一の事業者からの課税仕入高（税込）が 10 億円を超える場合、その超える部分については経過措置の対象とはならない。
- 宅建業者でない事業者が購入する建物

対価の額が合理的に区分されている場合 → その区分された建物の対価が課税仕入高となります

対価の額が合理的に区分されていない場合

次の算式により計算します

$$譲受対価 \times \frac{建物の価額（時価）}{建物の価額（時価）+土地の価額（時価）} = 建物の購入対価$$

(消令45③)

1 ◆ 一括譲受けをした場合の対価の区分方法 （消基通11-4-2）

　宅地建物取引業を営む者が非登録事業者から建物と土地を同時に買い受けた場合には、その購入金額を土地の対価と建物の対価に合理的に区分する必要があります。この場合において、所得税や法人税の土地の譲渡等に係る課税の特例の計算における取扱いにより、建物部分の購入金額を区分計算することが認められています。

　ただし、土地重課課税制度は現在停止されています。

計算例1 142%基準による区分

分譲住宅の譲渡対価が6,000万円、建物の建築原価が2,000万円の場合において、売手が措置法通達62の3(2)−4を適用して土地と建物の譲渡対価を区分すると次のようになります。

● 建物の譲渡対価　2,000万円×142％＝2,840万円

● 土地の譲渡対価　6,000万円−2,840万円＝3,160万円

※買手は、売手が契約書に明記した建物の譲渡対価2,840万円を課税仕入高とすることができます。

ただし、措置法通達62の3(2)−3においては、合理的に算定した譲渡対価の額が契約書において明らかにされているときは、その契約書に記載された対価の額をもって計算する旨の定めがあります。つまり、措置法通達62の3(2)−4の取扱いは、あくまでも同通達62の3(2)−3の例外的な取扱いなのであり、契約書に記載された金額を無視してまで142％基準を適用することはできないものと考えるべきです。

なお、上記のほかに、合理的に区分する方法として次のような方法も認められているようです（木村剛志・中村茂幸編『消費税実例回答集（十一訂版)』546頁（税務研究会出版局))。

① 譲渡時における時価の比率により按分する方法

② 相続税評価額や固定資産税評価額を基にして計算する方法

③ 土地及び建物の原価（取得費、造成費、一般管理費、販売費、支払利子等を含みます）を基にして計算する方法

計算例2 固定資産税評価額による区分

分譲住宅の購入対価が6,000万円で、建物の固定資産税評価額が1,000万円、土地の固定資産税評価額が2,000万円である場合の土地と建物の購入対価は次のように計算します。

（1）建物の評価額を税込金額として計算するケース

$$6,000万円 \times \frac{1,000万円}{1,000万円+2,000万円} = 2,000万円 \cdots 建物の購入対価$$

$$6,000万円 \times \frac{2,000万円}{1,000万円+2,000万円} = 4,000万円 \cdots 土地の購入対価$$

（2）建物の評価額を税抜金額として計算するケース

1,000万円×1.1＝1,100万円

$$6,000万円 \times \frac{1,100万円}{1,100万円+2,000万円} \fallingdotseq 2,129万円 \cdots 建物の購入対価$$

$$6,000万円 \times \frac{2,000万円}{1,100万円+2,000万円} \fallingdotseq 3,871万円 \cdots 土地の購入対価$$

※上記どちらの方法による計算も認められるものと思われます（私見）

2 ◆ 裁決事例の検討

売買契約書に記載された消費税額等から建物の取得価額を算出することが否認された事例
（TAINS Ｆ０－２－858・平成30年9月11日裁決）

●裁決のポイント

本件建物売買価額は固定資産税評価額と比べ著しく高額である一方で、本件土地売買価額は固定資産税評価額、路線価や公示価格による評価額に比べて著しく低額である。

請求人が主張するように、本件土地が借地権の負担を受けることを考慮して売買価額に占める土地の価額の割合を低く、建物の価額の割合を高くするのであれば、請求人以外の区分所有者が本件土地に対して有する借地権の価値が、建物の価額に上乗せされることとなり、不合理であることが明らかである。

固定資産税評価額により按分する方法は、下記①～③の理由により合理的な算出方法であるといえる。

① 中古物件の場合は、簡易、迅速に、土地及び建物の価額を把握して按分することができること

② 固定資産税評価額は、土地の場合は路線価と同様に地価公示価格や売買実例等を基に評価し、建物の場合は再建築価額に基づいて評価されているから、土地及び建物ともに時価を反映していると考えられること

③ 算出機関及び算出時期が同一であるから、いずれも同一時期の時価を反映しているものと考えられること

●請求人の主張

本件売買契約は、買主と売主それぞれの仲介業者が依頼人の要望する条件を提示して交渉が行われ、双方の依頼人が合意して成立したものである。

本件土地及び本件建物の各代金額を決定するに当たっては、請求人において、将来的な利益の確保や売却する場合の価額などを考え、本件土地が借地権割合90％の土地であることを考慮し、本件土地と本件建物の価額の割合を１：９として、本件土地及び本件建物の各価額を提示し、交渉の基礎としたものである。

本件土地の価額は、土地の路線価から算出した価額に借地権割合90％相当額を差し引いた金額に、評価減率30％を考慮して算出した本件土地の時価相当額を上回ることから、合理的かつ経済的な妥当性のある金額であり、本件売買契約による土地と建物の価額に買主側の将来の収益還元を考えた要望が反映されたとしても、契約自由の原則に基づく正当な経済取引による金額である。

原処分庁の主張する固定資産税評価額比あん分法によると、本件土地は区分所有建物の一部である本件建物の敷地であり、請求人が自由に処分等することはできない請求人以外の区分所有者の借地権が設定されている土地であるにもかかわらず、当該借地権相当額を減額していな

い更地価額を基にあん分することとなり相当ではない。

　本件土地建物の近隣の類似事例である事業者間の恣意性が入る余地のない競売物件においても、本件土地建物の価額のあん分比率と大差がなく、本件売買契約における土地と建物の価額の比率が妥当であることがうかがえる。

●原処分庁の主張

　下記①～③の理由から、請求人により算出された本件建物の価額は著しく不合理である。

① 　本件土地及び本件建物の各取得価額の構成比について、請求人の算定による構成比と、固定資産税評価額による構成比及び本件売主の依頼により行われた鑑定の評価額による構成比との間には著しいかい離が認められる

② 　本件売買契約の締結に関与した取引仲介業者の各担当者の申述からすると、本件売買契約における本件土地と本件建物の各価額は、本件売主との間で合意したものではなく、請求人の意思が強く働いたものと推認される

③ 　仮に、請求人が主張するとおり、本件土地建物に請求人以外の区分所有者の借地権が存していたとしても、当該借地権は土地に含まれるものであり、法人税法上減価償却資産に該当せず、消費税法上非課税資産に該当することと相容れないことから、請求人により算出された本件建物の価額は著しく不合理である。

〈コメント〉

　私見ではありますが、著者には、請求人の主張する土地建物のあん分方法が必ずしも不合理なものとは思えません。売上と仕入は表裏一体の関係にあるわけですから、売り手と買い手で合意の基に決定された金額であれば、契約書に記載された金額がまずは優先されるべきではないでしょうか…？

　譲渡対価の内訳は、基本的に売り手に決定権があるわけですから、提示された土地建物の対価が合理的に区分されているものかどうかということを、買い手が判断することは難しいように思えるのです。

　原処分庁の主張（上記②）によれば、「本件売買契約における本件土地と本件建物の各価額は、本件売主との間で合意したものではなく、請求人の意思が強く働いたものと推認される」とありますので、請求人が自らに有利になるような契約書の作成をしたということが、本件裁決が棄却された大きな理由ではないかと思えるのです。例えば、売り手が消費者や免税事業者の場合には、譲渡対価の内訳がどうなっていようとも売り手にしてみれば何ら関係ないこととなります。よって、このようなケースでは、土地建物の譲渡対価の決定（契約書の作成）は、より慎重にする必要があるように思われます。

5 　未経過固定資産税等の取扱い（消基通10－1－6）

　固定資産税や都市計画税は、その年1月1日時点の所有者に対して1年分の税金が課税されます。そこで、年の中途に不動産を売却したような場合には、売却日から年末までの期間は購入者の所有期間となることから、この未経過期間分の固定資産税を購入者に請求することが慣習となっています。

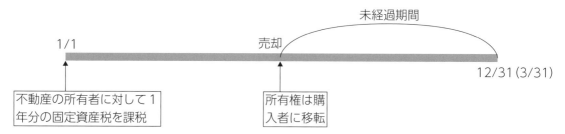

　注意したいのは、未経過固定資産税等は必ず精算しなければいけないものではない、ということです。

　購入者との間で精算された固定資産税等については、購入者がこれを納税するものではなく、固定資産税等を精算するということは、あくまでも値段の決め方の一手法に過ぎないのであり、精算金は売買代金の一部分として認識しなければならないのです。

　結果、建物の精算金は課税仕入（売上）高、土地の精算金は、非課税仕入（売上）高として処理することになります。

■名義変更が遅れた場合の取扱い

　固定資産税や都市計画税は、その年1月1日時点の所有者に対して1年分の税金が課税されますので、年内に売買は成立しているものの、名義変更（所有権移転登記）が年明けにずれこんでしまったようなケースでは、売買の年の翌年（度）分の固定資産税等についても売手に納税通知書が送付されることになります。

　この場合に精算される固定資産税等は、1月1日時点での本来の所有者である購入者が負担すべきものであり、事実上の立替金に相当するものとして、売買した不動産の対価の額には含めなくてよいこととしています。

6 　個人事業者の家事共用資産

　納税義務者である「事業者」が「事業として」行った行為でなければ課税仕入れとはなりませんので、個人事業者の家事用資産の取得などは課税仕入れとはならず、仕入税額控除はできません（消基通11－1－1）。

　店舗兼用住宅のように家事共用資産を取得した場合には、床面積割合などの合理的な基準により取得対価をあん分し、事業用部分だけが課税仕入れとなります（消基通11－1－4）。

　個人事業者が、2階建の店舗兼用住宅を4,400万円で取得し、1階を店舗、2階を住居として使用する場合の課税仕入れに係る支払対価の額は次のように計算します。

　なお、床面積は、1階の店舗部分が120㎡、2階の住居部分が80㎡、玄関や廊下などの共用部分が20㎡となっています（延床面積220㎡）。

　① 事業用部分の床面積

$$120㎡ \ + \ 20㎡ \ \times \ \frac{120㎡}{220㎡-20㎡} \ = \ 132㎡$$

　② 課税仕入れに係る支払対価の額

$$44,000,000円 \ \times \ \frac{132㎡}{220㎡} \ = \ 26,400,000円$$

7　共有物件

　不動産を共同購入した場合には、それぞれの持分割合に応じて課税仕入高を計算します。たとえば、均等出資で建物を8,800万円で取得した場合には、各出資者の課税仕入高は4,400万円となります（8,800万円×1／2＝4,400万円）。

事　例 家事共用資産と共有物件の関係

　夫婦共有（夫（事業主）1／3、妻2／3）で事務所兼用住宅を9,900万円で取得し、1階を事務所、2階と3階を自宅として使用した場合の課税仕入高は次のように計算します（各階ごとの床面積割合は同一です）。

正しい処理	9,900万円×1／3×1／3＝1,100万円
誤った処理	9,900万円×1／3＝3,300万円

　個人事業者が事務所兼用住宅などの家事共用資産を取得した場合には、取得価額を床面積割合などの合理的な基準により按分したうえで、事業用の部分だけが課税仕入れに該当することになります（**5**を参照）。

　したがって、本事例における建物の所有者が夫（事業主）単独の場合には、建物の建築費のうち1／3だけが、仕入控除税額の計算に取り込まれることになります。

　ところで、分譲マンションのように各部屋ごとの区分所有登記がされている場合には、それぞれの部屋は独立した固定資産と考えるのに対し、本事例のように共有持分のケースでは、それぞれの持分に応じた部分だけを自己の所有物として認識することになります。

　したがって、建物の建築費のうち妻の持分である2／3については、事業者である夫が購入したものではないのでいっさい仕入税額控除の対象とすることはできません。夫の持分が、たまたま事務所の床面積割合と同一であったからといって、事務所部分をすべて夫の持分とする

ことはできないので注意が必要です。

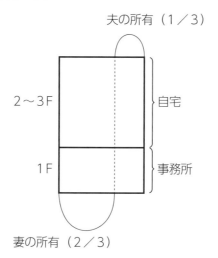

　これに対し、仮に、1階の事務所部分と2〜3階の自宅部分が区分所有登記がされており、1階の事務所部分が夫の名義になっている場合には、夫は建物の建築費の1／3を仕入控除税額の計算に取り込むことができることになります。

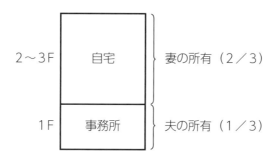

　所得税の世界では、建物の持分に妻の名義が入っていたとしても、生計を一にする親族が所有するものであれば、事務所部分はすべて事業用として減価償却をすることができます（所法56）。しかし、消費税では現実に事業者自らが行った課税仕入れでなければ仕入税額控除の対象とすることはできないので、建物の保存登記をする場合には、消費税の申告なども視野に入れたうえで、区分所有権の設定なども検討する必要があるように思われます。

8　交換

　「交換」は、現実の売買において金銭のやり取りを省略しただけの行為であり、資産の譲渡に該当します（消基通5−2−1（注））。よって、資産を交換した場合には、売上高と仕入高がセットで発生することに注意する必要があります。

　資産を交換した場合の売上（仕入）金額は次のように計算します（消令45②四）。

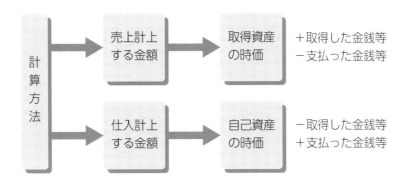

計算方法	売上計上する金額	取得資産の時価	＋取得した金銭等 －支払った金銭等
	仕入計上する金額	自己資産の時価	－取得した金銭等 ＋支払った金銭等

　なお、当事者間で定めた資産の価額と実際の相場が異なる場合であっても、それが正常な取引条件に基づく交換であるならば、その合意した価額により売上金額、仕入金額を計上することができます（消基通10－1－8）。

計算例1

　自己所有の資産（時価200）と相手先所有の資産（時価180）の交換にあたり、現金20を取得した場合には、売上高は200（180＋20）、仕入高は180（200－20）となります。

◆売上金額の考え方

　交換の場合には、売上代金を収受する代わりに相手資産を取得するわけですから、相手資産の時価（180）が売上計上する金額の基準となります。なお、時価の差額を補うために取得した金銭（20）は、まさに売上代金の一部であることから、これを売上金額に加算します。

◆仕入金額の考え方

　交換の場合には、仕入代金を支払う代わりに自己資産を引き渡すわけですから、自己資産の時価（200）が仕入計上する金額の基準となります。なお、取得した金銭（20）については、仕入代金について釣銭を収受したと考え、これを仕入金額から控除します。

計算例2

　自己所有の資産（時価180）と相手先所有の資産（時価200）の交換にあたり、現金20を支払った場合には、売上高は180（200－20）、仕入高は200（180＋20）となります。

◆売上金額の考え方

　売上代金に相当する相手資産の時価（200）が売上計上する金額の基準となります。なお、時価の差額を補うために支払った金銭（20）は、売上代金について釣銭を支払ったと考え、これを売上金額から控除します。

　　A社の資産の譲渡（交換）

A　社　　　　　　　　　　　　B　社

　売上代金に相当するB社の資産200－釣銭20

◆仕入金額の考え方

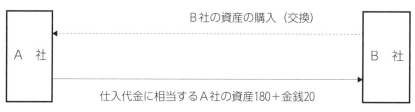

　仕入代金に相当する自己資産の時価（180）が仕入計上する金額の基準となります。なお、支払った金銭（20）は、まさに仕入代金の一部であることから、これを仕入金額に加算します。

　　B社の資産の購入（交換）

A　社　　　　　　　　　　　　B　社

　仕入代金に相当するA社の資産180＋金銭20

計算例3

　自己所有の資産（時価180）と相手先所有の資産（時価200）について、取引価額を190と定めて交換した場合には、その取引が正常な取引条件に基づいて行われたものである限り、売上高と仕入高はともに190となります。

◆売上金額の考え方

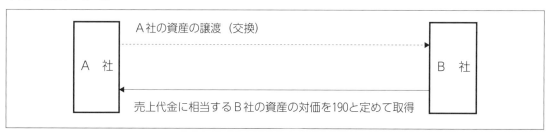

　　A社の資産の譲渡（交換）

A　社　　　　　　　　　　　　B　社

　売上代金に相当するB社の資産の対価を190と定めて取得

◆仕入金額の考え方

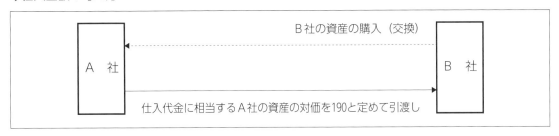

9 資産の譲渡等に類する行為

1 ◆ 代物弁済

　借入金の返済のために債権者に資産を引き渡すことを「代物弁済」といいますが、この代物弁済という行為は、資産を売却した代金で借金を返済することと実態は何ら変わらないことから資産の譲渡等に含めることとされています（消法2①八）。

　この場合の売上（仕入）金額は、消滅する債務の額に支払いを受ける金額を加算した金額となります（消令45②一）。

計算例

（1）金銭の授受がないケース

　100の借入金の返済にあたり、債権者に時価100の資産を引き渡した場合には、消滅する債務の額100が売上高となります（債権者は100の仕入高が発生します）。

（2）時価との差額につき、債務者が金銭を収受するケース

　100の借入金の返済にあたり、債権者に時価120の資産を引き渡し、現金20を収受した場合には、消滅する債務の額100と別途収受した金額20の合計額である120が売上高となります（債権者は120の仕入高が発生します）。

（3）時価との差額につき、債務者が金銭を支払うケース

　100の借入金の返済にあたり、債権者に時価80の課税資産を引き渡し、現金で20を返済した場合には、消滅する債務の額80（100－20）が売上高となります（債権者は80の仕入高が発生します）。

2 ◆ 負担付き贈与

　借金の肩代わりを条件として資産を贈与するような行為を「負担付き贈与」といいますが、これは相手に負担させる金銭等の額が、実質的に贈与した資産の売却代金に相当するものであり、資産の譲渡等に含めることとされています（消令2①二）。

　この場合の売上（仕入）金額は、その負担付き贈与に係る受贈者の負担の価額に相当する金

額となります（消令45②一）。

計算例

（1）金銭の授受がないケース

100の借入金の肩代わりを条件として、時価100の資産を贈与した場合には、贈与者は相手方に負担させる借入金の額100が売上高となります（受贈者は100の仕入高が発生します）。

（2）時価との差額につき、贈与者が金銭を収受するケース

100の借入金の肩代わりを条件として、時価120の資産を贈与し、時価と借入金の差額20を現金で収受した場合には、贈与者は相手方に負担させる借入金の額100と金銭20との合計額である120が売上高となります（受贈者は120の仕入高が発生します）。

（3）時価との差額につき、贈与者が金銭を支払うケース

100の借入金の肩代わりを条件として、時価80の資産を贈与し、現金20を支払う場合には、贈与者が相手に負担させる借入金の額は実質80（100−20）であり、これが売上高となります（受贈者は80の仕入高が発生します）。

3 ◆ 現物出資

新設された法人の株式等を取得するために、金銭の出資に代えて土地や建物などの資産を現物で出資する行為を「現物出資」といいますが、これは新設された法人に資産を売却し、その売却代金で株式等を購入することと実態は何ら変らないことから資産の譲渡等に含めることとされています（消令2①二）。

この場合の売上（仕入）金額は、<u>出資により取得する株式等の取得時の時価</u>となります（消令45②三、消基通11−4−1）。

計算例

土地（時価1,000）及び建物（時価500）を出資して会社を設立した場合には、株式の発行時の時価1,500が出資（譲渡）した土地と建物の対価となります。

$$1,500 \times \frac{1,000}{1,000+500} = 1,000 \cdots 土地の譲渡（購入）対価$$

$$1,500 \times \frac{500}{1,000+500} = 500 \cdots 建物の譲渡（購入）対価$$

参考

金銭出資により新設された法人の株式を取得した後に、資産を譲渡して出資金銭を回収するような法人の設立形態を「事後設立」といいますが、この事後設立による資産の譲渡は現物出資とは異なるものです。したがって、事後設立の場合には、出資した金銭の額ではなく、現実の資産の売買金額が譲渡（購入）対価となることに注意する必要があります（消基通5−1−

6、11-4-1（注））。

計算例

　金銭を出資し、新設された法人の株式を取得した後に、契約に基づき出資者に対して土地付建物を1,000で譲渡した場合には、現実の譲渡対価である1,000が土地と建物の譲渡対価となります。

　この場合において、対価の内訳が区分されていない場合には、新設された法人は、時価の比率などにより購入対価を按分し、建物の購入対価を課税仕入高として処理します（計算方法は第3章Ⅲの■1■を参照）。

10　対価未確定

　課税期間末日において、売上高（仕入高）が未確定の場合には、期末の現況により適正に見積計上することとされています。

　なお、翌期以降において対価の額が確定した場合には、その確定した期の売上高（仕入高）に差額を加減算することとされていますので、前期以前にさかのぼって修正申告や更正の請求をする必要はありません（消基通10-1-20、11-4-5）。

Ⅱ　高額特定資産を取得した場合の特例（平成28年度改正）

1　「3年縛り」の狙いとは？

　調整対象固定資産または高額特定資産を取得した場合には、3年間は免税事業者となることができず、また、簡易課税制度の適用も禁止するというルールがあります。この「3年縛り」の狙いとするところは、物件の取得時に還付を受けた消費税相当額について、課税売上割合が著しく減少した場合の税額調整の規定を強制適用させることにより、これを3年目において取り戻し課税するものです。

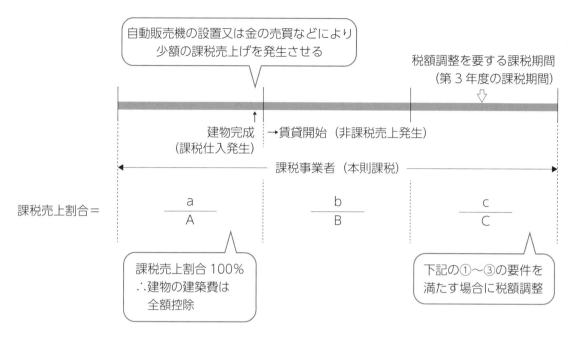

■**税額調整の要件**……下記①～③のいずれの要件も満たすこと（消法33、消令53）。

① 調整対象固定資産を第3年度の課税期間末に保有していること

② 仕入れ等の課税期間において、<u>比例配分法</u>により調整対象固定資産に係る仕入控除税額を計算していること

> 比例配分法とは、下記 i ～ iii のいずれかの方法による仕入控除税額の計算をいう。
>
> i 個別対応方式を適用する場合には、その調整対象固定資産を共通業務用に区分すること
>
> ii 一括比例配分方式
>
> iii 課税売上割合が95％以上となったことによる全額控除

③ <u>変動率が50％以上であり、かつ、変動差が5％以上であること</u>

> ト図を基に「変動率」と「変動差」を算式で示すと下記のようになる。
>
> 仕入れ等の課税期間の課税売上割合 $= \dfrac{a}{A}$ （X）
>
> 通算課税売上割合 $= \dfrac{a+b+c}{A+B+C}$ （Y）
>
> 変動率 $= \dfrac{X-Y}{X} \geqq 50\%$ かつ 変動差 $= X-Y \geqq 5\%$ であること

※計算例については168頁を参照してください。

2 高額特定資産とは？

　高額特定資産とは、**棚卸資産又は調整対象固定資産**で、一取引単位につき、税抜の 取得金額 が1,000万円以上の資産をいいます（消令25の5）。

```
①　国内課税仕入高×100／110
②　輸入貨物の課税標準である金額
③　自己建設資産の原材料費、経費のうち、上記①・②の金額
```

1 ◆付随費用の取扱い （消基通1−5−24）

　高額特定資産の取得価額（課税仕入れに係る支払対価の額）には、仲介手数料やその資産を事業の用に供するために必要な費用などは含まれません。よって、税抜の本体価額を1,000万円と比較したうえで、高額特定資産に該当するかどうかを判定することになります。

2 ◆共有資産の取扱い （消基通1−5−25）

　他の者と共同で購入した資産（共有物）は持分割合に応じて判定します。したがって、2,000万円（税抜）の資産を4名が均等出資で共同購入した場合には、各々の取得価額が1,000万円未満となることから、その取得資産は高額特定資産には該当しないことになります。

　　2,000万円×1／4＝500万円＜1,000万円

3 ◆自己建設資産の取扱い （消基通1−5−26〜1−5−28）

　自己建設資産の建設のために固定資産を取得する場合には、その自己建設資産が調整対象固定資産（事業用）の場合と棚卸資産（販売用）の場合とで取扱いが異なっています（次頁の表を参照）。

4 ◆金地金等を取得した場合の特例 （消法12の4③、37③五、消令25の5④、消規11の3）

　金や白金の地金等は一の取引単位の金額調整が容易であることから、インゴットの取得価額が1,000万円未満であれば、高額特定資産には該当しないことになります。結果、金を購入して消費税の還付を受けた翌課税期間において簡易課税制度又は2割特例の適用を受けることができたことから、課税期間中の金又は白金の地金等の合計購入金額が200万円以上の場合にも、3年縛りの規定を適用することになりました。

　この場合の判定は税抜課税仕入高によるものとし、課税期間が1年未満の場合には年換算した金額で200万円と比較判定します（1か月未満の端数は1か月として計算）。

(注)　金貨・白金貨・金製品又は白金製品（原材料として使用することが明らかなものを除きます）について適用されます。

```
                            自己建設資産
```

調整対象固定資産（事業用）	棚卸資産（販売用）
建物及びその附属設備、構築物、機械及び装置など、調整対象固定資産として列挙されている資産を取得した場合には、一取引単位ごとの課税仕入高により、調整対象固定資産及び高額特定資産に該当するかどうかを判定する。	調整対象固定資産とは、建物及びその附属設備、構築物、機械及び装置などの資産のうち、棚卸資産以外の資産をいうので、100万円以上の固定資産であっても、棚卸資産の原材料として仕入れるものは、調整対象固定資産ではない。 　よって、建物附属設備を仕入れ、販売用の建物に設置する場合など、棚卸資産の原材料として上記の資産を使用した場合であっても、その資産の課税仕入高を含めた金額で、高額特定資産に該当するかどうかを判定する。
【具体例】 　昇降機設備を2,000万円（税抜）で取得して事業用建物に設置した場合には、昇降機設備（調整対象固定資産）の取得価額が1,000万円以上であることから、昇降機設備が高額特定資産に該当する。 　この場合において、自己建設資産である事業用建物の建設等に要した課税仕入れの累計額には、昇降機設備の取得価額は含めない。	【具体例】 　昇降機設備を2,000万円（税抜）で取得して販売用建物（棚卸資産）に設置した場合には、昇降機設備は棚卸資産の原材料であり、調整対象固定資産には該当しない。 　この場合において、自己建設資産である販売用建物の建設等に要した課税仕入れの累計額には、原材料として使用した昇降機設備の取得価額も含めることとなる。

（注）　上記において、自己が保有する建設資材等の棚卸資産を自己建設資産の原材料として使用した場合には、その資材等の仕入金額も含めた金額で、高額特定資産に該当するかどうかを判定することとされています。

▌5 ◆資本的支出 （消基通12-2-5）

　調整対象固定資産の修理や改良などをした場合において、その支出が「資本的支出」に該当する場合には、その税抜きの金額が100万円以上であればその「資本的支出」も調整対象固定資産として扱われます。この場合において、修理、改良等が課税期間にまたがって行われる場合には、課税期間ごとに要した金額により100万円判定をすることになります。

　消費税法基本通達には「…《調整対象固定資産の範囲》に規定する資産に係る資本的支出…」と書かれていますので、店舗などの賃借物件の内装工事をした場合の「造作」などは、資本的支出ではあるものの、調整対象固定資産には該当しないことにご注意ください。

※資本的支出…事業の用に供されている資産の修理、改良等のために支出した金額のうち、その資産の価値を高め、又はその耐久性を増すことになると認められる部分に対応する金額をいいます。

3 高額特定資産を取得した場合の特例制度とは？

　本則課税の適用期間中に高額特定資産を取得した場合には、たとえ平成22年度改正法の適用を受けない場合であっても、いわゆる「３年縛り」が強制されることになります（消法12の４、37③三〜五）。

◆22年度改正法とは？

> 　下記①〜③の期間中に調整対象固定資産を取得し、本則課税により仕入控除税額を計算した場合には、第３年度の課税期間（取得日の属する課税期間の初日から３年を経過する日の属する課税期間）までの間は本則課税が強制適用となる（旧３年縛り）。
> ①　「課税事業者選択届出書」を提出して課税事業者となった事業者の強制適用期間中
> ②　資本金1,000万円以上の新設法人の基準期間がない事業年度中
> ③　特定新規設立法人の基準期間がない事業年度中

◆28年度改正法（高額特定資産を取得した場合の特例）

> 　本則課税の適用期間中に高額特定資産を取得した場合には、第３年度の課税期間までの間は本則課税が強制適用となる（新３年縛り）。

　高額特定資産を取得したことにより本則課税が強制適用となる課税期間中において、基準期間における課税売上高が1,000万円以下となった場合には、「高額特定資産の取得に係る課税事業者である旨の届出書」の提出が義務付けられています。ただし、「課税事業者選択届出書」を提出している事業者は、たとえ基準期間における課税売上高が1,000万円以下となった場合であっても、この届出書を提出する必要はありません（消法９⑦、12の２②、12の３③、12の４、37③、57①二の二）。

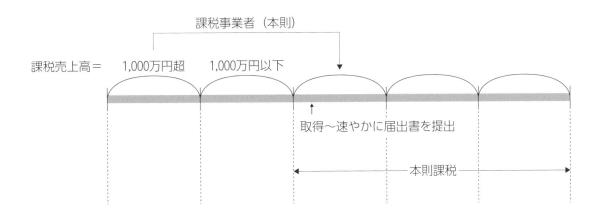

高額特定資産の取得等に係る課税事業者である旨の届出書

令和　　年　　月　　日	届出者	（フリガナ）	
		納　税　地	（〒　　　－　　　　） （電話番号　　　－　　　－　　　）
		（フリガナ）	
		氏 名 又 は 名 称 及 び 代 表 者 氏 名	
＿＿＿＿＿＿税務署長殿		法 人 番 号	※　個人の方は個人番号の記載は不要です。

　下記のとおり、消費税法第12条の4第1項から第3項までの規定の適用を受ける課税期間の基準期間の課税売上高が1,000万円以下となったので、消費税法第57条第1項第2号の2の規定により届出します。

届 出 者 の 行 う 事 業 の 内 容				
この届出の適用 対象課税期間	※消費税法第12条の4第1項から第3項までの規定が適用される課税期間で基準期間の課税売上高が1,000万円以下となった課税期間を記載してください。 自 令和　　年　　月　　日　　　　至 令和　　年　　月　　日			
上記課税期間の 基 準 期 間	自 令和　　年　　月　　日 至 令和　　年　　月　　日	左記期間の 課税売上高		円
該当する資産の 区　分　等 ［該当する資産の区分 に応じて記載してくだ さい。］	□ ①高額特定資産 （②に該当するものを除く）	高額特定資産の仕入れ等の日 令和　　年　　月　　日		高額特定資産の内容
	□ ②自己建設高額特定資産	自己建設高額特定資産の仕入れ等を行った場合に該当することとなった日 平成 令和　　　年　　　月　　　日		
		建設等の完了予定時期 令和　　年　　月　　日		自己建設高額特定資産の内容
	□ ③金地金等の仕入れ等	金地金等の仕入れ等を行った課税期間 自 令和　　年　　月　　日 至 令和　　年　　月　　日		金地金等の仕入れ等の金額の合計額 円
※消費税法第12条の4第2項の規定による場合は、裏面の記載要領等に留意の上、記載してください。				
参　考　事　項				
税 理 士 署 名	（電話番号　　　－　　　－　　　）			

※ 税務署処理欄	整理番号		部門番号		番号確認		
	届出年月日	年　月　日	入力処理	年　月　日	台帳整理	年　月　日	

注意　1．裏面の記載要領等に留意の上、記載してください。
　　　2．税務署処理欄は、記載しないでください。

1 年決算法人が高額特定資産を取得するケース

　12月決算法人が x 1 年 1 月 1 日～ x 1 年12月31日課税期間中に高額特定資産を取得した場合には、その翌課税期間（ x 2 年 1 月 1 日～ x 2 年12月31日）から高額特定資産の仕入れ等の日の属する課税期間（ x 1 年 1 月 1 日～ x 1 年12月31日）の初日以後 3 年を経過する日（ x 3 年12月31日）の属する課税期間（ x 3 年 1 月 1 日～ x 3 年12月31日）まで、本則課税が強制適用されることになります。

具体例 2 決算期を変更するケース

　12月決算法人が x 1 年 1 月 1 日～ x 1 年12月31日課税期間中に高額特定資産を取得し、その翌課税期間において 6 月決算に事業年度を変更した場合には、高額特定資産を取得した課税期間の翌課税期間（ x 2 年 1 月 1 日～ x 2 年 6 月30日）から高額特定資産の仕入れ等の日の属する課税期間（ x 1 年 1 月 1 日～ x 1 年12月31日）の初日以後 3 年を経過する日（ x 3 年12月31日）の属する課税期間（ x 3 年 7 月 1 日～ x 4 年 6 月30日）まで、本則課税が強制適用されることになります。

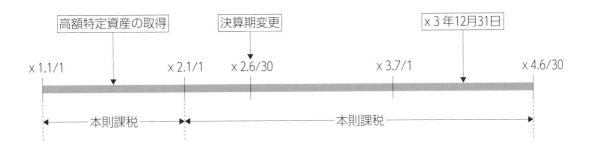

具体例 3 高額特定資産を自己建設するケース

　高額特定資産を自己建設する場合には、原材料費、経費などの課税仕入れの累計額が1,000万円以上となった課税期間において、その「自己建設高額特定資産」を仕入れたものとして取り扱います。

この場合においては、自己建設高額特定資産を仕入れた課税期間の翌課税期間から、<u>自己建設高額特定資産が完成した日の属する課税期間の初日から３年を経過する日の属する課税期間まで、本則課税が強制適用となります。</u>

12月決算法人がｘ１年１月１日〜ｘ１年12月31日課税期間から高額特定資産の建築を開始し、ｘ４年に物件が完成した場合には、課税仕入れの累計額が1,000万円に達したｘ２年１月１日〜ｘ２年12月31日課税期間の翌課税期間（ｘ３年１月１日〜ｘ３年12月31日）から高額特定資産の完成日の属する課税期間（ｘ４年１月１日〜ｘ４年12月31日）の初日以後３年を経過する日（ｘ６年12月31日）の属する課税期間（ｘ６年１月１日〜ｘ６年12月31日）まで、本則課税が強制適用されることになります。

ｘ１年	ｘ２年	ｘ３年	ｘ４年	ｘ５年	ｘ６年
600 材料費等	(仕入) 600 600 (1,200)	600 600 600 (1,800)	完成 600 600 600 600 (2,400)		

◀—本則—▶　　◀————本則————▶

具体例４ 高額特定資産の建設中に免税期間や簡易課税適用期間があるケース

高額特定資産を自己建設する場合には、原材料費、経費などの課税仕入れの累計額が1,000万円以上となった課税期間において、その「自己建設高額特定資産」を仕入れたものとして取り扱います。

ただし、自己建設期間中に免税事業者であった期間や簡易課税適用期間が含まれている場合には、これらの期間中に行った課税仕入れは上記の累計額にはカウントしないこととされています。

12月決算法人がｘ１年１月１日〜ｘ１年12月31日課税期間から高額特定資産の建築を開始し、ｘ４年に物件が完成した場合には、課税仕入れの累計額が1,000万円に達したｘ３年１月１日〜ｘ３年12月31日課税期間の翌課税期間（ｘ４年１月１日〜ｘ４年12月31日）から高額特定資産の完成日の属する課税期間（ｘ４年１月１日〜ｘ４年12月31日）の初日以後３年を経過する日（ｘ６年12月31日）の属する課税期間（ｘ６年１月１日〜ｘ６年12月31日）まで、本則課税が強制適用されることになります。
（注）ｘ２年１月１日〜ｘ２年12月31日課税期間中は簡易課税により申告しています。

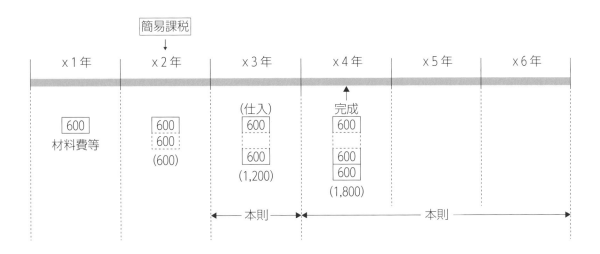

具体例 5 簡易課税制度の適用制限がないケース

　本則課税の適用期間中に高額特定資産を取得した場合には、高額特定資産を取得した日の属する課税期間の初日から３年を経過する日の属する課税期間の初日の前日までの間は「簡易課税制度選択届出書」を提出することができません（消法37③）。つまり、「簡易課税制度選択届出書」の提出時期に制限を設けることによって、本則課税による「３年縛り」をしているということです。

　また、「簡易課税制度選択届出書」を提出した場合であっても、基準期間における課税売上高が5,000万円を超える場合には、簡易課税により計算することはできません。

　したがって、事前に「簡易課税制度選択届出書」を提出している事業者の基準期間における課税売上高が5,000万円を超えたことにより本則課税が適用され、たまたまこの課税期間中に高額特定資産を取得したようなケースでは、簡易課税制度の適用制限はされないこととなります。

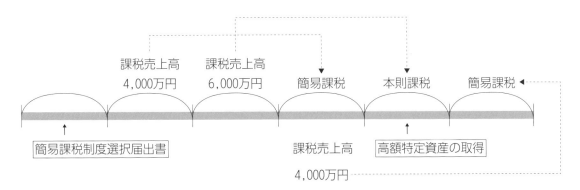

4 22年度改正法と28年度改正法（高額特定資産の特例）との関係

　22年度改正法は、「課税事業者選択届出書」を提出して課税事業者となるケースであれば強制適用期間中、新設法人（特定新規設立法人）のケースであれば基準期間がない事業年度中に、調整対象固定資産を取得した場合でなければ適用できません。また、取得資産が棚卸資産であれば、どんなに高額な資産であっても22年度改正法は適用できないという問題点がありました。

　結果、抜け穴だらけの22年度改正法の隙間をつくように、次の①〜④のような節税スキームが横行したことが、28年度改正に繋がったものと思われます。

---

① 　建物などの高額な棚卸資産を取得し、本則課税により消費税の還付を受けた期の翌期に資産を売却し、簡易課税制度の適用を受けるような事例

② 　課税事業者の強制適用期間を経過してから調整対象固定資産を取得することにより、その翌期は免税事業者や簡易課税適用事業者となるような事例

③ 　資本金1,000万円以上の法人を設立し、基準期間がない事業年度を経過してから調整対象固定資産を取得することにより、その翌期は免税事業者や簡易課税適用事業者となるような事例

④ 　特定期間中の課税売上高と給与等の支払額のいずれかが1,000万円を超える場合には、課税事業者を選択せずとも課税事業者となることができる。

　　結果、課税事業者届出書（特定期間用）を提出して課税事業者となり、調整対象固定資産を取得しても、いわゆる「3年縛り」の規定は適用されないため、その翌期は免税事業者や簡易課税適用事業者となるような事例

具体例1　棚卸資産を取得するケース

◆22年度改正法の取扱い

　課税選択をした個人事業者（不動産業者）が販売用建物を取得し、その翌年においてこれを販売する場合には、建物の取得価額が1,000万円未満であれば、建物を取得した年は本則課税、売却した年は簡易課税により申告することができます。

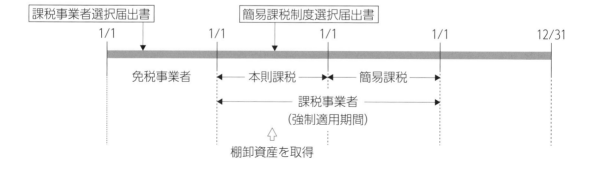

◆28年度改正法の取扱い

> 課税選択をした個人事業者（不動産業者）が、1,000万円以上の棚卸資産（高額特定資産）を取得した場合には3年間は本則課税が強制適用となります。

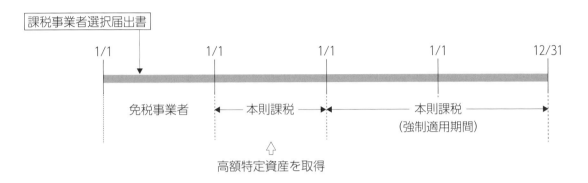

具体例 2　新設法人が課税選択をして固定資産を取得するケース

◆22年度改正法の取扱い

> 　7月1日に資本金300万円で設立した12月決算法人が、設立事業年度から課税事業者を選択し、設立4期目に1,000万円未満の調整対象固定資産を取得した場合には、4期目に「課税事業者選択不適用届出書」を提出することにより、設立5期目は免税事業者になることができます。
> 　また、4期目に「簡易課税制度選択届出書」を提出することにより、設立5期目は簡易課税により申告することもできます。

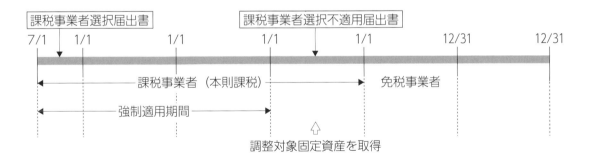

【ワンポイントアドバイス】

　設立事業年度が1年未満の新設法人が「課税事業者選択届出書」を提出し、設立事業年度から課税事業者となった場合には、3期目以降でなければ「課税事業者選択不適用届出書」を提出することはできません。「課税事業者選択不適用届出書」を3期目に提出すると、4期目から「課税事業者選択届出書」の効力は失効しますので、結果、1期目から3期目までが課税事業者としての強制適用期間となります。

※「課税事業者選択（不適用）届出書」については第3部の第1章Ⅰで詳細に解説しています。

◆28年度改正法の取扱い

> 7月1日に資本金300万円で設立した12月決算法人が、設立事業年度から課税事業者を選択し、設立4期目に高額特定資産を取得した場合には、6期目まで本則課税が強制適用となります。

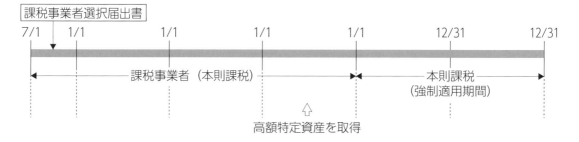

【ワンポイントアドバイス】

「課税事業者選択届出書」を提出せずに、2期目の課税売上高が1,000万円を超えたことにより4期目を本則課税で申告した場合でも、6期目までは本則課税が強制適用となります。

具体例3 新設法人が3期目に固定資産を取得するケース

◆22年度改正法の取扱い

> 7月1日に資本金1,000万円で設立した12月決算法人が、設立3期目において1,000万円未満の調整対象固定資産を取得し、本則課税により申告した場合には、3期目に「簡易課税制度選択届出書」を提出することにより、4期目は簡易課税により申告することができます。

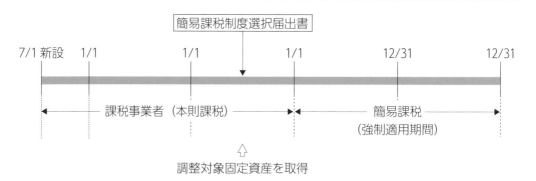

【ワンポイントアドバイス】

資本金が1,000万円以上の新設法人は、基準期間がない設立事業年度とその翌事業年度において免税事業者となることはできません。

※新設法人については第3部の第3章Ⅵで詳細に解説しています。

◆28年度改正法の取扱い

> 　7月1日に資本金1,000万円で設立した12月決算法人が、設立3期目において高額特定資産を取得し、本則課税により申告した場合には、5期目まで本則課税が強制適用となります。

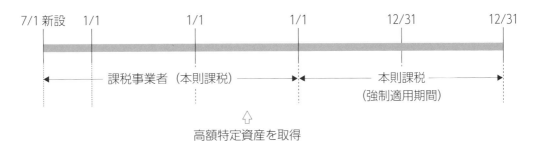

具体例 4 　簡易課税適用事業者が固定資産を取得するケース

◆22年度改正法の取扱い

> 　簡易課税制度の適用を受けていた個人事業者が「簡易課税制度選択不適用届出書」を提出し、1,000万円未満の調整対象固定資産を取得した年において本則課税により申告した場合には、調整対象固定資産を取得する年中に「簡易課税制度選択届出書」を提出することにより、その翌年から再び簡易課税により申告することができます。

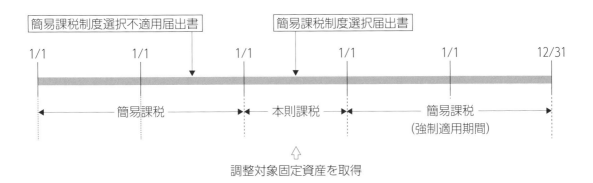

【ワンポイントアドバイス】

　課税期間が1年サイクルの場合、簡易課税は2年間の継続適用義務がありますが、簡易課税から本則課税に変更した場合についてまで、2年間の継続適用義務があるわけではありません。

※「簡易課税制度（不適用）選択届出書」については第3部の第1章Ⅱで詳細に解説しています。

◆28年度改正法の取扱い

簡易課税制度の適用を受けていた個人事業者が「簡易課税制度選択不適用届出書」を提出し、高額特定資産を取得した年において本則課税により申告した場合には、その翌々年まで本則課税が強制適用となります。

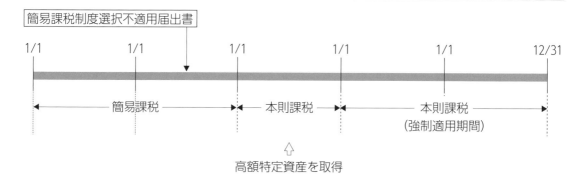

具体例5 課税事業者届出書（特定期間用）を提出して固定資産を取得するケース

◆22年度改正法の取扱い

前年1月1日から6月30日まで（特定期間）の課税売上高等が1,000万円を超えたことにより課税事業者となり、1,000万円未満の調整対象固定資産を取得した年において本則課税により申告した個人事業者は、調整対象固定資産を取得した年中に「簡易課税制度選択届出書」を提出することにより、その翌年から簡易課税により申告することができます。

また、基準期間における課税売上高や特定期間中の課税売上高等が1,000万円以下となる場合には、「納税義務者でなくなった旨の届出書」を提出することにより、再び免税事業者となることもできます。

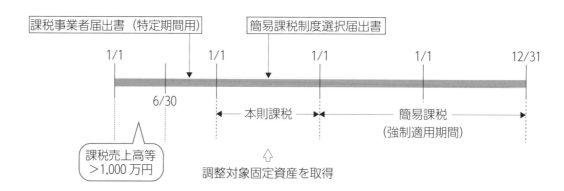

【ワンポイントアドバイス】

特定期間中の課税売上高による納税義務判定（平成23年度改正）は、課税売上高に代えて特定期間中の給与等の支払額により判定することも認められています。

※平成23年度改正法による納税義務の判定については第3部の第3章Ⅱで詳細に解説しています。

◆28年度改正法の取扱い

> 　個人事業者が、高額特定資産を取得した年において本則課税により申告した場合には、その翌々年まで本則課税が強制適用となります。

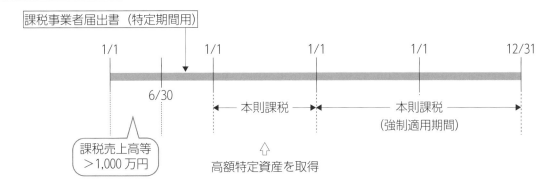

■届出書が無効とされるケース（消法37④）

1　調整対象固定資産に対する旧3年縛りの取扱い

　下記①〜③の期間中に調整対象固定資産を取得した場合には、調整対象固定資産を取得した日の属する課税期間の初日から3年を経過する日の属する課税期間の初日の前日までの間は「簡易課税制度選択届出書」を提出することができません。

　「簡易課税制度選択届出書」の提出後に調整対象固定資産を取得した場合には、その届出書の提出はなかったものとみなされます。

① 　「課税事業者選択届出書」を提出して課税事業者となった事業者の強制適用期間中

② 　資本金1,000万円以上の新設法人の基準期間がない事業年度中

③ 　特定新規設立法人の基準期間がない事業年度中

2　高額特定資産に対する新3年縛りの取扱い

　本則課税の適用期間中に高額特定資産を取得した場合には、高額特定資産を取得した日の属する課税期間の初日から3年を経過する日の属する課税期間の初日の前日までの間は「簡易課税制度選択届出書」を提出することができません。

　「簡易課税制度選択届出書」の提出後に高額特定資産を取得した場合には、その届出書の提出はなかったものとみなされます。

■棚卸資産又は固定資産を取得した場合のフローチャート

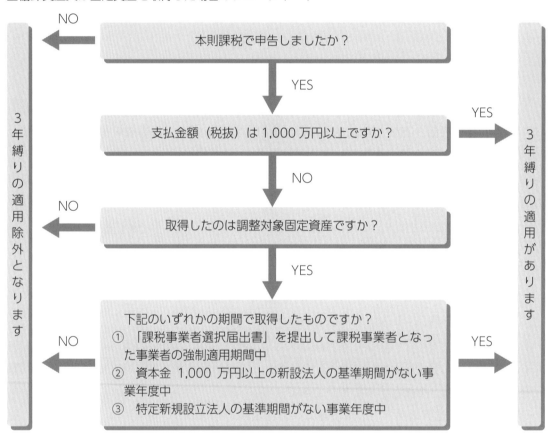

Ⅲ 居住用賃貸建物に対する仕入税額控除の制限（令和2年度改正）

居住用賃貸住宅の取得費は、非課税となる住宅家賃に対応するため、本来、仕入税額控除の対象とすることはできないのですが、作為的に金の売買を継続して行うなどの手法により課税売上げを発生させ、物件取得時の消費税の還付を受けるとともに、課税売上割合の変動による税額調整の規定を回避しようとする事例が散見されます。そこで、建物の用途の実態に応じて計算するよう、「居住用賃貸建物」について、仕入税額控除制度を見直すこととしたものです。

1 金の売買を利用した還付スキーム

1 ◆ 物件取得時の還付スキーム

居住用の賃貸物件であっても、建物が完成する課税期間における課税売上高が5億円以下であり、かつ、課税売上割合が95％以上となる場合には、その建築費の全額を仕入税額控除の対象とすることができます。そこで、課税売上割合を95％以上にするための様々な工作がなされているようです。

たとえば、新設法人が設立事業年度中に賃貸マンションを新築するとします。この場合において、建物の完成を事業年度末に設定し、賃貸開始は翌事業年度からとします。さらに、建物が完成する事業年度において少額の金の売買を行った場合には、建物が完成する事業年度中の課税売上高は金の売上高だけとなり、結果、課税売上割合が100％（95％以上）となって、建物の建築費の全額を仕入税額控除の対象とすることができるのです。

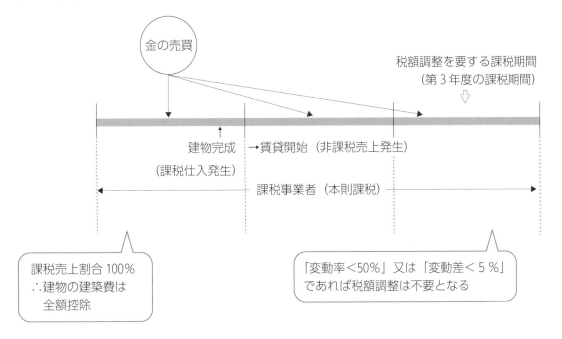

2◆課税売上割合の変動による取戻し課税を回避するためのスキーム

　本則課税の適用期間中に高額特定資産を取得した場合には、いわゆる「3年縛り」が強制適用となるために、課税売上割合が著しく減少した場合には、高額特定資産に係る当初の還付消費税額が、第3年度の課税期間で取り戻し課税されることになります。

　そこで、建物を取得した課税期間から第3年度の課税期間にかけて、変動率又は変動差のいずれかの要件を満たさなくなる程度に金を売買することにより、第3年度の課税期間における取戻し課税を回避しようとするものです。

※「課税売上割合の変動による取戻し課税」については165〜168頁で詳細に解説しています。

2　居住用賃貸建物の定義

1◆居住用賃貸建物とは？

　「居住用賃貸建物」とは、次の①と②のいずれにも該当するものをいいます。

　また、「建物」にはその附属設備も含まれます（消法30⑩）。

---

① 　事業者が国内において行う住宅の貸付けの用に供しないことが明らかな建物以外の建物であること
② 　高額特定資産又は調整対象自己建設高額資産に該当する建物であること

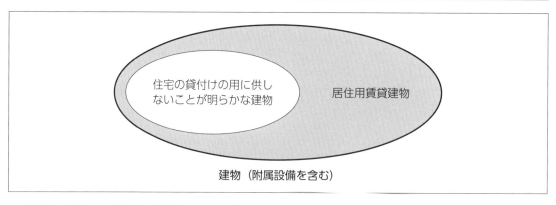

　上図のように、「住宅の貸付けの用に供しないことが明らかな建物」以外の建物が居住用賃貸建物に該当し、仕入税額控除が制限されることとなります。

2◆用途による判断

　「住宅の貸付けの用に供しないことが明らかな建物」とは、建物の構造や設備の状況・その他の状況により住宅の貸付けの用に供しないことが客観的に明らかなものをいい、消費税法基本通達では次のような建物を具体的に例示しています（消基通11−7−1）。

（1）建物の全てが店舗等の事業用施設である建物など、建物の設備等の状況により住宅の貸付けの用に供しないことが明らかな建物

（2）旅館又はホテルなど、旅館業法第2条第1項《定義》に規定する旅館業に係る施設の貸付けに供することが明らかな建物

（3）棚卸資産として取得した建物であって、所有している間、住宅の貸付けの用に供しないことが明らかなもの

　上記（1）〜（3）の建物について、その用途により居住用賃貸建物に該当するかどうかを検討します。

（1）建物の全てが店舗等の事業用施設である建物など、建物の設備等の状況により住宅の貸付けの用に供しないことが明らかな建物

　店舗や工場などのように、事業用として利用することを目的に取得する物件はそもそもが賃貸目的で取得するものではありません。よって、「住宅の貸付けの用に供しないことが明らかな建物」であるから居住用賃貸建物には該当しないことになります。

　また、賃貸目的で店舗や工場などの事業用施設を取得した場合にも、その家賃は非課税となる住宅家賃には該当しないため、取得する物件は「住宅の貸付けの用に供しないことが明らかな建物」として居住用賃貸建物には該当しないことになります。

（2）旅館又はホテルなど、旅館業法第2条第1項《定義》に規定する旅館業に係る施設の貸付けに供することが明らかな建物

　旅館・ホテル営業、簡易宿所営業、下宿営業、リゾートマンション、貸別荘等、旅館業法に規定する旅館業に係る施設の貸付けは非課税となる住宅の貸付けから除外されています（消法別表第2十三、消令16の2、消基通6－13－4）。

　よって、旅館やホテルとして貸し付けることが明らかな建物を取得した場合には、その取得物件は「住宅の貸付けの用に供しないことが明らかな建物」として居住用賃貸建物には該当しないことになります。

（3）棚卸資産として取得した建物であって、所有している間、住宅の貸付けの用に供しないことが明らかなもの

　建売住宅や分譲マンションのような棚卸資産は、購入者が住宅として使用するものではあるが、販売者が住宅として貸付けるものではありません。よって、「住宅の貸付けの用に供しないことが明らかな建物」であるから、保有期間中に住宅として賃貸しないことを条件に、居住用賃貸建物に該当しないものとして取り扱うことができます。

　販売目的で現住建造物（入居者が居住した状態の建物）を取得する場合には、取得と同時に住宅として賃貸していることとなるので、たとえ最終目的が販売用であったとしても、取得した物件は、「住宅の貸付けの用に供しないことが明らかな建物」ではないので、居住用賃貸建物に該当することになります。

3 ◆ 構造による判断

消費税法基本通達では、「住宅の貸付けの用に供しないことが明らかな建物」とは、「建物の構造及び設備の状況その他の状況により住宅の貸付けの用に供しないことが客観的に明らかなものをいい…」としています（消基通11－7－1）。そうすると、居住用賃貸建物に該当するかどうかの判断に当たっては、**2**の用途による判断だけでなく、その構造についても考慮する必要があるのでしょうか？

週間税務通信3637号（2021年01月11日号）の10頁では、『民泊サービスとは、「住宅（戸建住宅、共同住宅等）の全部又は一部を活用して宿泊サービスを提供すること」…<u>建物の構造等から判断すれば住宅であることに変わりはないため、「居住用賃貸建物」に該当し、建物取得時には仕入税額控除ができない…</u>』（下線は筆者加筆）と説明しています。

建物の構造や設備の状況などを勘案して判断するとした場合、店舗や工場のような事業用施設であれば居住用賃貸建物に該当しないことは明白ですが、事務所として賃貸する目的で取得する物件などはどうやって判断すればいいのでしょう…？

居住用賃貸建物の判定に建物の構造や設備の状況などを勘案するとした場合、分譲マンションの一室を購入して事務所として賃貸するケースでは、その用途に関係なく、居住用賃貸建物に該当することになるのでしょうか…？

バスタブやキッチンの有無、畳部屋の有無や間取り、収納スペースの大小や床面積などを総合勘案して判断するのでしょうか…もしそうだとしたならば、その判断基準（境界線）はどこにあるのでしょうか…？

参考

いわゆる「民泊」は旅館業法に規定する旅館業に該当することとされています。したがって、たとえ貸付期間が1か月以上になるとしても非課税とはならず、利用料金には消費税が課税されることになります。

住宅宿泊事業法では、2条1項において「当該家屋内に台所、浴室、便所、洗面設備その他の当該家屋を生活の本拠として使用するために必要なものとして…設備が設けられていること」と「住宅」を定義し、同条3項において、「住宅宿泊事業」とは、「…宿泊料を受けて住宅に人を宿泊させる事業…」と定義しています。

住宅宿泊事業法（抄）
　　　　　：
第二条　この法律において「住宅」とは、次の各号に掲げる要件のいずれにも該当する家屋をいう。
一　当該家屋内に台所、浴室、便所、洗面設備その他の当該家屋を生活の本拠として使用するために必要なものとして国土交通省令・厚生労働省令で定める設備が設けられていること。

二　現に人の生活の本拠として使用されている家屋、従前の入居者の賃貸借の期間の満了後新たな入居者の募集が行われている家屋その他の家屋であって、人の居住の用に供されていると認められるものとして国土交通省令・厚生労働省令で定めるものに該当すること。

2　この法律において「宿泊」とは、寝具を使用して施設を利用することをいう。

3　この法律において「住宅宿泊事業」とは、旅館業法（昭和二十三年法律第百三十八号）第三条の二第一項に規定する営業者以外の者が宿泊料を受けて住宅に人を宿泊させる事業であって、人を宿泊させる日数として国土交通省令・厚生労働省令で定めるところにより算定した日数が一年間で百八十日を超えないものをいう。

　　　　　　：

　民泊サービスのために利用する建物は、建物の構造が住宅であるという理由ではなく、民泊として利用できる日数に制限があることから、「住宅の貸付けの用に供しないことが明らかな建物」とはいえないため、居住用賃貸建物に該当すると解釈すべきではないでしょうか？

4◆混合物件の取扱い

　賃貸マンションやアパートなど、居住用の賃貸物件は居住用賃貸建物に該当します。

　1階が貸店舗で2階が居住用の貸室となっているような物件は、1階から発生する家賃は消費税が課税されるものの、2階部分が居住用貸室となっていることから「住宅の貸付けの用に供しないことが明らかな建物」には該当しないため、物件全体が居住用賃貸建物に該当することになります。

5◆居住用賃貸建物の判定時期

　居住用賃貸建物に該当するかどうかについては、課税仕入れを行った日の状況により判定することとされており、取得の時点において用途が未定であるなどの理由により、住宅の貸付けの用に供しないことが明らかでない建物は、居住用賃貸建物に該当することとなります。

　つまり、住宅の貸付けの用に供しないことが明らかな建物でない限りは居住用賃貸建物から除外することはできないということです。

　なお、消費税法基本通達11－7－2（居住用賃貸建物の判定時期）によれば、取得時に用途未定の物件であっても、課税仕入れを行った日の属する課税期間の末日において住宅の貸付けの用に供しないことが明らかにされたときは、居住用賃貸建物に該当しないものとすることができるとのことですが、本通達の取扱いは、どのようなケースを想定しているのでしょうか…？

　物件の用途に関係なく、取得時に建物の構造や設備の状況などを勘案して判断するとしたな

らば、取得時に判定が確定するのであるから、課税期間の末日において住宅の貸付けの用に供しないことが明らかにされることなどあり得ないように思えるのです。

対象資産	判定時期
購入資産	原則：引渡しがあった日
	特例：譲渡に関する契約の効力発生日
自己建設資産	建設等に要した費用の額《原材料費や経費となる課税仕入高（税抜）》の累計額が1,000万円以上となった日

6 ◆ 仕入税額控除の制限 （消法30⑩）

　旧法では、居住用の賃貸物件であっても、下表の①又は②に該当する場合には仕入税額控除が認められていましたが、改正により、居住用賃貸物件の取得時における仕入税額控除はシャットアウトされました。

	改正前	改正後
① 課税売上高が5億円以下で、かつ、課税売上割合が95%以上の場合	全額控除	仕入税額控除はできない
② 一括比例配分方式を適用する場合	課税売上割合分だけ控除	

【留意点】

① 　3年縛りの規定は、取得した居住用賃貸建物について、仕入税額控除が制限された場合であっても適用される（消基通1-5-30）。

② 　居住用賃貸建物について、下記の取引が行われた場合にも、仕入税額控除は制限されることになる（消令53の4③）。

> ⅰ 　代物弁済、負担付き贈与、現物出資などの資産の譲渡等に類する行為
>
> ⅱ 　土地収用法その他の法律の規定に基づく収用

※ 　ⅰについては55～57頁、ⅱについては177頁を参照してください。

7 ◆ 自己建設高額特定資産の取扱い

　高額特定資産を自己建設する場合には、原材料費や経費となる課税仕入高（税抜）の累計額が1,000万円以上となった課税期間において、その「自己建設高額特定資産」を仕入れたものとして取り扱います（消法12の4①）。そこで、自己建設高額特定資産が居住用賃貸建物に該当する場合には、その仕入日の属する課税期間（原材料費や経費となる課税仕入高（税抜）の累計額が1,000万円以上となった課税期間）以後の課税期間中に発生した課税仕入れについてのみ、仕入税額控除を制限することとしています（消令50の2②）。

よって、課税仕入高（税抜）の累計額が1,000万円以上となる課税期間より前に発生した課税仕入れ等の税額については、仕入税額控除の制限はありません（消基通11－7－4）。

自己建設高額特定資産と居住用賃貸建物の関係

x1年中に居住用賃貸建物の建設を開始し、x2年において課税仕入れの累計が1,000万円以上となった場合には、x3年から物件が完成するx4年の翌々年であるx6年まで、本則課税が強制適用となります。

この場合において、x2年～x4年中に発生した課税仕入れ（ □ の金額 ）については仕入税額控除ができません（x1年中に発生した課税仕入れ600は、仕入控除税額の計算に取り込むことができます）。

x1年	x2年	x3年	x4年	x5年	x6年

（仕入）　　　　　　　　　　　完成

x1年：600　材料費等

x2年：600／600（1,200）

x3年：600／600／600（1,800）

x4年：600／600／600／600（2,400）

←　本則　→　←　　　　本則　　　　　→

8 ◆ 居住用賃貸建物の定義に関する疑問点

「居住用賃貸建物」については、消費税法30条10項において「事業者が国内において行う住宅の貸付けの用に供しないことが明らかな建物以外の建物」と定義しているだけで、法律からは、消費税法基本通達11－7－1（住宅の貸付けの用に供しないことが明らかな建物の範囲）に書かれている「建物の構造や設備の状況を考慮して判断する」という文言の手がかりを読み取ることはできません。

言い換えれば、法律を読む限りにおいては「事務所としての使用あるいは賃貸を目的とした分譲マンションの取得」は「住宅の貸付けの用に供しないことが明らかな建物」の取得に該当し、居住用賃貸建物には該当しないように思えるのです。

建物の構造や設備の状況を判断要素とする前に、まずはその建物の用途を優先して勘案し、住宅の貸付けの用に供しないことが明らかであるならば、居住用賃貸建物に該当しないものとして仕入税額控除を認めるべきではないでしょうか？　その結果、物件の取得後に非課税となる住宅家賃が発生するような状況となった場合には、消費税法33条（課税売上割合が著しく変動した場合の調整対象固定資産に関する仕入れに係る消費税額の調整）あるいは同法34条（課税業務用調整対象固定資産を非課税業務用に転用した場合の仕入れに係る消費税額の調整）の規定により、仕入控除税額が調整されるものと整理すべきではないでしょうか？

参考 国税庁の質疑応答事例

　国税庁ホームページの質疑応答事例に下記のような事例が掲載されています（下線は筆者が追記）。

○社宅に係る仕入税額控除

【照会要旨】

　社宅や従業員寮の使用料は住宅家賃として非課税になるとのことですが、社宅や従業員寮の取得費、借上料や維持等に要する費用に係る仕入税額控除の取扱いはどのようになりますか。

【回答要旨】

　住宅家賃については非課税とされていますが、社宅や従業員寮も住宅に該当します。また、その建物が住宅用であれば、他の者に転貸するために借り受ける場合の家賃及びこれを他の者に転貸した場合の家賃ともに住宅家賃に該当します。

　したがって、会社が住宅の所有者から従業員の社宅又は従業員寮用に借り上げる場合の借上料及び借り上げた住宅又は従業員寮を従業員に貸し付ける場合の使用料ともに非課税となる住宅家賃に該当します。

　これらの社宅や従業員寮の取得費、借上料又は維持等に要する費用に係る仕入税額控除の取扱いは次のようになります。

1　自己において取得した社宅や従業員寮の取得費

　使用料を徴収する社宅や従業員寮は、居住用賃貸建物に該当しますので、事業者が、国内において行う社宅や従業員寮の取得に係る課税仕入れ等の税額については、仕入税額控除の対象となりません。

　なお、従業員から使用料を徴収せず、無償で貸し付けることがその取得の時点で客観的に明らかな社宅や従業員寮は居住用賃貸建物に該当しないことから、その取得費は仕入税額控除の対象となります。この場合の個別対応方式による課税仕入れ等の区分は、原則として課税資産の譲渡等とその他の資産の譲渡等に共通して要するものに該当します。

2　他の者から借り上げている社宅や従業員寮の借上料

　従業員に転貸するために借り受ける場合の家賃も住宅家賃として非課税になりますから、課税仕入れには該当しません。したがって、仕入税額控除の対象となりません。

3　社宅や従業員寮の維持費

　自己において取得したものか他の者から借りているものかを問わず、その修繕費用、備品購入費用等は仕入税額控除の対象となります。

　この場合の個別対応方式による課税仕入れ等の区分は、その社宅や従業員寮について従業員から使用料を徴収する場合は、その他の資産の譲渡等にのみ要するものに、従業員から使用料を徴収せず、無償で貸し付けている場合は、原則として課税資産の譲渡等とその他の資産の譲渡等に共通して要するものにそれぞれ該当します。

　なお、その費用が居住用賃貸建物に係る課税仕入れ等に該当する資本的支出となるもの並び

に管理人の給与、固定資産税など不課税となるもの及び非課税取引に該当するものは、仕入税額控除の対象になりません。

＜コメント＞

　個別対応方式を適用する場合、社宅の取得費は、無償による貸付けであれば共通対応分、有償であれば従業員から収受する社宅使用料収入が非課税売上げになることから非課税売上対応分に区分することになります。この考え方は、改正により居住用賃貸建物に対する仕入税額控除が制限された後でも何ら変わるものではありません。

　気になるのは、質疑応答事例において、「…従業員から使用料を徴収せず、無償で貸し付けることがその取得の時点で客観的に明らかな社宅や従業員寮は居住用賃貸建物に該当しない…」としている件です。

　国内取引については、対価を得て行うものだけを課税の対象とする一方で、課税対象取引であっても、別表第一に掲げるものについては非課税として消費税を課さないこととしています。したがって、非課税となる住宅の貸付けについては結果として有償取引に限られることとなるのですが、このような文理解釈による判断で、無償により貸し付けられる社宅や従業員寮はすべて居住用賃貸建物に該当しないものと整理してよいのでしょうか。

　居住用賃貸建物については、本法で曖昧な定義をした傍らで、無償による貸し付けはすべて無罪放免で仕入税額控除を認めるという質疑応答事例の解説には違和感を禁じざるを得ません。居住用賃貸建物の定義そのものに法令上の欠陥があるように思えてならないのです。

●消費税法2条1項8号（資産の譲渡等）

　事業として対価を得て行われる資産の譲渡及び貸付け並びに役務の提供（代物弁済による資産の譲渡その他対価を得て行われる資産の譲渡若しくは貸付け又は役務の提供に類する行為として政令で定めるものを含む。）をいう。

　国内において行われる資産の譲渡等のうち、別表第二に掲げるものには、消費税を課さない（消法6①）。

:

●消費税法別表第二13号

　住宅（人の居住の用に供する家屋又は家屋のうち人の居住の用に供する部分をいう。）の貸付け（当該貸付けに係る契約において人の居住の用に供することが明らかにされている場合（当該契約において当該貸付けに係る用途が明らかにされていない場合に当該貸付け等の状況からみて人の居住の用に供されていることが明らかな場合を含む。）に限るものとし、一時的に使用させる場合その他の政令で定める場合を除く。）

○居住用賃貸建物を取得後一定期間内に民泊サービスの用に供した場合

【照会要旨】

　当社（3月決算法人）は、X0年3月に3階建てのアパートを取得しましたが、このアパートについては、「居住用賃貸建物」に該当するものとして、その取得に係る消費税額はX0年3月期に対応する課税期間の消費税の申告上、仕入税額控除の対象となりませんでした。

　ところで、当社は、X2年1月に、このアパートの一部（1階部分）において民泊サービス（住宅宿泊事業法に規定する住宅宿泊事業）を開始する計画としているところ、以後、1階部分は住宅として貸し付けるものではなくなりますので、仕入税額控除が制限されていたアパートの取得に係る消費税額の一部を、X2年3月期に対応する課税期間の申告において仕入税額控除の対象とすることはできないでしょうか。

【回答要旨】

　仕入税額控除が制限されていたアパートの取得に係る消費税額の一部については、一定の方法により計算した金額をX2年3月期に対応する課税期間の仕入れに係る消費税額に加算することにより、仕入税額控除の対象とすることになります（居住用賃貸建物の取得等に係る消費税額の調整）。

（理由）

　事業者が国内において行う居住用賃貸建物（住宅の貸付けの用に供しないことが明らかな建物以外の建物）に係る課税仕入れ等の税額については、仕入税額控除の対象となりません（居住用賃貸建物の取得等に係る仕入税額控除の制限）。

　ただし、この制限により仕入税額控除の対象とならなかった課税仕入れ等の税額については、その居住用賃貸建物の仕入れ等の日の属する課税期間の開始の日から3年を経過する日の属する課税期間（以下「第3年度の課税期間」といいます。）の末日までの間にその居住用賃貸建物を非課税となる住宅の貸付け以外の貸付けの用（以下「課税賃貸用」といいます。）に供した場合又は譲渡した場合には、仕入控除税額の調整を行うこととなります。

　具体的には、その居住用賃貸建物に係る課税仕入れ等の税額に一定の方法により計算した割合を乗じて計算した金額に相当する消費税額を、第3年度の課税期間又は譲渡した日の属する課税期間の仕入れに係る消費税額に加算することになります（居住用賃貸建物の取得等に係る消費税額の調整）。

　「民泊サービス」とは、一般に、住宅の全部又は一部を活用して宿泊サービスを提供することをいい、これは非課税となる住宅の貸付け以外の貸付けである「施設の貸付け」に当たることから、居住用賃貸建物の一部を民泊サービスの用に供した場合は、「居住用賃貸建物を課税賃貸用に供した場合」に該当します。

　したがって、照会の場合において、民泊サービスを第3年度の課税期間（X2年3月期に対応する課税期間）の末日までに開始した場合には、居住用賃貸建物の取得等に係る消費税額の調整の適用対象となります。

3 建物の取得価額

1 ◆ 店舗兼用賃貸住宅などの取扱い

　居住用賃貸建物を、建物の構造や設備の状況・その他の状況により、商業用（賃貸）部分と居住用賃貸部分とに合理的に区分しているときは、居住用賃貸部分についてのみ、仕入税額控除が制限されることになります（消令50の2①）。

　具体的には、建物の一部が店舗用の構造等となっている居住用賃貸建物などについて、使用面積割合や使用面積に対する建設原価の割合など、その建物の実態に応じた合理的な基準により区分することになります（消基通11-7-3）。

＜留意点＞

1　区分した後の居住用賃貸部分の取得価額が1,000万円未満になったとしても仕入税額控除はできません。

2　賃貸住宅部分と賃貸用でない店舗・事務所などの事業用部分が併設されている物件については、課税家賃収入が発生しないことから課税賃貸割合が0％になるため、第3年度の課税期間で税額調整（取戻し控除）ができません（86～90頁参照）。

　　よって、物件の取得時に建築費を区分して事業用の部分（居住用賃貸建物に該当しない部分）を仕入税額控除の対象としておかなければ、永遠に税額調整（取戻し控除）の機会が失われてしまうこととなるので注意が必要です。

計算例　店舗兼用賃貸住宅（居住用賃貸建物）の取得費を区分する場合

> 　2階建の店舗兼用賃貸住宅を取得し、1階を自用店舗、2階を住宅として賃貸する場合の店舗部分の課税仕入れ等の税額は次のように計算する。
>
> 　なお、建物に課された消費税額は2,000千円、床面積は、1階の店舗部分が60㎡、2階の住居部分が40㎡、玄関や廊下などの共用部分が10㎡である（延床面積110㎡）。

① 　店舗部分の床面積

$$60㎡ + 10㎡ \times \frac{60㎡}{110㎡ - 10㎡} = 66㎡$$

② 　課税仕入れ等の税額

$$2,000千円 \times \frac{66㎡}{110㎡} = 1,200千円$$

※上記の計算例において、物件の取得時に取得価額を区分していない場合には、家賃収入は非課税となる2階の住宅家賃収入だけとなり、課税賃貸割合が0％になることから第3年度の課税期間で税額調整ができないことになります。また、この **計算例** は、国税庁の質疑応答事例（仕入税額控除（その他）建物の一部が店舗用となっている居住用賃貸建物の取得に係る仕入税額控除の制限）に掲載されている＜合理的区分の例＞を参考にして作成したものですが、店舗兼用住宅は、店舗部分に比べて住宅部分のほうが風呂などの給排水設備に費用がかかるので、単純に床面積割合により建築費を区分することには問題があるものと思われます。

参考 合理的な基準による区分（裁決事例）

　平成13年12月21日裁決で、多目的型賃貸物件の仕入税額控除について争われた事例があります（TAINS J62－5－35）。

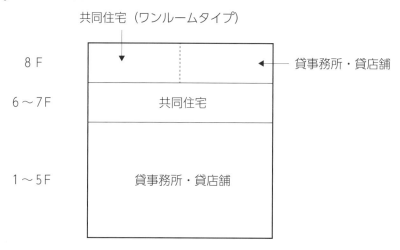

　請求人は、消費税法基本通達11－2－19（共通用の課税仕入れ等を合理的な基準により区分した場合）に基づき建築費を床面積割合であん分し、貸事務所・店舗部分は課税売上対応分、共同住宅部分は非課税売上対応分に区分して個別対応方式により仕入控除税額を計算しました。

　これに対し、原処分庁は、建物の建築費が課税売上対応分と非課税売上対応分に明確に区分されていないので個別対応方式を採用することはできず、一括比例配分方式により課税仕入れの消費税額を計算すべきであるとして更正処分及び過少申告加算税の賦課決定処分を行いました。

　請求人は、これらの処分を不服として異議申立てをしたところ、異議審理庁からいずれも棄却の異議決定がされたため、審査請求をしたものです。

消基通11－2－19（共通用の課税仕入れ等を合理的な基準により区分した場合）
　課税資産の譲渡等とその他の資産の譲渡等に共通して要するものに該当する課税仕入れ等であっても、例えば、原材料、包装材料、倉庫料、電力料等のように生産実績その他の合理的な基準により課税資産の譲渡等にのみ要するものとその他の資産の譲渡等にのみ要するものとに区分することが可能なものについて当該合理的な基準により区分している場合には、当該区分をしたところにより個別対応方式を適用することとして差し支えない。

　本件について、審判所では、請求人の建物の建築費の区分方法は合理的な基準の一つと認められるものと判断し、請求人の個別対応方式による課税仕入れの消費税の計算は正当であるとして、異議決定で採用した一括比例配分方式による計算を排斥しています。

　ところで、裁決書の本文（抜粋）には、請求人の主張を認めた根拠として、次のような見解が示されています。

…原処分庁は、本件建物の設計概要書及び各階平面図によれば、事務所等と共同住宅の構造及び設備には明らかな差異が認められる旨主張する。

　しかしながら、本件建築費の見積額を基に、当審判所において試算したところ、別表2のとおり、①課税資産（事務所等）の譲渡等にのみ要する金額（31,774,984円）とその他の資産（共同住宅）の譲渡等にのみ要する金額（20,579,609円）との割合（およそ6：4）は、各用途ごとの使用面積（事務所等681.99平方メートル、共同住宅248.75平方メートル）の割合（およそ7：3）と比較して、さほど明確な差異はなく、かつ、②共通の資産の譲渡等に要する金額（263,745,407円）が、本件建築費の見積額（316,100,000円）のうちの大部分を占めることから、本件建物の建築費全体に対して、本件使用面積割合に基づいてした本件の課非区分は合理的と認められる。…

　上記の裁決文を単純に文理解釈すると、下記の①と②の要件を満たすものであれば、床面積割合により、共通対応分となる建物の建築費を区分することができるように読めなくもありません。

①　貸事務所等と共同住宅について、建築原価と床面積割合の差が10％程度であること
②　共通対応分に区分される建築原価が物件の建築費の大部分を占めること

　建設会社から資料が入手できるのであれば、建築費の内訳は徹底的に区分すべきあるという考え方と、あらかたが共通対応分に区分される建築費であるならば、床面積割合による区分も合理的であるのだから認められてしかるべきという考え方…どちらも一長一短あるようです。

　私見ではありますが、共同住宅の場合には、風呂などの給排水設備に費用がかかるので、店舗や事務所と比較して建築コストは増加するものと思われます。であるならば、いわゆる特別仕様の部分だけは非課税（課税）売上対応分に区分して、共通対応分となる基礎工事、躯体工事、外装工事等の費用だけを床面積割合であん分するといったような、ある程度の精密さは必要ではないでしょうか？

　手間はかかりませんが、単純に床面積割合によるあん分計算は、否認リスクが高いものと覚悟する必要がありそうです。

2 ◆ 資本的支出

　居住用賃貸建物に対する資本的支出がある場合には、その金額も「居住用賃貸建物に係る課税仕入れ等の税額」に含まれます。ただし、以下の場合のように、その資本的支出自体が居住用賃貸建物の課税仕入れ等に該当しない場合には、仕入税額控除の制限はありません（消基通11-7-5）。

①　建物に係る資本的支出の金額が1,000万円未満であることなどの理由により、高額特定資産に該当しない場合

② 店舗のように、居住用賃貸部分でない建物に対する支出であることが明らかな場合

＊資本的支出……事業の用に供されている資産の修理、改良等のために支出した金額のうち、その資産の価値を高め、又はその資産の耐久性を増すことになると認められる部分に対応する金額をいいます。

3 ◆ 付随費用の取扱い（消基通1－5－24）

高額特定資産の取得価額（課税仕入れに係る支払対価の額）には、仲介手数料やその資産を事業の用に供するために必要な費用などは含まれません。よって、居住用賃貸建物の取得価額にも、仲介手数料などの付随費用は含まれないことになります。

4 調整税額の計算

1 ◆ 調整税額の計算方法

居住用賃貸建物の仕入日から第3年度の課税期間の末日までの間（調整期間）に、居住用賃貸建物の全部又は一部を課税賃貸用に供した場合又は譲渡した場合には、それまでの賃貸料収入と売却価額を基礎として計算した額を、第3年度の課税期間又は譲渡日の属する課税期間の仕入控除税額に加算して調整することとされています（消法35の2）。

【留意点】
① 「第3年度の課税期間」とは、「居住用賃貸建物の仕入日の属する課税期間の初日から3年を経過する日の属する課税期間」をいう（消法35の2③）。
② 居住用賃貸建物の仕入日から第3年度の課税期間の末日までの期間を「調整期間」という（消法35の2①）。
③ 居住用賃貸建物の仕入日から物件の売却日までの期間を「課税譲渡等調整期間」という（消法35の2③）。

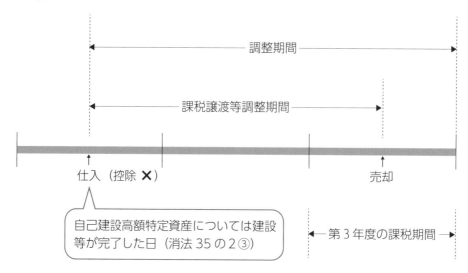

④ 下記に該当する場合(みなし譲渡)にも税額調整の規定が適用される(消法35の2②後段かっこ書)。

> i 個人事業者が居住用賃貸建物を家事用に転用したとき
>
> ii 法人が居住用賃貸建物を役員に贈与したとき

※みなし譲渡における対価の額の計算方法については185～186頁をご参照ください。

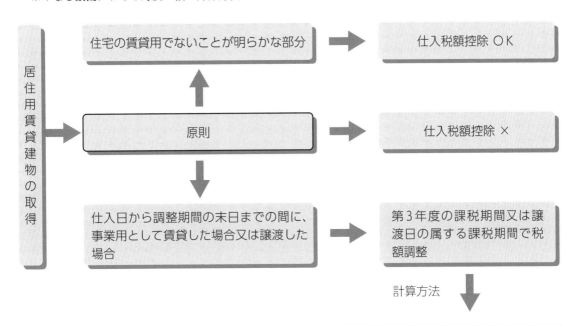

○居住用賃貸建物を調整期間中に課税賃貸用に供した場合（消法35の2①③）

居住用賃貸建物に課された消費税額×課税賃貸割合＝調整税額

$$\frac{\text{分母のうち、事業用（課税）家賃収入の合計額}}{\text{居住用賃貸建物の調整期間中の家賃収入の合計額}}$$

(注)「課税賃貸割合」は、調整期間中に発生した家賃収入の値引額等を控除して計算する（消令53の2①）

○居住用賃貸建物を調整期間中に売却した場合（消法35の2②③）

居住用賃貸建物に課された消費税額×課税譲渡等割合＝調整税額

$$\frac{\text{居住用賃貸建物の課税譲渡等調整期間中の家賃収入}}{\text{居住用賃貸建物の課税譲渡等}} \text{の合計額のうち、事業用（課税）家賃収入の合計額} + \text{居住用賃貸建物の売却収入}}{\text{調整期間中の家賃収入の合計額}} + \text{居住用賃貸建物の売却収入}}$$

(注)「課税譲渡等割合」は、課税譲渡等調整期間中に発生した家賃収入と居住用賃貸建物の売却収入の値引額等を控除して計算する（消令53の2②）

▌2 ◆ 居住用賃貸建物を合理的に区分した場合

　上記 ▌3 ▌1 により、居住用賃貸建物を合理的に区分した場合には、居住用賃貸部分についてのみ、仕入税額控除が制限されることとなりますので、調整税額の計算も、居住用賃貸部分についてだけすることになります（消令53の4①）。

▌3 ◆ 自己建設高額特定資産の取扱い

　自己建設高額特定資産が居住用賃貸建物に該当する場合には、原材料費や経費となる課税仕入高（税抜）の累計額が1,000万円以上となった課税期間以後の課税期間中に発生した課税仕入れについてのみ、仕入税額控除を制限することとしています（消令50の2②）。

　したがって、調整税額の計算についても、その制限された税額についてだけすることになります（消令53の4②）。

▌4 ◆ 課税賃貸用の意義

　居住用賃貸建物に対する税額調整は、居住用賃貸建物を住宅以外の用途で貸し付けた場合でなければ適用できません。したがって、居住用賃貸建物に関連する駐車場の賃貸収入や水道代収入などの課税収入があったとしても、建物を住宅以外の用途で貸し付けたという事実がない限り、税額調整はできないことになります（消基通12-6-1）。

▌5 ◆ 課税業務用に転用した場合の取扱い

　貸事務所などの課税業務用調整対象固定資産を3年以内に居住用（非課税業務用）に転用した場合には、転用日の属する課税期間で税額調整が必要となります。

　これに対し、非課税業務用調整対象固定資産に該当する「居住用賃貸建物」を3年以内に課税業務用に転用したとしても、居住用賃貸建物についてはそもそも仕入税額控除の規定が適用されませんので、非課税業務用調整対象固定資産を課税業務用に転用した場合の仕入税額控除の調整もできないことになります。

　居住用賃貸建物を取得して、第3年度の課税期間の末日までに課税業務用に転用した場合には、転用日以後に発生する課税家賃収入をベースに計算した「課税賃貸割合」により調整税額を計算することになります。

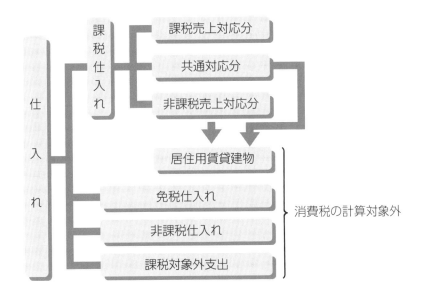

6 ◆ 中途で売却した場合の取扱い

　居住用賃貸建物に対する「課税賃貸割合」による税額調整は、居住用賃貸建物を第3年度の課税期間の末日において保有していなければ適用できません。よって、居住用賃貸建物を売却したことにより第3年度の課税期間の末日に保有していない場合には、「課税賃貸割合」による税額調整ではなく、「課税譲渡等割合」により調整税額を計算することになります（消基通12-6-2）。

　なお、居住用賃貸建物を中途で除却した場合には、「課税賃貸割合」と「課税譲渡等割合」のいずれの割合による税額調整もできないこととなりますのでご注意ください。

第3年度の課税期間の末日において売却済の場合	「課税譲渡等割合」により調整税額を計算
第3年度の課税期間の末日において除却済の場合	税額調整はできない

7 ◆計算例

物件を調整期間の末日まで保有している場合

x 1 年度中に110,000千円（税込）で賃貸物件を取得した場合の x 3 年度における調整税額は次のように計算する。

なお、x 1 年度から x 3 年度までの家賃収入（税抜）は下記のようになっており、入居者の募集広告は「居住用・事務所…」としていることから、当該物件については x 1 年度において仕入税額控除の対象とはしていない。

（年度）	（課税される家賃収入）	（家賃収入合計）
x 1 年度	1,600千円	2,000千円
x 2 年度	3,000千円	10,000千円
x 3 年度	800千円	8,000千円

(1) 課税賃貸割合

$$\frac{1,600+3,000+800}{2,000+10,000+8,000} = 27\%$$

(2) 調整税額

① 賃貸物件に課された消費税額

$$110,000千円 \times \frac{7.8}{110} = 7,800千円$$

② x 3 年度の調整前の税額に加算する税額

7,800千円×27% ＝ 2,106千円

物件を調整期間中に売却した場合

x 1 年度中に110,000千円（税込）で販売用の居住用現住建造物を取得し、x 3 年度において209,000千円（税込）で売却した場合の x 3 年度における調整税額は次のように計算する。

なお、物件の取得時から売却時までの家賃収入は10,000千円である。

(1) 課税譲渡等割合

$$209,000千円 \times \frac{100}{110} = 190,000千円$$

$$\frac{190,000}{190,000+10,000} = 95\%$$

(2) 調整税額

① 賃貸物件に課された消費税額

$$110,000千円 \times \frac{7.8}{110} = 7,800千円$$

② x 3 年度の調整前の税額に加算する税額

7,800千円×95% ＝ 7,410千円

Ⅳ 高額特定資産に該当する棚卸資産に対する３年縛りの適用（令和2年度改正）

消費税法12条の４（高額特定資産を取得した場合等の納税義務の免除の特例）では、「…簡易課税制度の適用を受けない課税期間中に高額特定資産の仕入れ等を行つた場合…」と規定しています。つまり、本則課税の適用期間中に高額特定資産を取得した場合に限り、３年縛りの規定が適用されることになるのです。

これに対し、消費税法36条（納税義務の免除を受けないこととなつた場合等の棚卸資産に係る消費税額の調整）では、「棚卸資産に係る調整税額を、課税事業者となった課税期間の仕入れに係る消費税額の計算の基礎となる課税仕入れ等の税額とみなす…」と規定しており、「課税事業者となった課税期間において課税仕入れを行ったものとみなす」といったような規定ぶりにはなっていません。

したがって、免税期間中に仕入れた棚卸資産が高額特定資産に該当し、これを税額控除の対象とした場合であっても、旧法の下では３年縛りの規定は適用されないことになっていたのです。

そこで、高額特定資産に該当する棚卸資産について、免税事業者が課税事業者となった場合の税額調整措置を適用する場合にも、３年縛りの規定を適用することとなりました（消法12の４②、37③四）。

1 棚卸資産の税額調整

販売用の建物は棚卸資産に該当しますので、免税事業者の期間中に仕入れた物件を課税事業者になった時点で保有している場合には、その棚卸資産に課された消費税額を課税仕入れ等の税額に加算することができます。ただし、高額特定資産に該当する棚卸資産については、令和２年度の改正で「３年縛り」の対象とされたことにご注意ください。

1 免税事業者が課税事業者になった場合の期首棚卸資産の税額調整

仕入控除税額の計算にあたっては、期首の在庫や期末の在庫、売上原価は一切関係ありません。当該課税期間中の仕入金額を基に税額計算を行うのは既に周知のとおりです。

しかし、前期まで免税事業者だった事業者が、当期から課税事業者になるような場合には、期首の棚卸資産は免税事業者の時代に仕入れたものであり、税額控除はしていないものです。これを課税事業者になってから販売した場合には、その売上げについてだけは消費税が課税されることとなってしまい、継続して課税事業者である事業者と比べ、不利な扱いを受けることとなってしまいます。

そこで、免税事業者が課税事業者となり、本則課税により仕入控除税額を計算する場合には、売上げに対する消費税とのバランスをとるために、例外的に期首の在庫についての税額控除を認めることとしたものです。

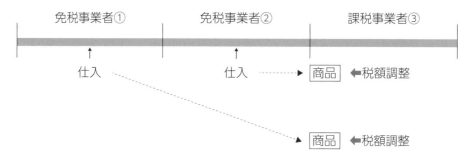

免税事業者①　　　　　免税事業者②　　　　　課税事業者③

仕入　　　　　　　　仕入 ┈┈┈▶ 商品 ◀━税額調整

商品 ◀━税額調整

※課税事業者となる直前期（②）の仕入商品だけでなく、免税期間中に取得した棚卸資産
　はすべて税額調整の対象とすることができる。

　なお、期首棚卸資産に係る税額調整の規定は、基準期間の課税売上高が免税点を超えたこと
により強制的に課税事業者となる場合の他、免税事業者が「課税事業者選択届出書」を提出し
たことにより、いわば自発的に課税事業者となるような場合であっても当然に適用されること
になります。

2 ◆ 課税事業者が免税事業者になる場合の期末棚卸資産の税額調整

　課税事業者を選択している事業者が「課税事業者選択不適用届出書」を提出した場合や基準
期間の課税売上高が免税点以下となったことにより、翌期から免税事業者となるような場合に
は、期末の棚卸資産は免税事業者となってから販売するものであり、その売上げについては消
費税は課税されないことになります。しかし、その期末棚卸資産を仕入れたのは課税事業者の
ときであり、その棚卸資産については、販売の有無に関係なく、課税仕入れの時点で仕入税額
控除の対象とされることになります。

　そこで、売上げに対する消費税とのバランスをとるために、本則課税を適用している事業者
が翌期から免税事業者になる場合には、期末棚卸資産のうち、当課税期間中に仕入れたものに
ついては仕入税額控除を制限することとしたものです。

　なお、課税事業者が翌期から免税事業者になるケースでは、その課税事業者である最後の課
税期間中に仕入れた棚卸資産だけが税額調整の対象とされるのであり、前期以前に仕入れたも
ののうち、期末に在庫として保有するものについてまで調整をする必要はありません。

　次頁の図のようなケースであれば、②の課税期間の末日において保有する棚卸資産のうち、
②の課税期間中に仕入れたものだけが税額調整の対象とされることになるのです。

　①の課税期間中に仕入れた棚卸資産のうち、②の課税期間の末日において保有するものが
あったとしても、これについては①の課税期間においてすでに税額控除は完結しているのであ
り、調整をする必要はないということです。

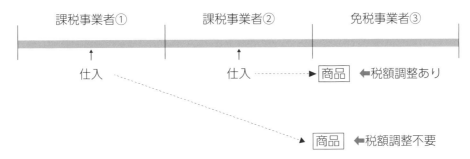

たとえば、3月決算法人が課税期間を3か月単位に短縮しているような場合であれば、最後の課税期間である1〜3月課税期間中に仕入れた棚卸資産のうち、3月末時点で在庫として保有しているものだけが税額調整の対象とされることになるのです。

2 調整対象自己建設高額資産の取扱い

免税期間中に自己建設した棚卸資産については、建設等に要した費用の額《原材料費や経費となる課税仕入高（税抜）》の累計額が1,000万円以上となったもの（調整対象自己建設高額資産）についてだけ、3年縛りの規定を適用することとしています。

したがって、免税期間中の課税仕入高が1,000万円未満の仕掛工事や完成工事などの棚卸資産について「免税 → 課税」の税額調整措置を適用する場合には、3年縛りの規定は適用されません（消基通1−5−29）。

(注) 調整対象自己建設高額資産の建設等に要した費用の額には、原材料として使用する調整対象固定資産や自己保有の建設資材等も含まれます（消基通1−5−31）。

1 ◆ 拘束期間

調整対象自己建設高額資産については、「免税→課税」の税額調整措置を適用した課税期間の翌課税期間から、次の期間までの各課税期間について、本則課税が強制適用となります。

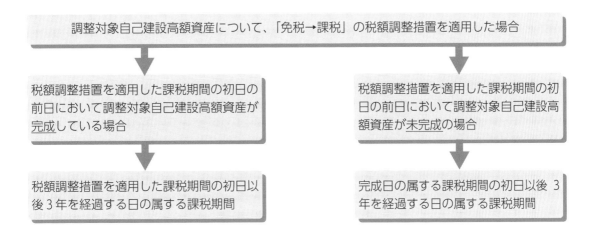

■調整対象自己建設高額資産が完成品の場合

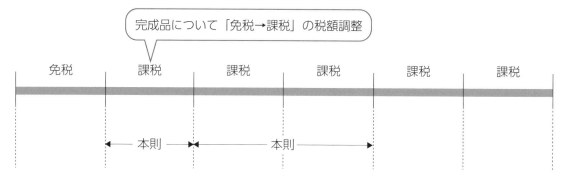

■調整対象自己建設高額資産が未完成の場合

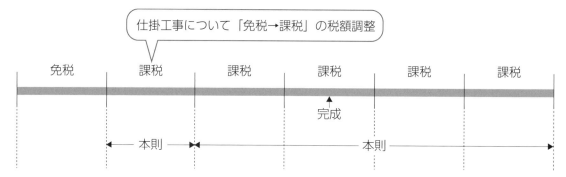

2 ◆ 3年縛りとの関係

　免税期間中の課税仕入高が1,000万円未満の仕掛工事などに「免税→課税」の税額調整措置を適用する場合には、3年縛りの規定は適用されませんが、課税事業者となった後の課税期間において、本則課税の適用期間における課税仕入高の累計が1,000万円以上となった場合には、ここで「自己建設高額特定資産」の仕入れを行ったこととなります。

　よって、この課税期間から3年縛りの規定が適用されることとなることに注意してください（消基通1－5－29（注））。

◆3年縛りとなるケース　（▢▢ 課税仕入高の累計≧1,000万円）

　税額調整をした②の翌期（③）から完成日の属する課税期間（④）の初日以後3年を経過する日の属する課税期間（⑥）まで、本則課税が強制適用となります。

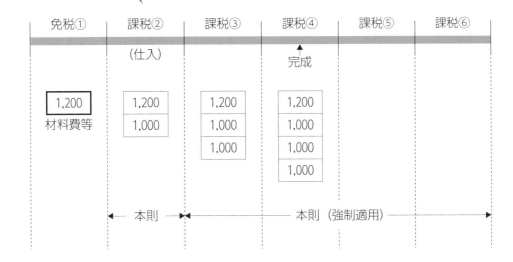

◆ 3年縛りが適用されないケース（ 　　　 課税仕入高の累計＜1,000万円）

　免税期間中に発生した仕掛工事は1,000万円未満であり、調整対象自己建設高額資産には該当しません。また、課税事業者となってからの課税仕入高の累計も1,000万円未満（900万円）であり、自己建設高額特定資産に該当しないため、3年縛りの適用はありません。

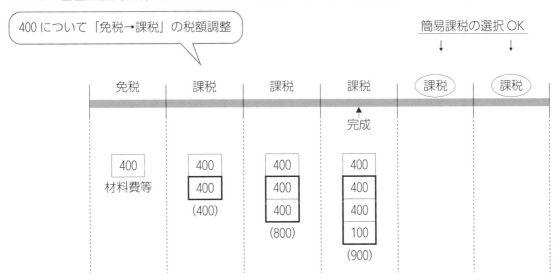

◆ 3年縛りとなるケース（ 　　　 課税仕入高の累計≧1,000万円 ）

　免税期間中に発生した仕掛工事は1,000万円未満であり、調整対象自己建設高額資産には該当しません。ただし、課税事業者となってからの課税仕入高の累計額が1,000万円以上（②＋③＝1,200万円）となるため、③期において、仕掛工事は自己建設高額特定資産に該当することになります。

　結果、③の翌期（④）から完成日の属する課税期間（④）の初日以後 3 年を経過する日の属

する課税期間（⑥）まで、本則課税が強制適用となります。

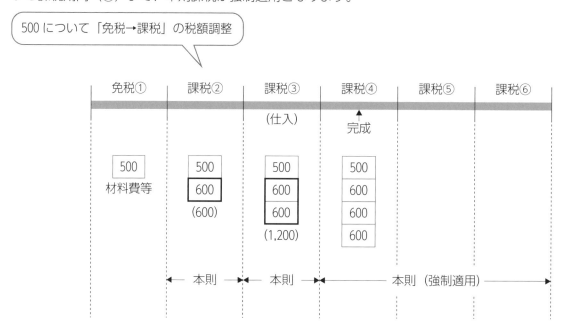

3 居住用賃貸建物との関係

　居住用賃貸建物に該当する棚卸資産について「免税 → 課税」の税額調整措置を適用する場合には、次の日を仕入日として調整税額を計算することになります（消令53の3）。

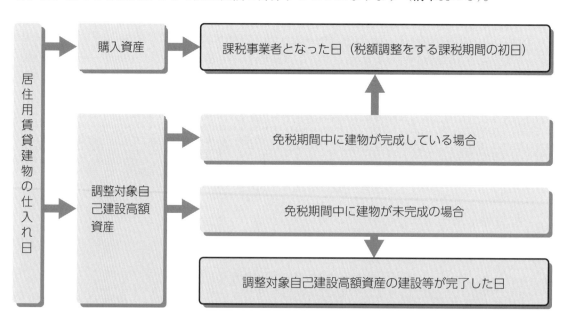

　入居者付の状態で建物を購入した場合、その建物（現住建造物）は棚卸資産に該当するものの、取得から販売までの間、住宅の貸付けの用に供することになりますので居住用賃貸建物に該当します。

居住用賃貸建物に該当する棚卸資産については、「免税 → 課税」の税額調整措置を適用したとしても、結果として仕入税額控除はできません。ただし、調整期間中に課税賃貸用に供した場合又は売却した場合には、課税賃貸割合又は課税譲渡等割合により調整税額を計算し、取戻し控除が認められることになります。

■購入資産

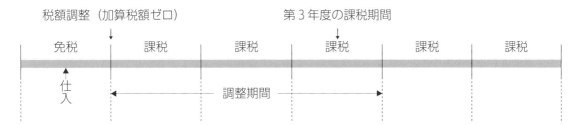

■免税期間中に完成した調整対象自己建設高額資産

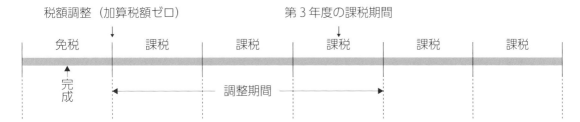

■免税期間中に未完成の調整対象自己建設高額資産

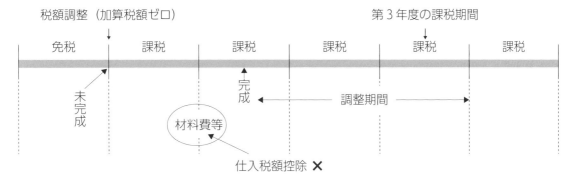

V 還付請求手続の実践演習

■還付請求のフローチャート

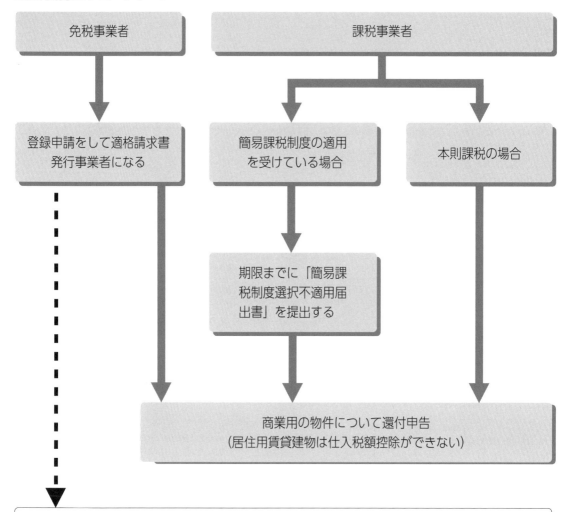

課税事業者の選択とインボイスの登録申請

　免税事業者は「課税事業者選択届出書」を提出することにより消費税の還付を受けることができますが、免税事業者は、令和5年10月1日〜令和11年9月30日の属する課税期間までは「課税事業者選択届出書」を提出しなくても、インボイスの登録申請により課税事業者となることが認められています。

　また、令和5年10月以降に商業用物件を賃貸する場合には、適格請求書発行事業者（登録事業者）でなければ外税で消費税を請求することは難しいと思われます。
　よって、免税事業者が賃貸物件を取得するようなケースでは、「適格請求書発行事業者の登録申請書」を提出し、登録事業者（課税事業者）となったうえで還付申告することを検討する必要があります。

以下の各事例について、いつまでにどのような手続が必要であるか、届出書の種類とその届出書を提出すべき課税期間及びその届出書の適用開始課税期間についてお答えください。

（前提条件）

　令和6年の9月中に税務相談を受けたという前提でお考えください。

　また、課税期間の短縮制度については、消費税の還付を受けるために必要な場合に限り、活用するものとします。

■免税事業者が登録申請する場合の留意点

	取扱い			参照頁
登録希望日	登録申請書の「登録希望日」に記載した日から登録を受けようとする免税事業者は、登録申請書の提出日から15日を経過する日以後の日を登録申請書に記載しなければなりません。この場合において、実際の登録日が登録希望日後にずれこんだ場合には、その登録希望日に登録を受けたものとみなされます。			22頁
2年縛り	令和5年10月2日以後に開始する課税期間から登録する場合	→	登録開始日から2年を経過する日の属する課税期間までの間は、登録取消届出書を提出しても課税事業者として申告義務が課されます。	21頁
	令和5年10月1日の属する課税期間から登録する場合	→	2年縛りの制約はありませんので、登録取消届出書を提出した日の属する課税期間の翌課税期間から免税事業者となることができます。	
新規開業（新設）	新規に開業した個人事業者や新設された法人は、課税期間の初日からの登録するか、15日ルールによる課税期間の中途からの登録を選択することができます。			18〜19頁・22頁
	課税期間の初日から登録する場合	→	その課税期間の末日までに登録申請書を提出することにより、その課税期間の初日に登録を受けたものとみなされます。	
	課税期間の中途から登録する場合	→	登録申請書の提出日から15日を経過する日以後の日を登録申請書の登録希望日に記載する必要があります。	

1 個人事業者編

事例1 当年中に建物（高額特定資産）を取得する場合

　給与所得者であるA氏は、遊休地を有効活用すべく、ここに貸倉庫を建築し、賃貸の用に供している。

　この貸倉庫は令和6年1月中に建築会社と請負金額1億円（税抜）で契約を締結し、同年8月中に完成後、賃貸したものである。

　この貸倉庫の賃貸により見込まれる家賃収入（税抜）は、平年が2,400万円、令和6年中は800万円である。

■届出書の提出期限と効力発生時期

届出書の種類	提出すべき課税期間	適用開始課税期間
適格請求書発行事業者の登録申請書	令和6年1月1日〜令和6年12月31日	令和6年1月1日〜令和6年12月31日
簡易課税制度選択届出書	令和8年1月1日〜令和8年12月31日	令和9年1月1日〜令和9年12月31日

〈ポイント〉

① 新3年縛り（平成28年度改正法）により、課税事業者の拘束期間は3年間となります。
　また、令和7年と令和8年の申告で簡易課税制度の適用を受けることはできません。

② 「新規開業」の事業者は、登録時期の特例制度により、登録申請書を提出した日の属する課税期間の初日に登録を受けたものとすることができます。
　よって、登録申請書を提出した日の属する課税期間の初日から課税事業者となります。

③ 建築請負契約を締結したのが令和5年以前の場合、「新規開業」に該当しないことから還付を受けることはできません。

〈スケジュール〉

① 令和6年12月31日までに登録申請書を提出し、令和6年1月1日から登録事業者（課税事業者）になります。

② 令和6年分の確定申告で消費税の還付を受けます。

③ 令和9年から簡易課税で計算するためには、「簡易課税制度選択届出書」を令和8年中に提出する必要があります。

● 新規開業とは？

新規に開業した事業者は、開業日の属する課税期間中に登録申請書を提出することにより、その課税期間の初日から登録事業者（課税事業者）となることができます（消令70の4、消規26の4）。

この「新規開業」については、消費税法施行規則26条の4の一号で「事業者が国内において課税資産の譲渡等に係る事業を開始した日の属する課税期間」と規定しています。

ところで、新規開業の場合、「課税事業者選択届出書」の効力も、届出書の提出日の属する課税期間から生ずることとされており、この「新規開業」については、消費税法施行令20条一号で「事業者が国内において課税資産の譲渡等に係る事業を開始した日の属する課税期間」と規定しています。

つまり、「新規開業」の定義は、「課税事業者選択届出書」の提出もインボイスの登録申請も一字一句同じ言葉で規定されているということになるのです。

ここで注意したいのは、「課税資産の譲渡等に係る事業を開始した日」というのは、「課税資産の譲渡等を開始した日」つまり課税売上げが発生した日を意味するものではないということです。『DHCコンメンタール』（第一法規出版）によれば、「事業に必要な事務所、店舗等の賃貸借契約の締結や資材、商品の仕入などの開業準備行為を行った日もこれに該当する」とされていますので、開業準備行為を行った課税期間の翌課税期間から課税事業者になろうとする場合には、これらの開業準備行為を行った日の属する課税期間中に登録申請書や届出書を提出する必要があるわけです。

また、事業の規模は「新規開業」の判断には関係ありませんので、たとえ貸駐車場1台だけであっても、これを賃貸し、賃貸収入を得ているような場合には「新規開業」には該当しないことになるので注意が必要です。

　　給与所得者であるＡ − 1 氏は、遊休地を有効活用すべく、ここに貸倉庫を建築し、賃貸の用に供することを計画している。

　　この貸倉庫は令和 5 年 9 月中に建築会社と請負金額 1 億円（税抜）で契約を締結し、令和 6 年 8 月中に完成後、賃貸の用に供している。

　　この貸倉庫の賃貸により見込まれる家賃収入（税抜）は、平年が2,400万円、令和 6 年中は800万円である。

〈コメント〉

　建築請負契約を締結したのが令和 5 年中であることから、令和 6 年は「新規開業」の年に該当しません。

　また、相談を受けた月（令和 6 年 9 月）の前月中に物件が完成していることから、還付を受けることはできません。

　　給与所得者であるＡ − 2 氏は、遊休地を有効活用すべく、ここに貸倉庫を建築し、賃貸の用に供することを計画している。

　　この貸倉庫は令和 6 年 1 月中に建築会社と請負金額 1 億円（税抜）で契約を締結し、同年 8 月中に完成後、賃貸の用に供している。

　　この貸倉庫の賃貸により見込まれる家賃収入（税抜）は、平年が2,400万円、令和 6 年中は800万円である。

　　なお、Ａ − 2 氏は、給与収入の他に年額60万円の貸駐車場（アスファルト舗装及び区画整理のしてあるもの）の収入がある。

〈コメント〉

　以前から貸駐車場の賃貸による賃貸収入があるので「新規開業」には該当しません。よって、「事例 1 − 1 」と同様に還付を受けることはできません。

●税抜経理の節税効果

　税込経理の場合には、消費税の還付金は、不動産所得の計算上総収入金額に算入することになっています。

　税抜経理の場合には、仮払消費税等と仮受消費税等の差額を未収入金として計上します。結果、建物の取得価額が消費税相当額だけ減少し、減価償却費は税込経理に比べて少なくなりま

すが、消費税の還付金は所得金額の計算に影響しないことになります。したがいまして、還付申告になるような場合には、不動産所得の計算は、面倒でも税抜経理によることをお勧めします。

計算例

不動産賃貸業を営む個人事業者が、新築した貸店舗について消費税の還付を受けるためにx1年から課税事業者を選択した場合

[x1年の収支]
① 賃貸料収入　　　　　　2,200,000円（非課税となる居住用物件はない）
② 貸店舗の建築費　　55,000,000円
　　（1/10取得　償却率0.020　定額法）
③ ②の償却費以外の必要経費　1,000,000円（うち課税仕入高　110,000円）

[x2年の収支]
① 賃貸料収入　　　　　　2,420,000円（非課税となる居住用物件はない）
② 貸店舗の償却費以外の必要経費　1,000,000円
　（うち課税仕入高　132,000円）

※便宜上、消費税と地方消費税の合計税率10%により試算します。

[消費税額等の計算]
（1）x1年の消費税額等の計算
① 売上税額

$$2,200,000円 \times \frac{100}{110} = 2,000,000円 \quad 2,000,000円 \times 10\% = 200,000円$$

② 仕入税額

$$(55,000,000円 + 110,000円) \times \frac{10}{110} = 5,010,000円$$

③ 還付税額

②－①＝4,810,000円

（2）x2年の消費税額等の計算
① 売上税額

$$2,420,000円 \times \frac{100}{110} = 2,200,000円 \quad 2,200,000円 \times 10\% = 220,000円$$

② 仕入税額

$$132,000円 \times \frac{10}{110} = 12,000円$$

③ 納付税額

①－②＝208,000円

［税込経理による不動産所得の計算］

（1）x1年の計算

① 収入金額

2,200,000円＋4,810,000円＝7,010,000円

　　　　　　　　　　　還付税額

② 貸店舗の減価償却費

55,000,000円×0.020＝1,100,000円

③ 必要経費

②＋1,000,000円＝2,100,000円

③ 不動産所得の金額

①－②＝4,910,000円

（2）x2年の計算

① 収入金額

2,420,000円

② 必要経費

1,000,000円＋1,100,000円＋208,000円＝2,308,000円

　　必要経費　　減価償却費　　納付税額

③ 不動産所得の金額

①－②＝112,000円

（3）所得金額の累計

（1）＋（2）＝ 5,022,000円

［税抜経理による不動産所得の計算］

（1）x1年の計算

① 貸店舗の減価償却費

$55,000,000円 \times \dfrac{100}{110} = 50,000,000円$

50,000,000円×0.020＝1,000,000円

② 消費税等の精算仕訳

（仮受消費税等）200,000　　　　　（仮払消費税等）5,010,000

（未 収 入 金）4,810,000

③ 不動産所得の金額

2,000,000円－（1,000,000円－110,000円＋100,000円＋1,000,000円）＝10,000円

　　　　　　　必要経費　　税込課税仕入高　税抜課税仕入高　減価償却費

（2） ×2年の計算

① 消費税等の精算仕訳

（仮受消費税等）220,000　　　　（仮払消費税等）　12,000

　　　　　　　　　　　　　　　　（未払消費税等）208,000

② 不動産所得の金額

2,200,000円－（1,000,000円－132,000円＋120,000円＋1,000,000円）＝212,000円

　　　　　　　　必要経費　　　税込課税仕入高　税抜課税仕入高　減価償却費

（3） 所得金額の累計

（1）＋（2）＝ 222,000円

　税抜経理によった場合、税込経理に比べて毎年の減価償却費は少なくなりますが、還付消費税額等が損益に影響しないため、課税所得を平準化させることができます。税抜計算にさほど手間がかからないような場合には、積極的に税抜経理を活用することも必要です。

■納付（還付）消費税額等の処理方法

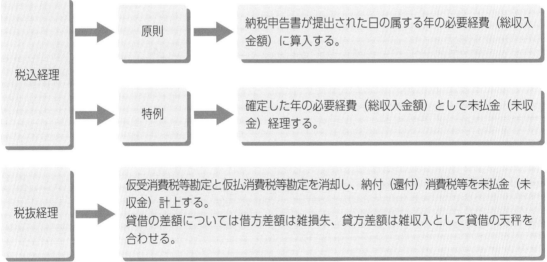

（消費税法等の施行に伴う所得税の取扱いについて6～8)

事例2	当年中に建物（調整対象固定資産）を取得する場合

　給与所得者であるB氏は、令和6年8月31日に中古の貸倉庫を入居者付きで購入して賃貸の用に供している。

　この貸倉庫の賃貸により見込まれる家賃収入（税抜）は、平年が240万円、令和6年中は80万円である。

　貸倉庫の購入金額は900万円（税込）であり、賃貸人（売却者）は、月額20万円（税込）で家賃を設定していたことから、物件を購入したB氏においても賃料を外税に変更することはせず、月額20万円（税込）で賃借人と契約を締結した。

■届出書（申請書）の提出期限と効力発生時期

届出書（申請書）の種類	提出すべき課税期間（期限）	適用開始課税期間
適格請求書発行事業者の登録申請書	令和6年1月1日〜 令和6年12月31日	令和6年1月1日〜 令和6年12月1日
適格請求書発行事業者の登録取消届出書	令和7年12月17日	令和8年1月1日〜 令和8年12月31日

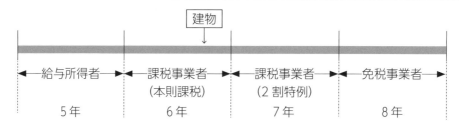

〈ポイント〉

① 「課税事業者選択届出書」は提出していないので、旧3年縛り（平成22年度改正法）の適用はありません。

　また、物件の取得金額が1,000万円未満なので、新3年縛り（平成28年度改正法）の適用もありません。

② 「新規開業」の事業者は、登録時期の特例制度により、登録申請書を提出した日の属する課税期間の初日に登録を受けたものとすることができます。

　よって、登録申請書を提出した日の属する課税期間の初日から課税事業者となります。

③ 令和5年10月2日以後に開始する課税期間からインボイスの登録をした免税事業者は、登録開始日から2年を経過する日の属する課税期間までの間は課税事業者として申告義務があります。

　よって、令和6年1月1日から登録した個人事業者（免税事業者）は、令和7年についても課税事業者として申告義務があります。

④　3年縛りの適用がなく、かつ、令和5年の課税売上高が1,000万円以下（ゼロ）であることから令和7年分の申告は2割特例によることができます。

⑤　登録取消届出書（適格請求書発行事業者の登録の取消しを求める旨の届出書）を提出することにより、令和8年から免税事業者となることができます。

⑥　賃借人からインボイス交付の要請がなく、また、外税で消費税相当額が受領できないのであれば、免税事業者となったほうがお得です。

〈スケジュール〉

①　令和6年12月31日までに登録申請書を提出し、令和6年1月1日から登録事業者（課税事業者）になります。

②　令和6年分の確定申告で消費税の還付を受けます。

③　令和7年分は2割特例により申告することができます。

④　令和7年12月17日までに登録取消届出書を提出することにより、令和8年から登録の効力が失効して免税事業者になることができます。

事例3 　期間短縮のケース

　不動産賃貸業を営むC氏は、簡易課税制度の適用を受け、消費税の確定申告をしているが、遊休地を有効活用すべく、新たに貸倉庫を建築し、賃貸の用に供することを計画している。

　貸倉庫の完成予定日は令和6年10月31日であり、令和6年の1月中に建築会社と請負金額1億円（税抜）で契約を締結した。

　この貸倉庫の賃貸により見込まれる家賃収入（税抜）は、平年については840万円、令和6年中は140万円である。

　また、C氏の令和5年までの課税家賃収入（税抜）は2,000万円前後で推移しており、「適格請求書発行事業者の登録申請書」は令和4年中に提出済である。

■届出書の提出期限と効力発生時期

届出書の種類	提出すべき課税期間	適用開始課税期間
課税期間特例選択・変更届出書	令和6年1月1日〜令和6年9月30日	令和6年10月1日〜令和6年12月31日
簡易課税制度選択不適用届出書	令和6年1月1日〜令和6年9月30日	令和6年10月1日〜令和6年12月31日
課税期間特例選択不適用届出書	令和9年7月1日〜令和9年9月30日	令和9年10月1日〜令和9年12月31日
簡易課税制度選択届出書	令和9年7月1日〜令和9年9月30日	令和9年10月1日〜令和9年12月31日

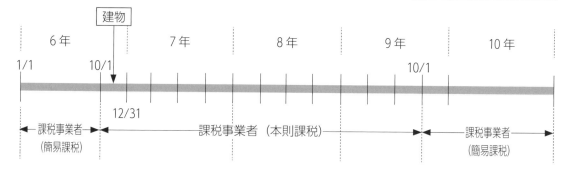

〈ポイント〉

① 　令和6年10月中に完成する建物の建築費について消費税の還付を受けるためには年の中途より本則課税に変更する必要がありますので、課税期間を短縮したうえで、「簡易課税制度選択不適用届出書」を提出する必要があります。

② 　簡易課税から本則課税に変更しても、旧3年縛り（平成22年度改正法）の適用はありません。ただし、高額特定資産を取得しますので、新3年縛り（平成28年度改正法）の適用により、本則課税による拘束期間は3年間となります。

〈スケジュール〉

① 令和6年9月30日までに「課税期間特例選択・変更届出書」を提出し、課税期間を10月1日から3か月ごとに区切ります。

② 令和6年9月30日までに「簡易課税制度選択不適用届出書」を提出することにより、10月1日から本則課税に変更することができます。

③ 令和6年10月1日～12月31日課税期間の確定申告で消費税の還付を受けます。

④ 「簡易課税制度選択届出書」は、令和9年7月1日～9月30日課税期間以後に提出することができますので、この課税期間中に届出書を提出することにより、令和9年10月1日より簡易課税により申告することができます。

⑤ 「課税期間特例選択不適用届出書」は、令和8年7月1日～9月30日課税期間以後に提出することができますが、本則課税が強制適用となる令和9年7月1日～9月30日課税期間までは、期間短縮を継続する必要があります。

(注) 令和8年中に「課税期間特例選択不適用届出書」を提出した場合には、令和9年から暦年単位の課税期間に戻ることになりますが、この場合、「簡易課税制度選択届出書」の効力は令和10年から生ずることとなり、上記④に比べて不利になってしまいます。

事例 4 　法人成りをした個人事業者が建物を取得するケース

　同族法人の代表者であるD氏は、遊休地を有効活用すべく、ここに貸倉庫を建築し、賃貸の用に供することを計画している。

　貸倉庫の完成予定日は令和7年3月31日であり、令和6年の8月中に建築会社と請負金額3億円（税抜）で契約を締結した。

　この貸倉庫の賃貸により見込まれる家賃収入（税抜）は、平年については2,400万円、令和7年中は1,800万円である。

　D氏は、令和4年までは個人で物品販売業を営んでいたが、令和4年12月中に法人成りをし、その事業の全部を法人が引き継いでいる。

　D氏は、個人事業者としての消費税の確定申告にあたり、簡易課税制度の適用を受けていたが、法人成りに伴い、個人事業を廃業した際に、個人事業者としての消費税に関する届出書、申請書等の提出は一切行っていない。

■届出書（申請書）の提出期限と効力発生時期

届出書（申請書）の種類	提出すべき課税期間（期限）	適用開始課税期間
簡易課税制度選択 不適用届出書	令和6年1月1日〜 令和6年12月31日	令和7年1月1日〜 令和7年12月31日
適格請求書発行事 業者の登録申請書	令和6年12月17日	令和7年1月1日〜 令和7年12月31日
課税事業者届出書 （基準期間用）	令和8年中に提出し ておくのが望ましい	令和9年1月1日〜 令和9年12月31日
簡易課税制度選択 届出書	令和9年1月1日〜 令和9年12月31日	令和10年1月1日〜 令和10年12月31日

〈ポイント〉

① 　令和7年1月1日から登録事業者になるためには、登録申請書を令和6年12月17日までに提出する必要があります。

　※令和7年3月31日に間に合わせるためには、登録申請書は遅くとも令和7年3月16日までに提出する必要があります。

② 　「簡易課税制度選択届出書」の効力は、たとえ業種が変わっても継続されますので、簡易課税を適用している個人事業者が事業を廃止したような場合には、「事業廃止届出書」又は「簡

易課税制度選択不適用届出書」のいずれかを提出する必要があります。

※ワンポイントアドバイス

「事業廃止届出書」の提出があった場合には、その提出日の属する課税期間の翌課税期間から簡易課税の効力は失効することとされています。

また、「簡易課税制度選択不適用届出書」に事業を廃止した日が記載されている場合には、「事業廃止届出書」の提出は必要ありません。

---

③　新3年縛り（平成28年度改正法）の適用により、課税事業者の拘束期間は3年間となります。また、令和8年と令和9年の申告で簡易課税制度の適用を受けることはできません。

④　令和6年は課税事業者となりますが、課税売上高も確定消費税額もありませんので確定申告は不要となります（消法45①前文ただし書）。

〈スケジュール〉

①　本事例の場合には、廃業時に何ら届出書が提出されていませんので、「簡易課税制度選択届出書」の効力は存続していることになります。

よって、令和6年12月31日までに「簡易課税制度選択不適用届出書」を提出し、令和7年から本則課税に変更する必要があります。

②　登録申請書を令和6年12月17日までに提出し、令和7年1月1日から登録事業者（課税事業者）になります。

※登録申請書は早めに提出するように心掛けてください。

③　令和7年分の確定申告で消費税の還付を受けます。

④　令和9年以降は、基準期間（前々年）の課税売上高が1,000万円を超えることから「課税事業者届出書（基準期間用）」を提出する必要があります。

※ワンポイントアドバイス

免税事業者は、本来であれば「課税事業者選択届出書」を提出して課税事業者になってからでなければインボイスの登録申請はできないのですが、令和5年10月1日から令和11年9月30日までの日の属する課税期間に限り、経過措置により「課税事業者選択届出書」を提出せずともインボイスの登録申請をすることが認められています（消法57の2①、平成28年改正法附則44④）。

また、「課税事業者選択届出書」を提出している事業者は、基準期間における課税売上高が1,000万円を超えた場合でも「課税事業者届出書」は提出しなくてよいことになっています（消基通17-1-1）。

そうすると、インボイスの登録事業者は、たとえ基準期間における課税売上高が1,000万円を超えた場合であっても、「課税事業者届出書」は提出する必要がないと考えることも

できそうです。

　しかし、「課税事業者届出書」の提出義務について規定している消費税法57条1項1号には、インボイスの登録事業者を除くということは書かれていません。インボイスの登録をしている事業者は、「課税事業者届出書」は提出しなくてよいという通達もありません。

　よって、「課税事業者選択届出書」を提出したり、インボイスの登録をして課税事業者になっている状態であったとしても、確定申告や決算の都度、基準期間における課税売上高を確認した上で「課税事業者届出書」や「納税義務者でなくなった旨の届出書」を提出し、自らの納税義務（ステータス）を管理しておく必要があるように思われます。

（注）インボイスの登録をしている事業者が「課税事業者届出書」を提出しなかったとしても、税額計算などに影響がでるわけではありません。

⑤　令和10年から簡易課税で計算するためには、「簡易課税制度選択届出書」を令和9年中に提出する必要があります。

事例5 翌年から貸付けを開始する場合

　給与所得者であるE氏は、遊休地を有効活用すべく、ここに貸倉庫を建築し、賃貸の用に供することを計画している。

　貸倉庫の完成予定日は令和6年12月31日であり、令和6年の1月中に建築会社と請負金額3億円（税抜）で契約を締結した。

　この貸倉庫の賃貸により見込まれる家賃収入（税抜）は、年額2,400万円であるが、貸付を開始するのは令和7年からとなっており、令和6年中に家賃収入は発生しない。

■届出書（申請書）の提出期限と効力発生時期

届出書（申請書）の種類	提出すべき課税期間	適用開始課税期間
適格請求書発行事業者の登録申請書	令和6年1月1日～令和6年12月31日	令和6年1月1日～令和6年12月31日
課税事業者届出書（基準期間用）	令和8年中に提出しておくのが望ましい	令和9年1月1日～令和9年12月31日
簡易課税制度選択届出書	令和8年1月1日～令和8年12月31日	令和9年1月1日～令和9年12月31日

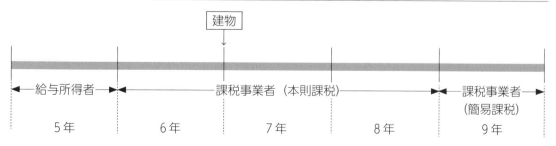

〈ポイント〉

① 新3年縛り（平成28年度改正法）により、課税事業者の拘束期間は3年間となります。

また、令和7年と令和8年の申告で簡易課税制度の適用を受けることはできません。

② 「新規開業」の事業者は、登録時期の特例制度により、登録申請書を提出した日の属する課税期間の初日に登録を受けたものとすることができます。

よって、登録申請書を提出した日の属する課税期間の初日から課税事業者となります。

③ 令和6年中は売上げが発生していませんので、課税売上割合は0％（95％未満）となりますが、個別対応方式で計算することにより、建物の建築費については課税業務用として全額を仕入税額控除の対象とすることができます。

〈スケジュール〉

① 令和6年12月31日までに登録申請書を提出し、令和6年1月1日から登録事業者（課税事業者）になります。

② 令和6年分の確定申告で消費税の還付を受けます。

③ 令和9年以降は、基準期間（前々年）の課税売上高が1,000万円を超えることから「課税事業者届出書（基準期間用）」を提出する必要があります。

④ 令和9年から簡易課税で計算するためには、「簡易課税制度選択届出書」を令和8年中に提出する必要があります。

2 法人編

事例6 簡易課税適用事業者が還付を受けるケース①

12月決算法人であるＡ社は、従前より簡易課税により消費税の申告をしているが、翌期（令和７年１月１日～令和７年12月31日）中にＢ社から課税商品や中古建物などの譲り受けを計画しているため、消費税の還付を受けたいと考えている。

商品単価（税抜）は1,000円～5,000円程度で仕入代金（税抜）は3,000万円程度と見積もられる。

また、中古建物の購入金額は未だ協議中であるが、年内には金額を確定させてＢ社と売買契約を締結する予定となっている。

なお、「適格請求書発行事業者の登録申請書」は令和４年中に提出済である。

ケース1 建物の購入金額（税抜）が1,000万円未満の場合

■届出書の提出期限と効力発生時期

届出書の種類	提出すべき課税期間	適用開始課税期間
簡易課税制度選択不適用届出書	令和６年１月１日～令和６年12月31日	令和７年１月１日～令和７年12月31日
簡易課税制度選択届出書	令和７年１月１日～令和７年12月31日	令和８年１月１日～令和８年12月31日

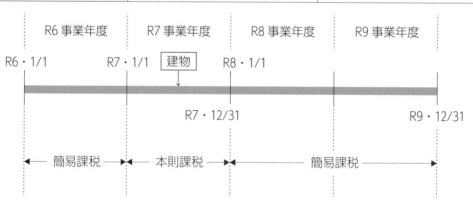

〈ポイント〉

① 簡易課税から本則課税に変更しても、旧３年縛り（平成22年度改正法）の適用はありません。また、商品単価と建物の取得価額がいずれも1,000万円未満であることから高額特定資産を取得した場合の新３年縛り（平成28年度改正法）の適用もありません。

② 「簡易課税制度選択届出書」を提出した場合には、簡易課税の適用を受けた課税期間の初日から２年を経過する日の属する課税期間の初日以後でなければ「簡易課税制度選択不適用届出書」を提出することはできません。

「簡易課税制度選択不適用届出書」を提出した場合には、提出日の属する課税期間の末日

の翌日から簡易課税の効力は失効します。

　つまり、課税期間が1年サイクルの場合、簡易課税は2年間の継続適用が義務付けられているということです。

　ただし、継続して簡易課税を適用してきた事業者が、仕入控除税額の計算方法を本則課税に変更して消費税の還付を受け、翌期からまた簡易課税を適用することは可能です。

　計算方法を本則課税に変更したときについてまでも、2年間の継続適用が義務付けられているわけではありませんので注意してください。

〈スケジュール〉

① 令和6年12月31日までに「簡易課税制度選択不適用届出書」を提出し、計算方法を本則課税に変更します。

② 令和7年1月1日〜令和7年12月31日事業年度の確定申告で消費税の還付を受けます。

③ 令和7年1月1日〜令和7年12月31日事業年度中に「簡易課税制度選択届出書」を提出することにより、令和8年1月1日〜令和8年12月31日事業年度から再び簡易課税により申告することができます。

　なお、令和9年1月1日〜令和9年12月31日事業年度については簡易課税が強制適用となります。

ケース2 建物の購入金額（税抜）が1,000万円以上の場合

■届出書の提出期限と効力発生時期

届出書の種類	提出すべき課税期間	適用開始課税期間
簡易課税制度選択不適用届出書	令和6年1月1日〜令和6年12月31日	令和7年1月1日〜令和7年12月31日
簡易課税制度選択届出書	令和9年1月1日〜令和9年12月31日	令和10年1月1日〜令和10年12月31日

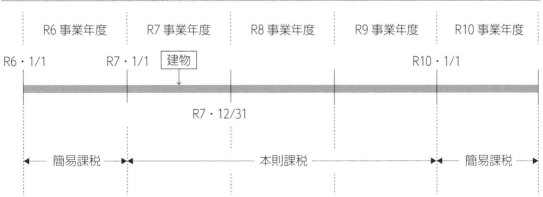

本則課税の適用期間中に高額特定資産を取得しますので、新 3 年縛り（平成28年度改正法）の適用により、課税事業者の拘束期間は 3 年間となります。

　また、令和 8 年 1 月 1 日〜令和 8 年12月31日事業年度と令和 9 年 1 月 1 日〜令和 9 年12月31日事業年度の申告で簡易課税制度の適用を受けることはできません。

〈スケジュール〉

①　令和 6 年12月31日までに「簡易課税制度選択不適用届出書」を提出し、計算方法を本則課税に変更します。

②　令和 7 年 1 月 1 日〜令和 7 年12月31日事業年度の確定申告で消費税の還付を受けます。

③　令和 9 年 1 月 1 日〜令和 9 年12月31日事業年度中に「簡易課税制度選択届出書」を提出することにより、令和10年 1 月 1 日〜令和10年12月31日事業年度から再び簡易課税により申告することができます。

　なお、令和11年 1 月 1 日〜令和11年12月31日事業年度については簡易課税が強制適用されることになります。

事例 7　簡易課税適用事業者が還付を受けるケース②

　12月決算法人であるＣ社は、従前より簡易課税制度の適用を受け、消費税の申告をしているが、当期（令和 6 年 1 月 1 日〜令和 6 年12月31日）の10月中に建物を 3 億円（税抜）で取得する予定であり、消費税の還付を受けたいと考えている。

　Ｃ社の前々期（令和 4 年 1 月 1 日〜令和 4 年12月31日）の課税売上高（税抜）は、本社事務所の売却による臨時収入があったことにより6,000万円となっているが、例年における課税売上高は毎期3,000万円前後で推移している。

　なお、「適格請求書発行事業者の登録申請書」は令和 4 年中に提出済である。

〈ポイント〉

　本則課税の適用期間中に高額特定資産を取得した場合には、高額特定資産を取得した日の属する課税期間の初日から 3 年を経過する日の属する課税期間の初日の前日までの間は「簡易課税制度選択届出書」を提出することができないこととされています。

　つまり、「簡易課税制度選択届出書」の提出時期に制限を設けることによって、本則課税による 3 年間の申告を義務付けているということです。

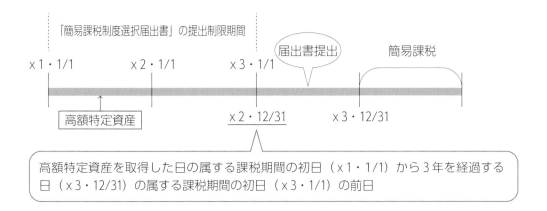

「簡易課税制度選択届出書」の提出制限期間

届出書提出

簡易課税

x1・1/1　　　x2・1/1　　　x3・1/1

高額特定資産

x2・12/31　　　x3・12/31

高額特定資産を取得した日の属する課税期間の初日（x1・1/1）から3年を経過する日（x3・12/31）の属する課税期間の初日（x3・1/1）の前日

　「簡易課税制度選択届出書」を提出している場合であっても、基準期間における課税売上高が5,000万円を超える場合には、簡易課税により計算することはできません。したがって、事前に「簡易課税制度選択届出書」を提出している事業者の基準期間における課税売上高が5,000万円を超えたことにより本則課税が適用され、たまたまその課税期間中に高額特定資産を取得したようなケースでは、簡易課税制度の適用制限はされないこととなるのです。

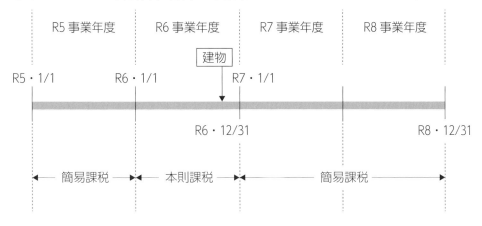

R5 事業年度　　R6 事業年度　　R7 事業年度　　R8 事業年度

建物

R5・1/1　　　R6・1/1　　　R7・1/1

R6・12/31　　　R8・12/31

簡易課税　　本則課税　　簡易課税

	事例 8	新設法人が設立事業年度から簡易課税を選択したことにより 還付を受けることができないケース

　資本金1,000万円で、株式会社（D社）を令和 5 年11月 1 日に設立し、設立事業年度（令和 5 年11月 1 日～令和 5 年12月31日）中に「簡易課税制度選択届出書」を提出して設立事業年度から簡易課税により消費税の申告をしていたが、設立 3 期目である翌期（令和 7 年 1 月 1 日～令和 7 年12月31日）の 8 月中に建物を 3 億円（税抜）で取得する予定であり、消費税の還付を受けたいと考えている。

　D社の事業年度は毎年 1 月 1 日から12月31日までであり、設立事業年度の課税売上高（税抜）は600万円であった。

　なお、D社は「消費税の新設法人に該当することとなった事業年度開始の日」を記載した「法人設立届出書」を設立事業年度中に提出している。

　また、「適格請求書発行事業者の登録申請書」は令和 5 年中に提出済である。

　還付を受けることはできません。

　なお、令和 7 年 1 月 1 日～令和 7 年12月31日事業年度の基準期間は設立事業年度となり、設立事業年度の課税売上高は、年換算した金額が1,000万円を超えることから、令和 7 年 1 月 1 日～令和 7 年12月31日事業年度について「課税事業者届出書」を提出する必要があります。

　600万円÷ 2 ×12＝3,600万円＞1,000万円

届出書の種類	提出すべき課税期間	適用開始課税期間
課税事業者届出書 （基準期間用）	令和 6 年中に提出しておくのが望ましい	令和 7 年 1 月 1 日～ 令和 7 年12月31日

　新設法人については、設立事業年度中に「簡易課税制度選択届出書」を提出することにより、設立事業年度あるいはその翌事業年度のどちらからでも簡易課税により計算することが認められています。

　「簡易課税制度選択届出書」を提出した場合には、簡易課税の適用を受けた課税期間の初日から 2 年を経過する日の属する課税期間の初日以後でなければ「簡易課税制度選択不適用届出書」を提出することはできません。

　したがって、本事例の場合には、簡易課税の適用を受けた課税期間の初日（令和 5 年11月 1 日）から 2 年を経過する日（令和 7 年10月31日）の属する課税期間（翌期）の初日（令和 7 年 1 月 1 日）以後でなければ「簡易課税制度選択不適用届出書」は提出できないことになり、翌期中に「簡易課税制度選択不適用届出書」を提出した場合には、さらにその翌期（令和 8 年 1 月 1 日～令和 8 年12月31日）から簡易課税の効力は失効することになります。

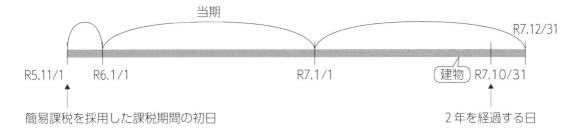

当期

R5.11/1　　R6.1/1　　　　　　　　　　R7.1/1　　　　　　　建物 R7.10/31　　　R7.12/31

簡易課税を採用した課税期間の初日　　　　　　　　　　　　２年を経過する日

　設立事業年度が１年未満の新設法人が、設立事業年度から簡易課税を選択した場合には、原則として３期目の末日までの期間は簡易課税が強制適用となることに注意してください。

　また、課税期間を１か月に短縮したとしても、「簡易課税制度選択不適用届出書」を提出できるのは、簡易課税を採用した課税期間の初日（令和５年11月１日）から２年を経過する日（令和７年10月31日）の属する課税期間（令和７年10月１日～令和７年10月31日）の初日以後となりますので、令和７年８月中に予定されている建物の取得について、消費税の還付を受けることはできません。

　ところで、上記の事例において、設立事業年度（令和５年11月１日～令和５年12月31日）の課税売上高が1,000万円だったとしたらどうでしょう？

　年換算した金額は

1,000万円÷２×12＝6,000万円＞5,000万円

　となり、令和７年１月１日～令和７年12月31日課税期間においては、基準期間における課税売上高が簡易課税制度の適用上限額の5,000万円を超えてしまうので、

> 簡易課税は使えない＝本則計算による消費税の還付が可能

ということになるのです！

事例9 新設法人が設立事業年度から簡易課税を選択した場合で還付が可能なケース

> 　資本金1,000万円で、株式会社（Ｅ社）を令和4年3月1日に設立し、設立事業年度（令和4年3月1日～令和4年12月31日）中に「簡易課税制度選択届出書」を提出して設立事業年度から簡易課税により消費税の申告をしていたが、設立3期目である当期（令和6年1月1日～令和6年12月31日）の10月中に建物を3億円(税抜)で取得する予定であり、消費税の還付を受けたいと考えている。
>
> 　Ｅ社の事業年度は毎年1月1日から12月31日までであり、設立事業年度の課税売上高(税抜)は2,000万円であった。
>
> 　なお、Ｅ社は「消費税の新設法人に該当することとなった事業年度開始の日」を記載した「法人設立届出書」を設立事業年度中に提出している。
>
> 　また、「適格請求書発行事業者の登録申請書」は令和4年中に提出済である。

■届出書の提出期限と効力発生時期

届出書の種類	提出すべき課税期間	適用開始課税期間
課税期間特例選択・変更届出書	令和6年1月1日～令和6年9月30日	令和6年10月1日～令和6年12月31日
簡易課税制度選択不適用届出書	令和6年1月1日～令和6年9月30日	令和6年10月1日～令和6年12月31日
簡易課税制度選択届出書	令和9年7月1日～令和9年9月30日	令和9年10月1日～令和9年12月31日
課税期間特例選択不適用届出書	令和9年7月1日～令和9年9月30日	令和9年10月1日～令和9年12月31日

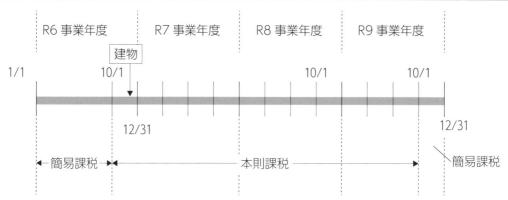

〈ポイント〉

①　当期の基準期間は設立事業年度となり、設立事業年度の課税売上高は、年換算した金額が1,000万円を超えることから「課税事業者届出書」を提出する必要があります。

　2,000万円÷10×12＝2,400万円＞1,000万円

② 「簡易課税制度選択届出書」を提出した場合には、簡易課税の適用を受けた課税期間の初日から2年を経過する日の属する課税期間の初日以後でなければ「簡易課税制度選択不適用届出書」を提出することはできません。

したがって、本事例の場合には、簡易課税の適用を受けた課税期間の初日（令和4年3月1日）から2年を経過する日（令和6年2月28日）の属する課税期間（当期）の初日（令和6年1月1日）以後でなければ「簡易課税制度選択不適用届出書」は提出できないことになります。

③ 令和6年10月中の設備投資について消費税の還付を受けるためには事業年度の中途より簡易課税をやめる必要がありますので、課税期間を短縮したうえで、「簡易課税制度選択不適用届出書」を提出することになります。

④ 本則課税の適用期間中に高額特定資産を取得しますので、新3年縛り（平成28年度改正法）の適用により、令和6年10月1日から令和9年9月30日まで本則課税が強制適用となります。

〈スケジュール〉

① 令和6年9月30日までに「課税期間特例選択・変更届出書」を提出し、課税期間を10月1日から3か月ごとに区切ります。

これにより、簡易課税の適用を受けた課税期間の初日（令和4年3月1日）から2年を経過する日（令和6年2月28日）の属する課税期間は、令和6年1月1日～令和6年9月30日となります。

② 令和6年9月30日までに「簡易課税制度選択不適用届出書」を提出することにより、令和6年10月1日～12月31日課税期間から本則計算によることができます。

③ 令和6年10月1日～12月31日課税期間の確定申告で消費税の還付を受けます。

④ 令和9年10月1日～12月31日課税期間より再び簡易課税で計算するためには、「簡易課税制度選択届出書」を令和9年7月1日～9月30日課税期間中に提出する必要があります。

⑤ 令和9年7月1日～9月30日課税期間中に「課税期間特例選択不適用届出書」を提出することにより、令和9年10月1日より期間短縮の効力は失効します。ただし、令和9年10月1日～12月31日までの期間は一の課税期間とみなされますので、事業年度サイクルの申告に戻るのは令和10年1月1日～令和10年12月31日事業年度からとなります。

(注) 令和8年7月1日～9月30日課税期間中に「課税期間特例選択不適用届出書」を提出した場合には、令和9年から事業年度単位の課税期間に戻ることになりますが、この場合、令和10年1月1日～令和10年12月31日事業年度以降でなければ簡易課税制度の適用を受けることができません。

事例10 月単位の期間短縮制度の活用or事業年度を変更するケース

> 10月決算法人であるF社は、簡易課税により消費税の申告をしていたが、令和6年10月中に本社ビルが完成し、消費税の還付が見込めるにもかかわらず「簡易課税制度選択不適用届出書」の提出を失念してしまった。
>
> 社長から「なんとかならんもんでしょうか…？」と相談を受けたのですが、さてどうしたものでしょう…。
>
> なお、建築請負金額（税抜）は3億円であり、「適格請求書発行事業者の登録申請書」は令和4年中に提出済である。

ケース1 月単位の期間短縮制度を活用するケース

■届出書の提出期限と効力発生時期

届出書の種類	提出すべき課税期間	適用開始課税期間
課税期間特例選択・変更届出書	令和5年11月1日～令和6年9月30日	令和6年10月1日～令和6年10月31日
簡易課税制度選択不適用届出書	令和5年11月1日～令和6年9月30日	令和6年10月1日～令和6年10月31日
簡易課税制度選択届出書	令和9年9月1日～令和9年9月30日	令和9年10月1日～令和9年10月31日
課税期間特例選択不適用届出書	令和9年9月1日～令和9年9月30日	令和9年10月1日～令和9年10月31日

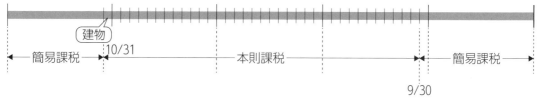

〈ポイント〉

① 令和6年10月中の設備投資について消費税の還付を受けるためには事業年度の中途より簡易課税をやめる必要がありますので、課税期間を短縮したうえで、「簡易課税制度選択不適用届出書」を提出する必要があります。

② 本事例の場合には、令和6年10月1日から課税期間を短縮しなければ還付を受けることができませんので、1か月単位の期間短縮制度を活用することになります。

③ 本則課税の適用期間中に高額特定資産を取得しますので、新3年縛り（平成28年度改正法）の適用により、令和6年10月1日から令和9年9月30日まで本則課税が強制適用となります。

〈スケジュール〉

① 令和 6 年 9 月30日までに「課税期間特例選択・変更届出書」を提出し、課税期間を10月 1 日から 1 か月ごとに区切ります。

② 令和 6 年 9 月30日までに「簡易課税制度選択不適用届出書」を提出することにより、令和 6 年10月 1 日〜 10月31日課税期間から本則計算によることができます。

③ 令和 6 年10月 1 日〜 10月31日課税期間の確定申告で消費税の還付を受けます。

④ 令和 9 年10月 1 日〜 10月31日課税期間より再び簡易課税で計算するためには、「簡易課税制度選択届出書」を令和 9 年 9 月 1 日〜 9 月30日課税期間中に提出する必要があります。

⑤ 令和 9 年 9 月 1 日〜 9 月30日課税期間中に「課税期間特例選択不適用届出書」を提出することにより、令和 9 年10月 1 日より期間短縮の効力は失効します。

　　ただし、令和 9 年10月 1 日〜 10月31日までの期間は一の課税期間とみなされますので、事業年度サイクルの申告に戻るのは令和 9 年11月 1 日〜令和10年10月31日事業年度からとなります。

(注) 令和 8 年 9 月 1 日〜 9 月30日課税期間中に「課税期間特例選択不適用届出書」を提出した場合には、令和 8 年11月 1 日から事業年度単位の課税期間に戻ることになりますが、この場合、令和 9 年11月 1 日〜令和10年10月31日事業年度以降でなければ簡易課税制度の適用を受けることができません。

ケース2 事業年度を変更するケース

■届出書の提出期限と効力発生時期

届出書の種類	提出すべき課税期間	適用開始課税期間
事業年度の変更届出書	令和 5 年11月 1 日〜令和 6 年 9 月30日	令和 6 年10月 1 日〜令和 7 年 9 月30日
簡易課税制度選択不適用届出書	令和 5 年11月 1 日〜令和 6 年 9 月30日	令和 6 年10月 1 日〜令和 7 年 9 月30日
簡易課税制度選択届出書	令和 8 年10月 1 日〜令和 9 年 9 月30日	令和 9 年10月 1 日〜令和10年 9 月30日

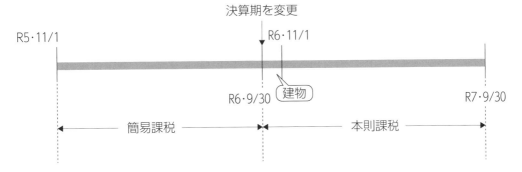

〈ポイント〉

① 法人の課税期間は、その法人が定めた事業年度とされていますので、設備投資などのある前までに事業年度を変更する旨の届出書を所轄税務署長に提出し、新たな事業年度が始まる

前までに「簡易課税制度選択不適用届出書」を提出することができます。

② 事業年度の変更は、株主（社員）総会の決議事項であり、登記などの手続は必要ありません。株主（社員）総会でその旨を決議し、株主（社員）総会議事録を作成しておけばよいわけです。

　私見ではありますが、中小企業にとって、消費税の還付が受けられるか否かは重要な問題であり、そのためには事業年度を変更することもやむを得ないことであると考えます。

③ 本則課税の適用期間中に高額特定資産を取得しますので、新3年縛り（平成28年度改正法）の適用により、令和6年10月1日から令和9年9月30日まで本則課税が強制適用となります。

〈スケジュール〉

① 「事業年度の変更届出書」を提出し、決算日を10月31日から9月30日に変更したうえで「簡易課税制度選択不適用届出書」を提出します。

② 本社ビルが完成する令和6年10月1日〜令和7年9月30日課税期間（事業年度）の確定申告で消費税の還付を受けます。

③ 高額特定資産を取得した課税期間の初日（令和6年10月1日）から3年を経過する日（令和9年9月30日）の属する課税期間（令和8年10月1日〜令和9年9月30日）までは本則課税が強制適用となりますので、令和8年10月1日〜令和9年9月30日課税期間中に「簡易課税制度選択届出書」を提出することにより、令和9年10月1日〜令和10年9月30日課税期間から再び簡易課税により申告することができます。

　資本金300万円で、株式会社（G社）を令和6年12月1日に設立予定であるが、G社は、設立事業年度（令和6年12月1日〜令和6年12月31日）中に本社ビルが完成予定であるため、本社ビルの建築費について、消費税の還付を受けたいと考えている。

　本社ビルの建築費（税抜）は3億円であるが、G社の設立事業年度は開業準備行為だけで終了予定のため、売上高はゼロになる。

　ただし、設立事業年度の翌事業年度（令和7年1月1日〜令和7年12月31日）以後の課税売上高は毎期2億円〜3億円程度、課税売上割合は常に95％以上になるものと予想される。

■届出書の提出期限と効力発生時期

届出書（申請書）の種類	提出すべき課税期間	適用開始課税期間
適格請求書発行事業者の登録申請書	令和6年12月1日〜令和6年12月31日	令和6年12月1日〜令和6年12月31日
課税事業者届出書（特定期間用）	令和7年度中に提出しておくのが望ましい	令和8年1月1日〜令和8年12月31日

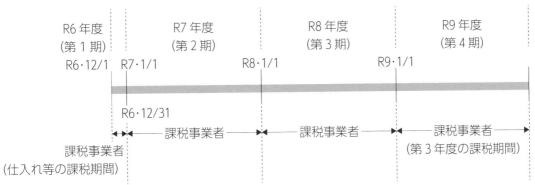

〈ポイント〉

①　新設された法人は、課税期間（設立事業年度）の末日までに登録申請書を提出することにより、その課税期間の初日から登録事業者（課税事業者）になることができます。

②　新3年縛り（平成28年度改正法）の適用を受けることになりますので、令和7年度〜令和9年度までの申告で簡易課税制度の適用を受けることはできません。

③　G社が設立事業年度から課税事業者となる場合には、設立事業年度の課税売上割合は95％未満（0％）となるため、個別対応方式か一括比例配分方式により仕入控除税額を計算することになります。

④　本社ビルの建築費は、個別対応方式を適用する場合、「共通用」に区分されますので、結果、仕入控除税額はゼロになります。

また、一括比例配分方式を適用した場合にも、課税売上割合が０％ですから仕入控除税額はありません。

　このようなケースでは、設立事業年度に取得した調整対象固定資産について、第３年度の課税期間（令和９年度）で税の取戻し控除をすることができますので、「課税売上割合が著しく増加した場合の税額調整」の規定の適用を検討する必要があります。

⑤　「課税売上割合が著しく増加した場合の税額調整」の規定の適用を受けるためには、仕入れ等の課税期間において「比例配分法」を適用する必要がありますので、当然のことながら、設立事業年度から課税事業者であることが前提条件となります。

⑥　「比例配分法」とは、次のいずれかの方法による仕入控除税額の計算をいいます。

　　（イ）個別対応方式で調整対象固定資産を共通用に区分して計算する方法

　　（ロ）一括比例配分方式により計算する方法

　つまり、設立事業年度においては「比例配分法」を適用した結果、仕入控除税額がゼロになったという前提が必要となるわけです。

⑦　税額調整をする「第３年度の課税期間」は、仕入れ等の課税期間（令和６年12月１日～令和６年12月31日）の開始の日（令和６年12月１日）から３年を経過する日（令和９年11月30日）の属する課税期間（令和９年１月１日～令和９年12月31日）である令和９年度（設立４期目）となります。

⑧　課税売上割合が著しく変動したか否かを判定する際の「変動率」の計算ですが、仕入れ等の課税期間において売上高がゼロの場合には、仕入れ等の課税期間の課税売上割合は０％となり、結果、変動率の分母もゼロとなって変動率の判定ができないことになってしまいます。

　そこで、当初の設備投資に係る消費税額の取戻しを認めるために、「通算課税売上割合が５％以上」の場合には、課税売上割合が著しく増加したものとして取り扱うこととしています（消基通12-3-2）。

〈スケジュール〉

①　登録申請書を令和６年12月31日（設立事業年度の決算日）までに提出し、令和６年12月１日（設立年月日）から登録事業者（課税事業者）になります。

　※登録申請書は早めに提出するように心掛けてください。

②　設立事業年度は課税売上高も確定消費税額もありませんので確定申告は不要となります（消法45①前文ただし書）。

　ただし、第３年度の課税期間（令和８年度）で税額調整を予定していますので、課税標準額と確定税額をゼロと記載した確定申告書は提出しておいたほうが無難かと思われます（私見）。

③　第３年度の課税期間（令和９年度）で「課税売上割合が著しく増加した場合の税額調整」の規定の適用を受け、本社ビルに課された消費税額の取戻し控除をすることができます。

④　令和８年度（設立３期目）の特定期間である令和７年度（設立２期目）上半期（令和７年

1月1日～6月30日）の課税売上高は1,000万円を超えることが予想されますので、「課税事業者届出書（特定期間用）」を提出する必要があります。

計算例

　本事例において、令和7年度から令和9年度までの売上高が下記のように推移した場合の令和9年度における調整税額は次のように計算します。

（単位：千円）

事業年度 取引内容	令和7年度 （前々期）	令和8年度 （前期）	令和9年度 （当期）	売上高合計
売上高合計額	200,000	310,000	290,000	800,000
上記のうち、課税売上高	190,000	300,700	277,300	768,000

通算課税売上割合 $= \dfrac{768,000}{800,000} = 96.0\% \geqq 5\%$

（3億円×10%）$\times \dfrac{78}{100} = 23,400,000$円…調整対象基準税額

23,400,000円×96％＝22,464,000円…令和9年度の調整前の仕入税額に加算する税額

3 棚卸資産の税額調整

　販売用の建物は棚卸資産に該当しますので、免税事業者の期間中に仕入れた物件を課税事業者になった時点で保有している場合には、その棚卸資産に課された消費税額を課税仕入れ等の税額に加算することができます。ただし、高額特定資産に該当する棚卸資産については、令和2年度の改正で「3年縛り」の対象とされたことにご注意ください（Ⅳ参照）。

事例12 免税事業者が高額特定資産に該当する棚卸資産を取得した場合

　A社は資本金300万円で設立した12月決算法人であり、設立事業年度（ｘ1年度）とその翌事業年度（ｘ2年度）は免税事業者に該当する。

　A社は、ｘ2年度において販売用の建物（棚卸資産）を2,000万円で取得し、これをｘ3年度において販売する計画である。

　A社の各事業年度における課税売上高が次のように免税点を上下する場合、各種届出書の提出期限はどのようになるか？

年度	課税売上高
ｘ1年度	1,000万円超
ｘ2年度	1,000万円以下
ｘ3年度	1,000万円超
ｘ4年度	1,000万円以下

■届出書の提出期限と効力発生時期

届出書の種類	提出すべき課税期間	適用開始課税期間
課税事業者届出書（基準期間用）	ｘ2年度中に提出しておくのが望ましい	ｘ3年1月1日〜ｘ3年12月31日
高額特定資産の取得に係る課税事業者である旨の届出書	ｘ3年度中に提出しておくのが望ましい	ｘ4年1月1日〜ｘ4年12月31日
納税義務者でなくなった旨の届出書	ｘ5年度中に提出しておくのが望ましい	ｘ6年1月1日〜ｘ6年12月31日

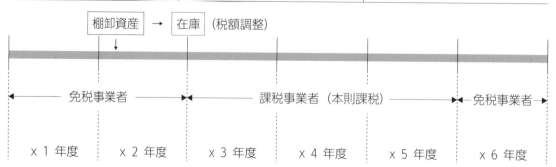

〈ポイント〉

① 　高額特定資産に該当する棚卸資産につき、税額調整をした場合には「3年縛り」の規定が適用されます。したがって、ｘ4年度とｘ5年度の申告で簡易課税制度の適用を受けることはできません。

> 　高額特定資産を取得したことにより3年縛りとなる課税期間において、基準期間における課税売上高が1,000万円以下となる課税期間がある場合には、「高額特定資産の取得に係る課税事業者である旨の届出書」を速やかに提出することとされています（消法57①二の二）。

② 　本則課税の適用期間中に調整対象固定資産を仕入れたわけではありませんので、課税売上割合の変動による税額調整の規定は適用されません。

第2章 賃貸

　土地の貸付けは非課税です。ただし、貸駐車場のように、その実態が施設の貸付けに該当する場合には消費税が課税されます。建物の貸付けについては、居住用部分の賃貸は非課税となりますが、店舗や事務所などの商業用部分は非課税とはなりません。

　また、不動産賃貸業の場合には、簡易課税制度を適用すれば納付税額を圧縮することができる反面、簡易課税制度の適用を受けている限りは、どんなに多額の設備投資があっても消費税の還付を受けることはできないので注意が必要です。

　住宅の貸付けについては、令和2年度にとても理解しづらい改正がありました。本章では、この令和2年度改正の内容も合わせ、不動産賃貸に関する消費税実務のポイントを確認します。

I　不動産賃貸と非課税取引

1　土地に関する取引

　土地は消費の対象となるものではなく、その譲渡は現金が土地に変わるだけの単なる資本移転であることから非課税とされました。また、土地の貸付けについては、土地の譲渡との課税のバランスを考慮して非課税とされたものです。

　土地取引に関連するもののすべてが非課税というわけではありません。土地の売買に伴い不動産業者が収受する仲介手数料や整地に伴い土建業者が収受する造成費は、たとえ土地取引に関係するものであっても課税されます。土地造成費については、これを支払う事業者はその金額を土地の帳簿価額に加算するわけですが、経理処理や勘定科目にかかわらず課非区分をしなければいけません。

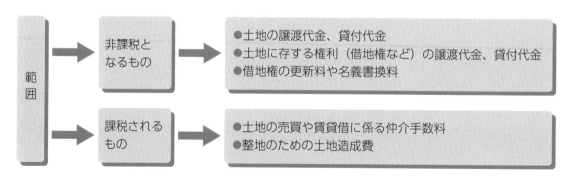

1◆借地権の更新料と名義書換料（消基通6-1-3）

　建物の所有を目的とする地上権又は土地の賃借権のことを「借地権」といいます（借地借家

法2①一）。地上権、土地の賃借権、地役権、永小作権等の土地の使用収益に関する権利（土地の上に存する権利）の設定、譲渡、貸付けは原則として非課税となることから、「借地権」に関する対価についても下記の理由から非課税となります。土地売買の仲介手数料とは取扱いが異なることにご注意ください。

借地権に関する対価	理由
更新料（更改料）	借地権の契約更新に伴い授受されるもので、賃借料の前払い（後払い）的な性格を有するものであること
名義買換料	借地権の譲渡や転貸に伴う「権利の設定」の承諾料としての性格を有するものであること

2 ◆ 鉱業権などの取扱い（消基通6−1−2）

課税対象要件である「資産の貸付け」には、資産に係る権利の設定その他他の者に資産を使用させる一切の行為が含まれます（消法2②）。また、非課税となる土地の範囲には、「土地の上に存する権利」が含まれます。

「土地の上に存する権利」とは、地上権、土地の賃借権、地役権、永小作権等の土地の使用収益に関する権利をいうので、これらの権利の譲渡及び貸付けも原則として非課税となります。ただし、「鉱業権」・「土石採取権」・「温泉利用権」・「土地を目的物とした抵当権」については、下記の理由から非課税となる「土地の上に存する権利」には含まれず、その譲渡及び貸付けには消費税が課税されることとなるのでご注意ください。

資産の種類	理由
鉱業権	鉱産物を採取する権利であること
土地を目的とした抵当権	被担保債権の弁済に関する権利であること
温泉利用権	温泉をくみ上げる権利であること
土石採取権	土石を採取する権利であること

土地の賃貸借契約であっても、土石、砂利等の採取が、法律による認可を受けて行われるべきものである場合には、認可の有無に関係なく、非課税とはならない。

3 ◆ 電柱使用料

電柱の敷設に伴い電力会社から収受する「電柱使用料」は、電柱の敷地である土地の使用料であり、非課税となりますが、電柱に広告物を取り付けたことにより電力会社が収受する「電柱使用料」は、電柱の一部を貸し付けたことによる対価であり、非課税となる土地の貸付けには該当しません。

したがって、支払サイドではその「電柱使用料」は課税仕入れに該当することになります。

▐ 4 ◆ 貸付期間は契約により判断する！ （消基通6－1－4）

　土地の貸付けであっても貸付期間が1か月未満の場合は非課税とはなりません（消令8）。貸付期間については、契約において定められた期間により判定することとされており、実際の貸付期間ではありません。

　したがって、契約による貸付期間が1か月以上であれば、中途解約により実際の貸付期間が1か月未満となっても非課税となる一方で、貸付期間が1か月未満の契約を更新し、結果的に貸付期間が1か月以上になったとしても非課税とはなりません。

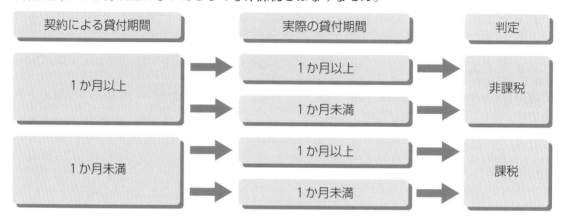

▐ 5 ◆ 施設貸付けに関する取扱い （消令8、消基通6－1－5）

　土地の貸付けについては、「譲渡」と異なり非課税となるためのさまざまな要件が設けられています。1か月未満の短期貸付けや施設としての貸付けは、たとえ土地の貸付けであっても課税されることになります。

　貸店舗の賃料などについては、土地の上に店舗が建っているわけですから、土地部分は非課税であると考えられなくもありませんが、たとえ賃料を地代と家賃に区分する契約を結んだとしても、その全体が家賃として課税されることになります。

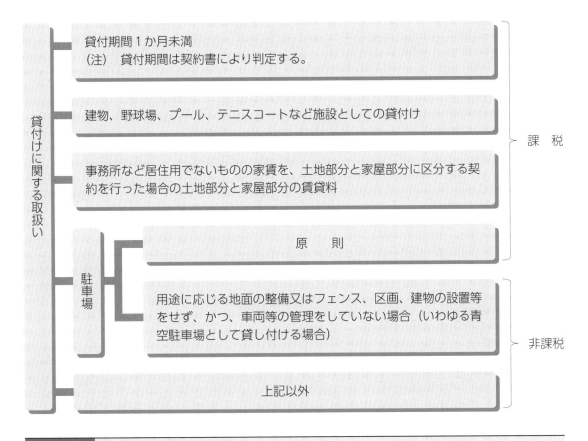

具体例 土地の貸付期間の判定

　年間契約により毎週日曜日だけ土地を貸す場合には、年間の貸付期間がトータルで１か月以上（52日）となりますが、実質的には週１回の貸付け契約の集合体（貸付期間が１日の契約の集合体）と考えられることから、貸付期間が１か月未満の契約に該当し、賃貸料は非課税とはなりません（参考文献：DHCコンメンタール消費税法①1357）。

2 住宅の貸付け

　住宅家賃は国民の生活に直接関係するものであり、また、家計収入に占める比重も比較的大きいことから非課税とされました。

1 ◆非課税となる住宅の貸付けとは？

　非課税となるのは住宅の貸付けであり、事務所、店舗など居住用でないものの貸付けは消費税が課税されます。ただし、住宅の貸付けであっても、貸付期間が１か月未満のものについては非課税とはなりません。旅館、ホテルなどの施設の貸付けは、住宅の貸付けとは異なるものであり、当然に非課税とはなりません（消令16の２）。

　なお、住宅の貸付けだけが非課税とされるわけですから、住宅の譲渡は建物の譲渡として当然に消費税が課税されます。

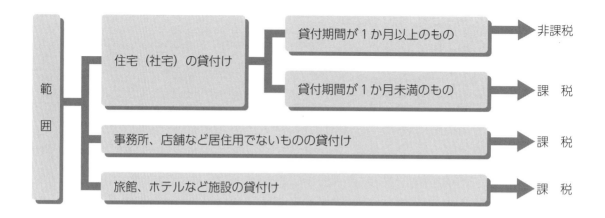

家賃には、月決め等の家賃のほか、次のものも含まれます（消基通6-13-9）。

① 敷金、保証金、一時金等のうち契約期間終了時に返還しない部分
② 定額で収受する共益費

したがって、居住用家屋の貸付けであれば、契約時に収受する礼金や毎月家賃とともに収受する共益費も非課税売上高となり、貸店舗ならば、契約により償却する保証金の額や毎月家賃とともに収受する共益費も課税売上高となるわけです。なお、契約終了時に賃借人に返還する保証金や敷金については単なる預り金であり、課税の対象とはなりません。

2 ◆附属設備の取扱い（消基通6-13-1～3）

　照明設備、冷暖房設備、駐車場などの附属設備については、住宅に付随して、又は一体となって貸し付けられるものは家賃とともに非課税とされるのですが、別契約により使用料等を収受しているような場合には、設備の貸付けにかかるものとして消費税が課税されます。

　なお、集合住宅においては、施設の使用料又は役務の提供の対価を、家賃や共益費として収受する場合と別建てで収受する場合がありますが、それぞれの収受の形態により、下記のように取り扱うこととされています（国税庁質疑応答事例「非課税−住宅の貸付け5」）。

収受の形態	取扱い
家賃	住宅の貸付けとは別に貸付けの対象となっていると認められる施設や動産部分及びサービス部分については、一括家賃として収受したとしても合理的に区分の上、課税となる。 　したがって、次のように整理される。 ①　通常単独で賃貸借やサービスの目的物となる駐車場施設、プール・アスレチック施設等については、全住宅の貸付けについて付属する場合や住人のみの利用が前提となっている場合など、住宅に対する従属性がより強固な場合にのみ非課税とされる。 ②　もともと居住用としての従属性が認められる倉庫や家具などの施設又は動産については、全体を家賃として収受している以上、非課税として取り扱うこととなる。ただし、入居者の別注により賃貸借の対象となっているものは課税されることになる。
共益費※	住宅を共同で利用するうえで居住者が共通に使用すると認められる部分の費用を居住者に応分に負担させる性格のものについては、共益費、管理費等その名称にかかわらず非課税となる。
別建請求する各種料金	個別に内容を判定することとなるが、上記の「共益費」に該当するもの以外は、課税されることになる。

※メーターによりテナントごとに水道光熱費を管理し、ビルの管理会社等がテナントから収受した金銭を「預り金」として処理している場合には、その預り金は課税対象外収入（不課税）として処理することができるものと思われます。

■駐車場の取扱い

賃料の区分と表示	条件	判定
住宅家賃と区分しないで賃料を収受する場合 <表示例> ●駐車場利用料を含む ●賃貸借物件に「駐車場」と記載 ●まったく記載しない	①　一戸あたり一台分以上の駐車スペースが確保されていること ②　自動車の保有の有無にかかわらず駐車スペースが割り当てられていること	非課税
	上記以外のケース	課　税※
住宅家賃と区分して利用料を収受する場合 <表示例> ●駐車場利用料○○円を含む ●家賃○○円、駐車場○○円	①　一戸あたり一台分以上の駐車スペースが確保されていること ②　自動車の保有の有無にかかわらず駐車スペースが割り当てられていること	課　税
	上記以外のケース	

※賃料を合理的に区分する必要がある。

■マンション管理組合が行う駐車場の貸付けの取扱い

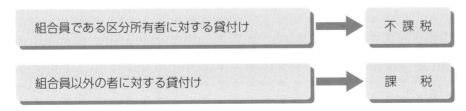

組合員である区分所有者に対する貸付け　➡　不　課　税

組合員以外の者に対する貸付け　➡　課　税

■プールやアスレチック施設等を備えた住宅の取扱い

賃料の区分と表示	条件	判定
住宅家賃と区分しないで賃料を収受する場合 <表示例> ●施設利用料を含む ●賃貸借物件に施設名を記載 ●まったく記載しない	住人以外は利用できない場合 （住人専用）	非課税
	外部者でも有料で利用できる場合	課　税※
住宅家賃と区分して利用料を収受する場合 <表示例> ●施設利用料○○円を含む ●家賃○○円、利用料○○円	住人以外は利用できない場合 （住人専用）	課　税
	外部者でも有料で利用できる場合	

※賃料を合理的に区分する必要がある。

■倉庫や家具、電気製品等の付属設備の使用料に関する取扱い

賃料の区分と表示	条件	判定
住宅家賃と区分しないで賃料を収受する場合 <表示例> ●使用料を含む ●賃貸借物件に「倉庫」「家具」などの名称を記載 ●まったく記載しない	入居者の選択にかかわらず、付属設備を設置している場合	非課税
	入居者の選択（注文）により、倉庫や家具などを賃貸する場合	課　税※
住宅家賃と区分して使用料を収受する場合 <表示例> ●○○使用料○○円を含む ●家賃○○円、使用料○○円	入居者の選択にかかわらず、付属設備を設置している場合	課　税
	入居者の選択（注文）により、倉庫や家具などを賃貸する場合	

※賃料を合理的に区分する必要がある。

■給湯サービス料金や水道光熱費の取扱い

賃料の区分と表示	条件	判定
住宅家賃と区分しないで賃料を収受する場合 <表示例> ●○○使用料を含む ●まったく記載しない	各戸の使用実績をとらない場合	非課税
住宅家賃と区分して使用料を収受する場合 <表示例> ●○○使用料○○円を含む ●家賃○○円、使用料○○円	各戸の使用実績を請求する場合	課　税
	一定額を請求する場合	

■共同アンテナ使用料・CATV利用料の取扱い

賃料の区分と表示	判定	留意点
住宅家賃と区分しないで利用料を収受する場合 <表示例> ●○○使用料を含む ●まったく記載しない	非課税	① 衛星放送共同アンテナ使用料 　共同アンテナは、集合住宅においては各戸に配線済みであるが、衛星放送受信のためには、各戸において別途BSチューナーを設置し、個々に受信契約を締結する必要がある。
住宅家賃と区分して利用料を収受する場合 <表示例> ●○○使用料○○円を含む ●家賃○○円、○○使用料○○円	非課税	② CATV利用料 　共同アンテナは、集合住宅においては各戸に配線済みであり、通常のテレビ放送については、アンテナ端子に配線するだけで簡単に受信することができる。ただし、有線放送や衛星放送については、各戸において別途ケーブル・テレビジョン会社と契約する必要がある。

■ハウスキーピング・サービスの取扱い

賃料の区分と表示	条件	判定
住宅家賃と区分しないで賃料を収受する場合 <表示例> ●ハウスキーピング料を含む ●まったく記載しない	入居者の選択にかかわらず、あらかじめハウスキーピング・サービスが付されている場合	非課税
	入居者の選択(希望)により、ハウスキーピング・サービスを付している場合	課　税※
住宅家賃と区分して利用料を収受する場合 <表示例> ●ハウスキーピング料○○円を含む ●家賃○○円、ハウスキーピング料○○円	定期的に全戸を対象に行う場合	課　税
	入居者の希望により実施することとしている場合	

※賃料を合理的に区分する必要がある。

3 ◆ 社宅の取扱い

　住宅を借り上げ、転貸する場合には、家主からの賃貸及び従業員に対する転貸のいずれもが非課税となります。

　したがって、事業者が借上社宅を従業員に転貸するような場合には、当初の賃貸人に支払う社宅の賃借料は非課税仕入れとなり、仕入税額控除の対象とはならないとともに、従業員から

収受する社宅使用料は非課税売上高となり、課税売上割合の計算上、分母に計上することになります（消基通6－13－7）。

■相殺処理に注意！

決算書をスリムにするために、従業員から収受する社宅使用料を家主に支払う社宅家賃と相殺することがありますが、このような会計処理を採用している場合でも、従業員から収受する社宅使用料は非課税売上高として課税売上割合の分母に計上する必要があります。相殺後の金額で課税売上割合を計算すると、社宅使用料収入の金額だけ非課税売上高が減少し、課税売上割合が過大に算出されることとなりますので注意が必要です。

取引	処理（仕訳）
家主への家賃支払時	（福利厚生費）××　　（現預金）×× 　　　　　　↑ 　消費税コード：非課税仕入
社宅使用料の受領時	（現預金）××　　（社宅使用料収入）×× 　　　　　　　　　　　　　　↑ 　　　　　消費税コード：非課税売上
決算（相殺）	（社宅使用料収入）××　　（福利厚生費）×× 　　　　　↑　　　　　　　　　↑ 　消費税コード：課税対象外取引（不課税）

▌4◆下宿と下宿営業・民泊（消基通6－13－4）

「下宿」とは、学生等に部屋等を提供して生活させることをいいます。「下宿」は旅館業には該当しませんので、貸家業及び貸間業としてその貸付けは非課税となります。

「下宿営業」とは、施設を設け、1か月以上の期間を単位とする宿泊料を受けて人を宿泊させる営業をいいます。「下宿営業」は旅館業の適用を受けることから、たとえ貸付期間が1か月以上になるとしても非課税とはならず、宿泊料金には消費税が課税されることになります。

また、住宅宿泊事業（いわゆる「民泊」）は旅館業法に規定する旅館業に該当することとされています。したがって、たとえ貸付期間が1か月以上になるとしても非課税とはならず、宿泊料金には消費税が課税されることになります。

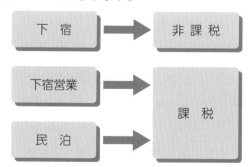

5 ◆ 店舗兼用住宅の取扱い（消基通6－13－5）

　店舗と住宅が併設されている場合のように、課税部分と非課税部分が混合した貸付けでその対価が区分されていない場合には、これらの対価の額を合理的に区分しなければなりません。

　店舗併設住宅であるならば、住宅部分だけが非課税であり、店舗部分は課税となります。したがって、店舗等併設住宅の賃貸については、あらかじめ賃貸人と賃借人との間で相談のうえ、家賃の総額を面積比率などにより住宅部分と事業用部分に合理的に区分しておく必要があります。家賃の内訳を区分していないことをもって、家賃の全額が課税あるいは非課税になるものではありませんので、消費税の取扱いをあらかじめ契約書に明記しておくことが重要なのです。

　家賃の内訳が区分されてないと、貸主だけではなく、借主の仕入控除税額の計算にも影響がでるので注意が必要です。

具体例　店舗兼用住宅家賃の区分方法

　店舗兼用住宅を貸付ける場合において、家賃の総額に対して外税で別途消費税を受領した場合でも、家賃の総額を店舗部分と住宅部分に区分する必要があります。この場合において、住宅部分に対する消費税相当額は、「消費税」という名目で収受していたとしても、住宅家賃の一部として取り扱われることになります。

　たとえば、1階が店舗で2階が住宅仕様の建物を貸し付ける場合において、「家賃総額20万円（別途消費税10％）税込合計額22万円」と契約した場合の家賃は次のように区分します。

$$220{,}000円 \times \frac{1}{1+1} = 110{,}000円 \cdots 住宅家賃$$

$$110{,}000円 \times \frac{100}{110} = 100{,}000円 \cdots 店舗家賃（税抜）$$

（注）　1階と2階の床面積が同一で、床面積割合により区分することが合理的と認められる場合に限られる。

6 ◆ 食事代などの取扱い（消基通6－13－6）

　有料老人ホーム、ケア付住宅、食事付の下宿のように、居住用の部屋の貸付けに食事や清掃などが伴うサービスの場合には、料金のうち、部屋代部分だけが非課税となります。

　したがって、部屋代部分と食事代などのサービス費が区分されていない場合には、その内訳を合理的に区分しなければなりません。

　なお、有料老人ホームやケア付住宅におけるサービスのうち、介護保険法の取扱いに関するものは非課税とされています。

7 ◆ 用途変更 （消基通 6 −13− 8 ）

用途変更については、建物の使用実態ではなく、契約書ベースで課税区分を判断することとされています。

		用途変更	賃貸人の取扱い	賃借人の取扱い
居住用→事業用	契約変更あり	住宅として賃貸借契約を締結した後で、契約当事者間で事業用に使用することについて契約変更した場合	●契約変更前の賃貸料収入は非課税売上高となる ●契約変更後の賃貸料収入は課税売上高となる	契約変更後の賃借料は課税仕入れに該当し、法定書類の保存を条件に仕入税額控除が認められる
	契約変更なし	住宅として賃貸借契約を締結して借り受けている建物を、賃借人が賃貸人との契約変更を行わずに事業用に使用した場合	賃貸料収入は非課税売上高となる	賃借料は課税仕入れには該当しないため、仕入税額控除の対象とはならない
事業用→居住用	契約変更あり	事業用として賃貸借契約を締結した後で、契約当事者間で居住用に使用することについて契約変更した場合	●契約変更前の賃貸料収入は課税売上高となる ●契約変更後の賃貸料収入は非課税売上高となる	契約変更前の賃借料は課税仕入れに該当し、法定書類の保存を条件に仕入税額控除が認められる
	契約変更なし	事業用として賃貸借契約を締結して借り受けている建物を、賃借人が賃貸人との契約変更を行わずに居住用に使用した場合	賃貸料収入は課税売上高となる	賃借料は課税仕入れに該当し、法定書類の保存を条件に仕入税額控除が認められる

Ⅱ 令和 2 年度消費税改正

建物の貸付けについては、たとえ契約においてその用途が明らかにされていない場合であっても、貸付け等の状況からみて人の居住用であることが明らかな場合には、その賃貸料を非課税とすることになりました（消法別表第 2 十三）。

1 サブリース契約の問題点

非課税となる住宅の貸付けとは、契約において、人の居住の用に供することが明らかにされているものに限られていました（旧消法別表第 1 十三）。

したがって、賃貸借契約書に「居住用」と明記しない限り、家賃収入には消費税が課税されますので、その賃貸物件の取得は課税業務用に区分され、旧法の下では取得費の全額を仕入税額控除の対象とすることができたのです。

居住用の賃貸物件をサブリースする場合において、賃借人（B）が住宅として転借人（C）に転貸することが、賃貸人（A）と賃借人（B）との契約により明らかにされている場合には、賃借人（B）が行う住宅の転貸だけでなく、賃貸人（A）から賃借人（B）への賃貸も非課税となります（消基通 6 −13− 7 ）。結果、Aが取得する賃貸物件は非課税業務用に区分され、

原則として仕入税額控除はできないことになります。

消基通 6 -13- 7 （転貸する場合の取扱い）
　住宅用の建物を賃貸する場合において、賃借人が自ら使用しない場合であっても、当該賃貸借に係る契約において、<u>賃借人が住宅として転貸することが契約書その他において明らかな場合</u>には、当該住宅用の建物の貸付けは、住宅の貸付けに含まれるのであるから留意する。
（注）この場合において、賃借人が行う住宅の転貸も住宅の貸付けに該当する。

　上記通達の下線の箇所を単純に文理解釈すると、賃貸人（A）と賃借人（B）との賃貸借契約において、「賃借人（B）が住宅として転借人（C）に転貸することを明記しておかなければ」、賃貸人（A）から賃借人（B）への賃貸は非課税とはならず、課税されることになります。結果、Aが取得する賃貸物件は課税業務用に区分され、仕入税額控除の対象とすることができることになるのです。

　なお、「居住用賃貸建物」とは、「住宅の貸付けの用に供しないことが明らかな建物<u>以外</u>の建物で、高額特定資産に該当するものをいう」と定義されていますので、契約書により用途が明らかにされていない上図の賃貸物件は「居住用賃貸建物」に該当し、改正法により仕入税額控除が制限されることになります。ただし、AからBへの賃貸料収入が課税のままだと「課税賃貸割合」が100％となり、結果として第3年度の課税期間において建築費の全額を仕入税額控除の対象とすることができてしまうのです。

2 改正法の内容

1 ◆改正法令通達の内容
　改正法別表第2十三号では、非課税となる住宅の貸付けについて次のように定義しています。また、改正により追加された箇所については、基本通達でその内容を解説し、具体的例示を示しています。

住宅（人の居住の用に供する家屋又は家屋のうち人の居住の用に供する部分をいう。）の貸付け（当該貸付けに係る契約において人の居住の用に供することが明らかにされている場合（当該契約において当該貸付けに係る用途が明らかにされていない場合に当該貸付け等の状況からみて人の居住の用に供されていることが明らかな場合を含む。）に限るものとし、一時的に使用させる場合その他の政令で定める場合を除く。）

　　住宅を居住用又は事業用どちらでも使用することができることとされている契約も含まれる（消基通6－13－10）

　「貸付けに係る契約において用途が明らかにされていない場合」に「賃借人や住宅の状況その他の状況からみて人の居住の用に供されていることが明らかな場合」をいう（消基通6－13－11）。

具体例1　通常の賃貸借契約

　賃貸人と賃借人との契約において物件の用途が明らかにされておらず、賃借人（個人）が物件を事業用に使用していることを賃貸人が把握（確認）していない場合には、その物件の貸付けは非課税となります（消基通6－13－11（1））。

　ただし、契約書で物件の用途が明らかにされていない場合であっても、賃借人が物件を事業用に使用することを賃貸人が把握（確認）している場合には、単に事実を書面にしていないというだけのことであり、その事実に基づき、課税されることになります。

・賃借人（個人）が物件を事務所などの用途に使用していることを賃貸人が把握（確認）していない場合→非課税
・賃借人が物件を事業用に使用することを賃貸人が把握（確認）している場合→課税

賃貸人　→　賃借人（入居者）
住宅としての契約　✕

具体例2　サブリース契約（その1）

　サブリース契約において、賃貸人と賃借人との契約においては物件の用途が明らかにされていないものの、賃借人と転借人（入居者）との間で住宅用としての契約がされている場合には、入居者が住宅として使用することが明らかなので、賃借人から転借人（入居者）への転貸だけでなく、賃貸人から賃借人への賃貸についても非課税となります（消基通6－13－11（2））。

賃貸（非課税）　　　　　　転貸（非課税）
賃貸人　→　賃借人　→　転借人（入居者）
住宅としての契約　✕　　　住宅としての契約　〇

具体例 3 サブリース契約（その2）

　サブリース契約において、賃貸人と賃借人との契約においては物件の用途が明らかにされておらず、賃借人と転借人（入居者）との間でも物件の用途が明らかにされていない場合において、転借人（個人）が物件を事務所などの用途に使用していることを賃貸人が把握（確認）していない場合には、その物件の貸付けは非課税となります（消基通 6 −13−11（3））。

　したがって、契約書で物件の用途が明らかにされていない場合であっても、転借人が物件を事業用に使用することを賃貸人が把握（確認）している場合には、その事実に基づき、課税されることになります。

・転借人（個人）が物件を事務所などの用途に使用していることを<u>賃貸人</u>が把握(確認)していない場合→非課税
・転借人が物件を事業用に使用することを<u>賃貸人</u>が把握(確認)している場合→課税

| 賃貸人 | →賃貸→ | 賃借人 | →転貸→ 住宅としての契約✕ | 転借人（入居者） |

住宅としての契約✕

・転借人（個人）が物件を事務所などの用途に使用していることを<u>賃借人</u>が把握(確認)していない場合→非課税
・転借人が物件を事業用に使用することを<u>賃借人</u>が把握(確認)している場合→課税

❚2◆「契約」と「把握」

　消費税法基本通達 6 −13−11（貸付け等の状況からみて人の居住の用に供されていることが明らかな場合の意義）では、「把握」という抽象的な日本語を多用しています。

　私見ではありますが、同基本通達に書かれている「…当該住宅が人の居住の用に供されていないことを賃貸人が<u>把握</u>していない場合」とは、契約書などの書面に明記するという意味ではなく、あくまでも、賃貸人（賃借人）と賃借人（転借人）との間で合意しているかどうかにより、課非判定をすべきものではないかと思われます。

　契約書に「居住用」であることが明記されている場合には、物件の賃貸借は原則として非課税となります。

　ただし、「事業用」であることについて賃貸人と賃借人が合意しているにもかかわらず、賃貸料収入を非課税とするために、契約書に「居住用」と記載した場合には、真実と異なる事項が契約書に記載されているだけということになります。結果、その賃貸借は課税となり、賃貸人は賃貸料収入を課税売上高に計上する必要があります。

　契約書に「事業用」であることが明記されている場合には、物件の賃貸借には原則として消費税が課税されます。

　ただし、「居住用」であることについて賃貸人と賃借人が合意しているにもかかわらず、賃借料を仕入税額控除の対象とするために、契約書に「事業用」と記載したような場合には、真実と異なる事項が契約書に記載されているだけということになります。結果、その賃貸借は非

課税となり、賃借人は支払った賃借料を仕入税額控除の対象とすることはできません。

3 ◆ 改正消費税法基本通達の疑問点

　サブリース契約の場合には、入居者の増減にかかわらず、賃貸人と賃借人との間で定額の家賃を取り決めるケースが多いように思われます。このような状況下において、賃貸人は、入居者の使用状況を把握することなど現実問題としてできるのでしょうか？

　また、集合住宅をサブリースする場合において、事業用の貸室と居住用の貸室を区分して賃料を取り決めたとしても、その後に新たな入居者が決まったり退室があった場合には、その都度賃貸人と賃借人との間で一括賃貸料を変更する必要があるのでしょうか？

　入居者が法人の場合には、法人が事務所として利用する場合の他に、社宅として利用する場合が想定されますが、賃貸人は、その利用状況をいちいち把握する必要があるのでしょうか…改正消費税法基本通達の執行に無理があるように思えてなりません。

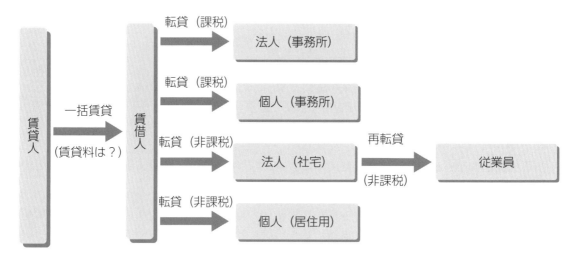

3　改正の狙い

　本改正は、契約書に「住宅用」であることを明記しないことにより、作為的に賃貸物件の建築費について消費税の還付を受けようとすることを防止するための措置ではないかと思われます。契約書に「住宅用」であることが明記されていない場合であっても、賃貸物件の状況等から人の居住用であることが明らかなものについては非課税として取り扱われることになります。

■住宅の貸付けの課非判定

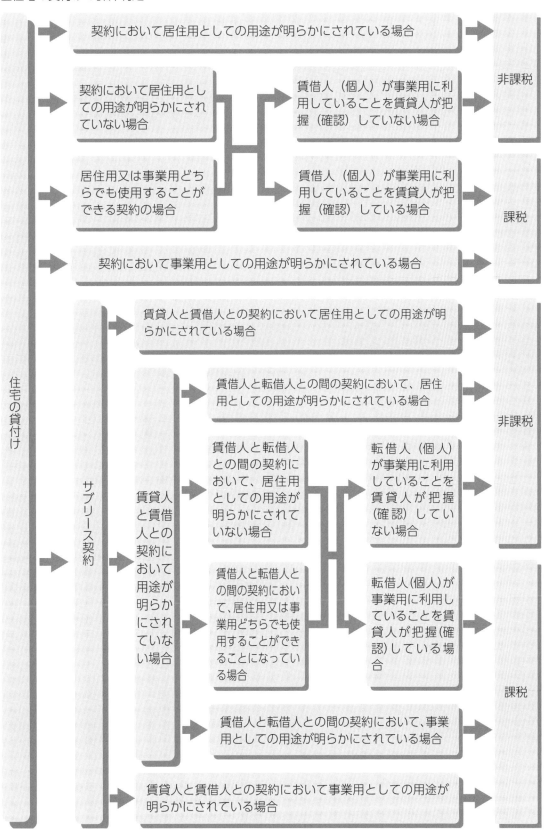

Ⅲ 不動産賃貸と消費税実務

1 家賃収入の計上時期 (消基通9－1－20)

　消費税における不動産に関する賃貸料収入の計上時期は、前受家賃を除き、契約又は慣習により支払いを受けるべき日とされています。したがって、3月決算法人が決算月である3月に収入した4月分の家賃は前受収益であり、翌期の家賃収入として計上することになります。

　ただし、所得税においては、契約又は慣習により支払いを受けるべき日（入金日）に家賃収入を計上することを原則としつつ、法人税のように前受処理をすることも例外的に認めることとしていますので、消費税においても、所得税の申告に合わせた家賃収入の計上を認めることとしています（消基通9－6－2）。

　また、契約についての係争がある場合には、その内容に応じて次のように取り扱うこととされています。

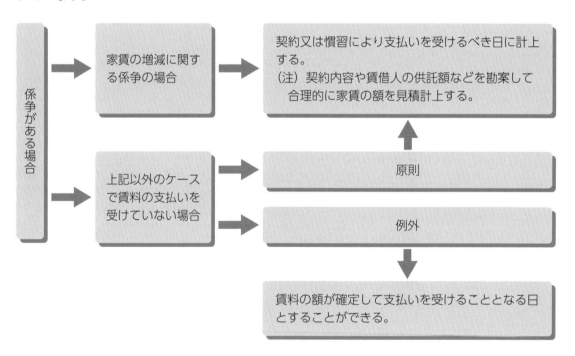

2 保証金償却

　建物などの賃貸借契約にあたり収受する保証金や権利金などのうち、賃借人に返還しない金額については、家賃の先取りと考え、課税の対象とされますが、契約期間終了後に返還する部分の金額は賃借人からの預り金であり、課税の対象とはなりません（消基通5－4－3）。

　なお、建物を賃借人が破損した場合や、契約により保証金を償却するような場合については、その返還しないこととなった時点で課税の対象に組み込むこととされています（消基通9－1－23）。

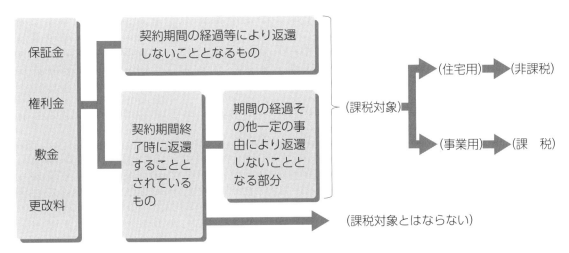

　固定資産を取得した場合には、その固定資産を取得した課税期間において取得価額の全額が仕入税額控除の対象とされるわけですから、その後に計上される減価償却費は当然に消費税計算には関係しないことになります。

　これに対し、保証金の場合には、賃借人が当初保証金を支払った時点では仕入税額控除の対象とはしていないわけですから、後々償却するものであっても、減価償却資産と保証金では根本的にその性質が異なることになります。

　不動産の賃貸借の場合には、契約内容をしっかりと確認し、スタート時点で課税の対象に組み込まれる家賃や共益費、礼金などをまずしっかりと拾い出す必要があります。そのうえで、保証金の償却部分について、どの時点で売上げに計上しなければならないか、所得税や法人税の計算にも関係してくることなので、計上漏れのないように注意してください。

具体例　保証金の償却

> 　不動産の賃貸借契約に伴い、補証金○○円を収受したケース。なお、この保証金は3年ごとに5％償却する契約となっている（契約年月日：x1年y月z日）。

　3年間のサイクルで保証金を償却する場合において、保証金の5％相当額を返還しないことが確定するのは3年目ではなく、1年目です。よって、下記の課税期間において契約内容に応

じた保証金を償却（売上計上）することになります。

x 1 年 y 月 z 日
（契約年月日）

x 4 年 y 月 z 日

	契約内容	取扱い
①	保証金1,000万円を収受すると共に、3年ごとに50万円（1,000万円×5％）を償却する契約の場合	50万円を税込金額と認識し、令和元年9月30日までの償却であれば、8％、10月1日以後の償却であれば10％税率で課税される。
②	保証金1,000万円を収受すると共に、3年ごとに50万円（1,000万円×5％）を償却し、別途消費税を精算する契約の場合	令和元年9月30日までの償却であれば、54万円（50万円×108％）を売上計上して8％税率で課税、10月1日以後の償却であれば55万円（110％）を売上計上して10％税率で課税される。
③	保証金1,080万円を収受すると共に、3年ごとに保証金の5％相当額を償却する契約の場合（保証金の精算はしない）	54万円を税込金額と認識し、令和元年9月30日までの償却であれば、8％、10月1日以後の償却であれば10％税率で課税される。

3　解約金と遅延損害賠償金

　中途解約の際に賃借人から収入する解約金は、解約日から契約期間満了日までの期間に対する遺失利益の補填として収受するものであり、対価性がないことから課税の対象とはなりません。これに対し、契約期間が満了したにもかかわらず賃借人の退去が遅滞したことにより、賃貸人が加害者である賃借人から収受する損害賠償金は、その実態が不動産の賃貸料であることから課税の対象として取り扱うこととしています。

　消費税法基本通達5－2－5（損害賠償金）の（3）では、「不動産等の明渡しの遅滞により加害者から賃貸人が収受する損害賠償金」が資産の譲渡等の対価に該当するとしており、国税庁のタックスアンサー No.6261（建物賃貸借契約の違約金など）には、次のような事例が掲載されています。

　建物の賃貸人は建物の賃貸借の契約期間の終了以前に入居者から解約の申入れにより中途解約の違約金として数か月分の家賃相当額を受け取る場合があります。この違約金は、賃貸人が賃借人から中途解約されたことに伴い生じる逸失利益を補てんするために受け取るものですから、損害賠償金として課税の対象とはなりません。

　また、賃借人が立ち退く際に、賃貸人が賃借人から預っている保証金の中から原状回復工事に要した費用相当額を受け取る場合があります。賃借人には立退きに際して原状に回

復する義務がありますので、賃借人に代わって賃貸人が原状回復工事を行うことは、賃貸人の賃借人に対する役務の提供に当たります。

　したがって、賃貸人が受け取る工事費に相当する額は、賃貸人の賃借人に対する役務の提供の対価となりますので、課税の対象となります。

　なお、賃貸借契約の契約期間終了後においても入居者が立ち退かない場合に、店舗及び事務所等の賃貸人がその入居者から規定の賃貸料以上の金額を受け取ることがあります。この場合に受け取る金額は、入居者が正当な権利なくして使用していることに対して受け取る割増し賃貸料の性格を有していますので、その全額が店舗及び事務所等の貸付けの対価として課税されることになります。

　上記タックスアンサーの事例を整理すると次のようになるので、入居者から収受する金銭については、その内容（性格）を精査したうえで、課税区分を判断する必要がありそうです。

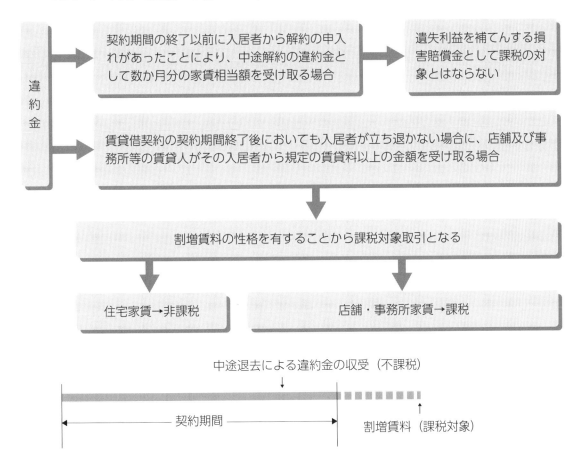

4 フリーレント契約

　入居者を募集する目的で、一定期間の家賃を無料とする賃貸借契約のことを「フリーレント契約」といいます。フリーレント契約については、法人税法における取扱いとして、「賃料の総額を契約期間中に均等に収益計上（配分）する方法」と「フリーレント期間中の家賃収入はゼロとする方法」があるようです（税務通信3007、3084、3085、3091号（税務研究会））。

計算例

- 契約期間：ｘ1年1月1日～Ｘ5年12月31日（60か月）
- 月額家賃：10万円
- 特約条項：ｘ1年1月1日から3月31日までの3か月分はフリーレント（無償）とする。
　　　　　　ただし、中途解約の場合には残りの契約期間に相当する家賃を違約金として
　　　　　　支払うものとする。

ケース1　賃料の総額を契約期間中に均等に収益計上（配分）する方法

ｘ1年分	100,000円×（60−3）か月×12／60＝1,140,000円
：	：
ｘ5年分	100,000円×（60−3）か月×12／60＝1,140,000円

　この場合、毎年の賃貸料収入と入金額が連動しないこととなりますので、次のような仕訳により処理することになると思われます。

ｘ1年目	（現金）	900,000	（家賃収入）	1,140,000
	（未収入金）	240,000		
ｘ2年目	（現金）	1,200,000	（家賃収入）	1,140,000
			（未収入金）	60,000
：			：	
ｘ5年目	（現金）	1,200,000	（家賃収入）	1,140,000
			（未収入金）	60,000

　結果、ｘ1年からｘ5年までの家賃収入の累計は5,700,000円（1,140,000円×5年）になります。

ケース2　フリーレント期間中の家賃収入はゼロとする方法

ｘ1年分	100,000円×9か月＝900,000円
ｘ2年分	100,000円×12か月＝1,200,000円
：	：
ｘ5年分	100,000円×12か月＝1,200,000円

結果、x1年からx5年までの家賃収入の累計は5,700,000円（900,000円＋1,200,000×4年）になります。

税務通信の記事によると、契約の内容やその契約を締結するにあたっての経緯等に基づいて総合的に判断していくことになるとしつつ、解約不能の契約については（ケース1）、解約可能な契約については（ケース2）によるべきとしています。

（ケース1）の場合には、5年間の賃料総額が確定していることから、仕訳例に示したような未収入金による管理をすることが可能となります。ただ、実務の現場においてこのように煩雑な賃料の管理をすることなど、現実問題としてできるのでしょうか？　解約不能の契約についても（ケース2）の方法により処理をして、中途解約をしたときに、残りの契約期間に対する家賃相当額を違約金収入として処理することはできないのでしょうか？

なお、この場合に収受する違約金は遺失利益に相当するものであり、課税の対象とはなりません。

---

5 原状回復費用

賃貸借契約の終了に伴い、退去する賃借人から収受する原状回復費用については、たとえ居住用の賃貸物件であっても、「原状回復」という役務提供の対価として消費税が課税されます。ただし、原状回復が賃借人と工務店との契約によるものであるならば、賃貸人が工務店に支払う原状回復費用は預り敷金からの単なる立替金であり、課税対象外取引として処理することも可能ではないかと思われます（私見）。

賃借人から収受する原状回復費用を課税売上高として処理した場合、工務店に支払う修繕費などは課税売上げとなる原状回復費用（収入）だけでなく、新たな賃借人から収受する将来の家賃収入にも対応することになります。よって、物件が居住用か商業用かによって、課税仕入れの用途区分も異なってくるものと思われます（私見）。

取引形態	賃借人から収受する原状回復費の取扱い	工務店に支払う原状回復費の取扱い	
		居住用の物件	商業用の物件
賃貸人から賃借人へ原状回復費用を請求する場合（収入と支出を両建にする場合）	課税売上高となる	原状回復費用は課税仕入れに該当し、原状回復費用（課税収入）とその後に発生する家賃（非課税収入）のいずれにも対応するものとして共通対応分に区分する	原状回復費用は課税仕入れに該当し、原状回復費用（課税収入）とその後に発生する家賃（課税収入）のいずれにも対応するものとして課税売上対応分に区分する
原状回復が賃借人と工務店との契約によるものである場合	預り敷金による立替えであり、課税の対象とはならない（賃借人が負担することとなる原状回復費用は賃借人の課税仕入れに該当する）		

6 親族間の取引

1 ◆ 親族間における建物の賃貸借

生計を一にする親族間で不動産の賃貸借を行った場合には、消費税では所得税法56条（事業から対価を受ける親族がある場合の必要経費の特例）の取扱いが適用されないこととなるので注意が必要です。

税目	事業者（賃借人）の取扱い	親族（賃貸人）の取扱い
所得税	支払家賃を必要経費に算入することはできないが、物件に課された固定資産税などを必要経費に算入することができる	受取家賃と物件に課された固定資産税などはなかったものとみなす
消費税	店舗などの商業用物件の家賃は課税仕入れに該当するが、物件に関する修繕費などは課税仕入れとはならない	店舗などの商業用物件の家賃は課税売上げに該当し、修繕費などは課税仕入れとなる

2 ◆ 親族間における土地（敷地）の使用貸借

生計を一にする親族の所有する土地の上に建物を建て、第三者に賃貸するような場合には、土地が賃貸借（有償）か使用貸借（無償）かにかかわらず、建物の所有者に建物の賃貸料が帰属することになります。この場合において、建物の所有者と土地の所有者が異なることを理由として、その対価の額を建物使用料と土地使用料に区分して収受している場合であっても、その賃貸料の合計額がすべて建物の使用料となります（消基通6－1－5（注）2）。

■土地が使用貸借の場合

税目	建物所有者（土地の利用者）の取扱い		親族（土地所有者）の取扱い
所得税	建物の賃貸料収入は全額が建物所有者に帰属する	土地に課された固定資産税などを必要経費に算入することができる（所基通56－1）	
消費税		土地部分と建物部分に区分しても全額が建物の対価（課税売上高）となる	

■土地が賃貸借の場合

税目	建物所有者（土地の利用者）の取扱い		親族（土地所有者）の取扱い
所得税	建物の賃貸料収入は全額が建物所有者に帰属する	支払地代を必要経費に算入することはできないが、土地に課された固定資産税などを必要経費に算入することができる	受取地代と土地に課された固定資産税などはなかったものとみなす
消費税		土地部分と建物部分に区分しても全額が建物の対価（課税売上高）となる。なお、土地の使用料は非課税であり、課税仕入れとはならない。	受取地代は非課税売上げとなり、課税売上割合の計算上分母に算入される

3 ◆ 親族間における賃貸物件（建物）の使用貸借

　所得税法及び消費税法には実質課税の規定がありますので、いわゆる名義貸しは認められないことになります（所法12、消法13①）。

　建物の賃貸は、実際には何らノウハウを必要とするものではありませんので、自己の所有する物件を生計を一にする親族の名義で第三者に賃貸しても、その賃貸料収入は、物件の所有者から親族への金銭贈与になるものと思われます。

　建物の敷地を使用貸借により利用させる場合には、その敷地から直接の収益が発生するわけではありませんので、実質課税の取扱いもされません。

　賃貸物件の場合には、あきらかに物件から家賃収入が発生することになりますので、敷地のような使用貸借という理屈は通用しないということです。

Ⅳ 経費

不動産の賃貸に関する経費のうち、課税仕入れとなるものを確認します。また、入居者に支払う立退料、マンション管理組合に支払う管理費や修繕積立金など、実務上トラブルの多いものを整理しておきます。

*「区分欄」に課税仕入れとなるものは「○」、ならないものは「×」で表示

内容	区分
租税公課	×
損害保険料	×
修繕費	○
減価償却費	×
借入金利子	×
地代家賃（地代・住宅家賃）	×
地代家賃（店舗・事務所）	○
給料賃金	×
水道料	○

1 立退料

賃借人に支払う立退料は、個人事業者と法人に区分したうえで、土地建物の取得に伴うものは物件の取得価額に算入し、その他の立退料は損金（経費）として処理することになります。

内容	取扱い	
	個人	法人
建物の譲渡に伴い、賃借人を退去させるために支払った立退料	譲渡所得の計算上必要経費に算入する（所基通33－7（2））	損金
土地建物の取得に伴い、使用者に支払った立退料	物件の取得価額に算入する（所基通38－11、49－4、法令54①一）	
近隣からの苦情などにより、賃借人を立ち退かせるために支払った立退料	不動産所得の計算上必要経費に算入する	損金

消費税においては、賃貸人が賃借人に支払う立退料は、次の①～③の理由により支払われるものであり、課税の対象とはなりません（消基通5－2－7）。

① 賃借人が物件を明け渡すことにより、賃貸借の権利が消滅することに対する補償金

② 賃借人が営業を休止することにより生ずる営業上の損失に対する補償金

③ 賃借人が移転等に必要な実費の補償としての補償金

参考 借家権を第三者に譲渡した場合

　賃借人が、借家権（建物等の賃借人たる地位）を賃貸人以外の第三者に譲渡した場合には、たとえ「立退料」の名目で収受したとしても、無形固定資産（借家権）の売買として課税されることとなります。

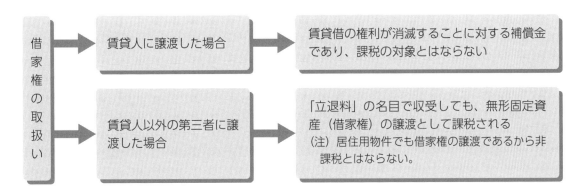

| 借家権の取扱い | 賃貸人に譲渡した場合 | 賃貸借の権利が消滅することに対する補償金であり、課税の対象とはならない |
| | 賃貸人以外の第三者に譲渡した場合 | 「立退料」の名目で収受しても、無形固定資産（借家権）の譲渡として課税される
（注）居住用物件でも借家権の譲渡であるから非課税とはならない。 |

2　マンション管理費と修繕積立金

　マンション管理組合は、その居住者である区分所有者を構成員とする組合です。よって、組合と組合員との間で行う取引は、本支店間で行われる内部取引と同様のものであり、営業に該当しないものとして取り扱われます。

　したがって、マンション管理組合が組合員から収受する金銭に対する消費税の課税関係は次のとおりとなります《国税庁質疑応答事例（消費税）－資産の譲渡の範囲15（マンション管理組合の課税関係)》。

	内容	取扱い
駐車場の貸付け	組合員である区分所有者に対する貸付け	不課税
	組合員以外の者に対する貸付け	課税
管理費の収受		不課税

　結果、組合員である区分所有者が管理組合に支払う駐車場料金や管理費は課税仕入れとはなりません。

　また、修繕積立金は、区分所有者となった時点で管理組合へ義務的に納付しなければならないものであるとともに、管理規約において、納入した修繕積立金は、管理組合が解散しない限り区分所有者へ返還しないこととしているのが一般的です（マンション標準管理規約（単棟型）（国土交通省）第60条第6項）。

　しかし、管理組合に修繕積立金を支払った時点では、「修繕」という役務の提供を受けたわけではありませんので、組合員は、支払った修繕積立金についても課税仕入れとして処理することはできません。

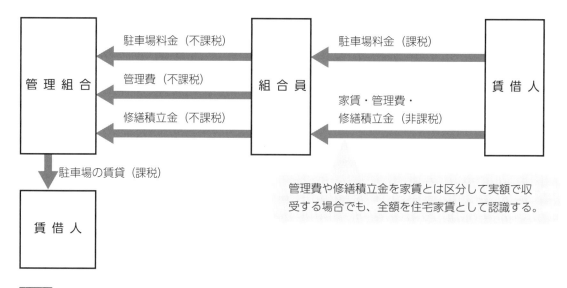

管理費や修繕積立金を家賃とは区分して実額で収
受する場合でも、全額を住宅家賃として認識する。

参考 所得税における賃貸用マンションの修繕積立金の取扱い

　修繕積立金については、大規模修繕等の費用の額に充てられるために長期間にわたって計画的に積み立てられるものであり、原則的にはその修繕等が完了した日の属する年における必要経費に算入されることになります（所基通37－2）。

　ただし、修繕積立金の支払いがマンション標準管理規約に沿った適正な管理規約に従い、次の事実関係の下で行われている場合には、その修繕積立金について、その支払期日の属する年分の必要経費に算入しても差し支えないものとされています。

① 区分所有者となった者は、管理組合に対して修繕積立金の支払義務を負うことになること

② 管理組合は、支払を受けた修繕積立金について、区分所有者への返還義務を有しないこと

③ 修繕積立金は、将来の修繕等のためにのみ使用され、他へ流用されるものでないこと

④ 修繕積立金の額は、長期修繕計画に基づき各区分所有者の共有持分に応じて、合理的な方法により算出されていること

※国税庁質疑応答事例（所得税）「必要経費8（賃貸の用に供するマンションの修繕積立金の取扱い）」

Ⅴ 簡易課税制度の活用

　簡易課税制度は中小事業者について認められている仕入控除税額の特例計算です。簡易課税制度の適用を受ける場合には、実額による課税仕入れの集計はせずに、みなし仕入率により仕入控除税額を見積り計算します。したがって、課税売上割合の計算も必要ありません。

　簡易課税制度は、実額による仕入控除税額の計算が困難な事業者に配慮して設けられたものですが、実務上は、簡易課税制度の適用を受ける場合と受けない場合とで比較検討したうえで、どちらが有利になるかを判断する必要があります。

　不動産賃貸業の場合、主たる経費である固定資産税や借入金利子、減価償却費などは課税仕入れとなりませんので、簡易課税制度の適用を受けた方が有利になるケースが圧倒的に多いよ

うです。

　ただし、簡易課税の適用を受けている限り、どんなに多額の設備投資があったとしても消費税の還付を受けることはできません。また、簡易課税を選択した場合には、課税期間が1年サイクルの場合、2年間の継続適用義務があることにも注意する必要があります。

簡易課税制度のメリット	簡易課税制度のデメリット
●課税売上割合の計算や課税仕入高の集計などの実額計算が不要となる ●帳簿の記帳と請求書等の保存義務がない ●実際に負担した税額以上に仕入税額控除ができるケースがある	●設備投資などについて、消費税の還付を受けることができない ●原則として2年間の継続適用義務がある

※「簡易課税制度選択（不適用）届出書」については第2部の第1章Ⅱで詳細に解説しています。

　簡易課税制度を適用する場合の不動賃貸業のみなし仕入率は40％です。したがって、「実額による仕入控除税額」と「売上税額×40％」を比較して簡易課税の適用の是非を検討する必要があります。また、不動産業の場合には、主たる収入に土地の売上高や住宅家賃収入などがあるために、課税売上割合が95％未満となるケースが多くなることにもご注意ください。

判定	結果
売上税額×40％＞本則課税による仕入控除税額	簡易課税が有利
売上税額×40％＜本則課税による仕入控除税額	本則課税が有利

　なお、不動産の賃貸に付随して発生する下記の収入は、不動産業（第6種事業）とはなりませんのでご注意ください（かっこ書はみなし仕入率です）。

付随収入		取扱い
共益費収入（メーターによりテナントごとに水道光熱費を管理している）	第1種事業 （90％）	水道光熱費（仕入商品）の事業者に対する販売として第1種事業に区分することができます。 ※メーターによりテナントごとに水道光熱費を管理し、ビルの管理会社等がテナントから徴収した金銭を「預り金」として処理している場合には、その預り金は課税対象外収入（不課税）として処理することができるものと思われます。
賃貸物件の屋根に設置した太陽光発電設備による電力の販売	第3種事業 （80％）	「電気業」の売上げとして第3種事業に区分することになります。

　上記の判定のほか、簡易課税の継続適用義務や調整対象固定資産（高額特定資産）を取得した場合の3年縛りについても注意する必要があります。

※簡易課税制度を適用する場合の事業区分については、第3章Ⅱで詳細に解説しています。

Ⅵ 固定資産に関する税額調整

　企業利益を計算する場合、建物、機械などの固定資産の取得価額については、耐用年数に応じ、減価償却費として毎期費用配分するわけですが、消費税の世界では、固定資産を購入した時に負担した消費税は、その取得した課税期間において、その全額が仕入税額控除の計算に取り込まれることになります。

　しかし、固定資産のように長期間にわたり使用するものについてまでも、購入時の状況やその用途により税額控除を完結させてしまうことにはいささか問題があります。そこで、課税売上割合が著しく変動した場合や、固定資産の用途を変更した場合には、その固定資産の当初の控除税額について後から調整を加えることとしたものです。

　不動産賃貸業であれば、居住用物件の賃貸収入は非課税、商業用物件の賃貸収入は課税となりますので、新たに賃貸物件を取得した場合には、その用途により、その後の課税売上割合が大きく変動することがあります。居住用（商業用）賃貸物件を商業用（居住用）に転用した場合にも、税額調整が必要となることがあるのです。

1 税額調整の対象となる調整対象固定資産

1 ◆調整対象固定資産の範囲 （消法2①十六、消令5、消基通12-2-1）

　税額調整の対象となる調整対象固定資産とは、建物、構築物、機械装置、車両運搬具、工具器具備品などで、一取引単位の税抜きの取得価額が100万円以上の固定資産です。

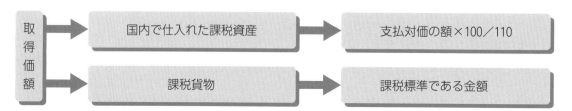

　ただし、土地などの非課税資産や棚卸資産は、取得価額が100万円以上であっても調整対象固定資産には該当しません。また、特許権や実用新案権などの無形固定資産、不動産の賃借に伴い支出する権利金のような繰延資産についても、税抜対価が100万円以上であれば調整対象固定資産に該当します。

2 ◆調整対象固定資産の取得価額 （消基通12-2-2）

　100万円と比較する固定資産の取得価額には、仲介手数料やその資産を事業の用に供するために必要な費用などは含まれません。したがって、税抜きの本体価額により調整対象固定資産に該当するかどうかの判定をすることになります。

　これに対し、棚卸資産の取得価額には、引取運賃や荷役費、販売準備費用などの付随費用を含めたところで調整税額の計算をすることとされています（消令54①一）。

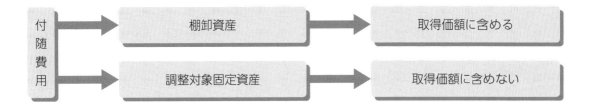

3◆**共有物の取扱い**（消基通12−2−4）

　共同で購入した共有物については持分割合に応じて100万円判定をすることとされています。

　たとえば、他社と均等に出資して機械装置を1,760,000円（税込）で取得した場合には、機械装置の取得価額は100万円以上（160万円）であるものの、持分割合による取得価額は100万円未満（80万円）となりますので、調整対象固定資産には該当しないものとして取り扱われます。

　　1,760,000円×100／110＝1,600,000円

　　1,600,000円÷2＝800,000円＜1,000,000円

　　　∴調整対象固定資産に該当しない

4◆**資本的支出**（消基通12−2−5）

　調整対象固定資産の修理や改良などをした場合において、その支出が「資本的支出」に該当する場合には、その税抜きの金額が100万円以上であればその「資本的支出」も調整対象固定資産として扱われます。この場合において、修理、改良等が課税期間にまたがって行われる場合には、課税期間ごとに要した金額により100万円判定をすることになります。

　消費税法基本通達には「…《調整対象固定資産の範囲》に規定する資産に係る資本的支出…」と書かれていますので、店舗などの賃借物件の内装工事をした場合の「造作」などは、資本的支出ではあるものの、調整対象固定資産には該当しないことにご注意ください。

※資本的支出……事業の用に供されている資産の修理、改良等のために支出した金額のうち、その資産の価値を高め、又はその耐久性を増すことになると認められる部分に対応する金額をいいます。

| **具体例** | 2期にまたがる資本的支出の取扱い |

　建物の増設に伴い、x1期に旧設備を取り壊し、x2期に建物を増設した場合には、x1期の取壊し費用とx2期の増設費用について別々に100万円判定をすることになります。

　ただし、土地造成費などについては、土地そのものが調整対象固定資産には該当しないため、たとえ100万円以上の金額であっても調整対象固定資産とはなりません。

2 調整対象固定資産を転用した場合の税額調整 (消法34、35)

▌1 ◆ 概要

　調整対象固定資産を取得し、これを課税業務用に使用したと仮定します。個別対応方式により仕入控除税額の計算をすれば、その固定資産に課された消費税は全額が控除できることになります。ところが、この固定資産をその後に非課税業務用に転用したとしたらどうでしょう…。当初から非課税業務用としていれば、まったく仕入税額控除はできなかったわけですから、固定資産について、購入時の用途だけで税額控除を完結させることには問題があるということがおわかりいただけると思います。

　そこで、調整対象固定資産を取得の日から3年以内に転用した場合には、次のような調整計算をすることとしているのです。

（注）「調整対象税額」とは、その調整対象固定資産に課された消費税額のことをいう。

　つまり、取得日から転用日までの期間の経過に応じ、課税業務用のものを非課税業務用に転用した場合には、転用日の属する課税期間の調整前の仕入税額から減算し、非課税業務用のものを課税業務用に転用した場合には逆に加算するということです。

　なお、調整対象固定資産を課税業務用から非課税業務用に転用した場合において、調整税額が、転用日の属する課税期間の調整前の仕入税額から控除しきれないケースも想定されます。これは、調整対象固定資産を取得した時の仕入控除税額が多すぎたから控除できなくなったわけですから、その控除しきれない金額を、「控除過大調整税額」として課税標準額に対する消費税額に加算することとされています。

▌2 ◆ 適用要件

　転用による税額調整は、個別対応方式により仕入控除税額を計算した場合に限り行うものですが、たとえ個別対応方式を適用した場合であっても、共通用に区分したものを転用した場合や共通用に転用したような場合には適用されません（消基通12－4－1・12－5－1）。

　調整対象固定資産を取得した期において、課税売上割合が95％以上の場合や一括比例配分方式を適用した場合についても、もちろん適用除外となります。

　次の①と②の場合に限り、適用されることに注意してください。

なお、3年を超えてからの転用についても調整は不要となります。

---

① 個別対応方式により、課税業務用として仕入控除税額を計算したものを、3年以内に非課税業務用に転用した場合

② 非課税業務用として仕入控除税額を計算したものを、3年以内に課税業務用に転用した場合

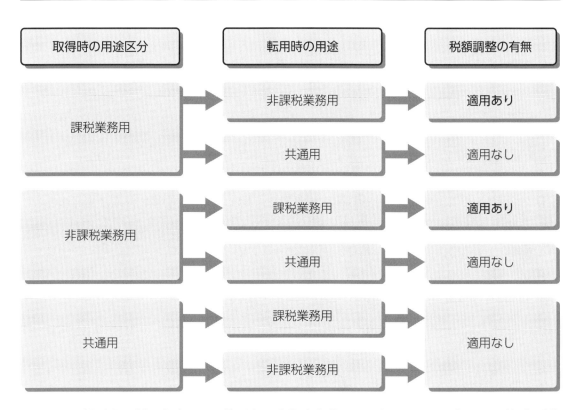

なお、課税（非課税）業務用の調整対象固定資産を共通用に転用し、その後に非課税（課税）業務用に再転用した場合であっても、最終的に3年以内の転用であれば税額調整の規定が適用されることになります（消基通12-4-1（注）1・12-5-1（注））。

3 ◆免税事業者となった課税期間等が含まれている場合（消基通12-4-2・12-5-2）

調整対象固定資産を転用した場合の税額調整は、調整対象固定資産を取得した課税期間と転

用した課税期間で本則課税を適用している場合に限り、適用されるものですが、真ん中の課税期間については一切制約は設けられていません。

　したがって、調整対象固定資産を取得した課税期間から転用した課税期間までの間に免税事業者であった課税期間があったとしても、頭と尻尾が本則課税である限り、税額調整が必要になるということです。

(注) 転用日の属する課税期間において簡易課税制度の適用を受けている場合、免税事業者の場合には、税額調整は一切必要ありません。

4 ◆個人事業者の取扱い

　消費税法基本通達12−4−1（調整対象固定資産を一部非課税業務用に転用した場合等の調整）の(注) 2では、個人事業者が<u>課税業務用調整対象固定資産</u>を家事のために使用した場合には「<u>みなし譲渡</u>」の規定を適用することとしています。

> 　無償取引であっても次の①と②の取引についてだけは例外的に課税の対象に組み込むこととしており、この取扱いを消費税法基本通達では「みなし譲渡」と命名しています。
> ①　個人事業者の棚卸資産又は事業用資産の家事消費又は家事使用
> ②　法人の役員に対する資産の贈与
> 　しかし、「みなし譲渡」の規定が適用されるのは、課税業務用の事業用資産に限られるものではありません。共通用のものや非課税業務用の資産であっても、事業用の資産を家事用に転用した場合には、「みなし譲渡」の規定が適用されることになるわけですから、本通達の注意書きが、実務に誤解を与えることになりはしないかと心配です。

※みなし譲渡における対価の額の計算方法については185 〜 186頁をご参照ください。

5 ◆居住用賃貸建物を転用した場合の取扱い

　貸店舗などの課税業務用調整対象固定資産を3年以内に居住用（非課税業務用）に転用した場合には、転用日の属する課税期間で税額調整が必要となります。

　これに対し、非課税業務用調整対象固定資産に該当する「居住用賃貸建物」を3年以内に課税業務用に転用したとしても、居住用賃貸建物についてはそもそも仕入税額控除の規定が適用されませんので、非課税業務用調整対象固定資産を課税業務用に転用した場合の仕入税額控除の調整もできないことになります。

　居住用賃貸建物を取得して、第3年度の課税期間の末日までに課税業務用に転用した場合に

は、転用日以後に発生する課税家賃収入をベースに計算した「課税賃貸割合」により調整税額を計算することになります。

※居住用賃貸建物の取扱い（令和2年度改正）については、第1章のⅢをご参照ください。

3 課税売上割合が著しく増加した場合の税額調整 （消法33、消令53）

　たとえば、建物を購入した期の課税売上割合が20％で、一括比例配分方式により仕入控除税額を計算したと仮定します。この場合の仕入控除税額は、建物に課された消費税の20％となるわけですが、仮にその後の課税期間の課税売上割合が50％、80％と増加していったケースを考えてみてください。購入するタイミングがもうすこしズレていれば、建物に課された消費税の50％あるいは80％を控除できたわけですから、その後も建物を長期にわたり使い続けることを考えれば、課税売上割合の変動を考慮したうえで、控除税額を再計算する必要があることをおわかりいただけると思います。

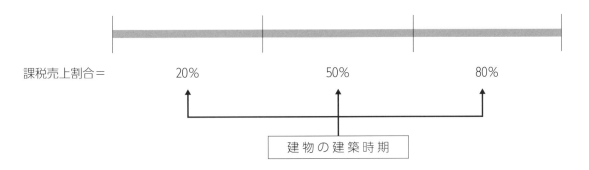

1◆適用要件

　次の①～③のすべての要件を満たす場合に税額調整の規定を適用することができます。

①	変動要件	課税売上割合が著しく変動したか否かについては、「変動率」が50％以上であり、かつ、「変動差」が5％以上であることにより判定します。 $$変動率＝\frac{通算課税売上割合－仕入れ等の課税期間における課税売上割合}{仕入れ等の課税期間における課税売上割合}$$ $$変動差＝通算課税売上割合－仕入れ等の課税期間における課税売上割合$$
②	計算要件	仕入れ等の課税期間において、調整対象固定資産につき、比例配分法により仕入控除税額を計算していることが要件となります。 ○比例配分法とは？ 　次のいずれかの方法による仕入控除税額の計算をいいます。「比例配分法＝一括比例配分方式」ではありませんのでご注意ください。 ●個別対応方式で、課税非課税共通用に区分した課税仕入れ等の税額に課税売上割合を乗じて計算する方法 ●一括比例配分方式により計算する方法

		したがって、個別対応方式で「課税業務用」又は「非課税業務用」に区分して仕入控除税額を計算した調整対象固定資産については、どんなに課税売上割合が変動しようとも税額調整の規定の適用はありません。
③	保有要件	第3年度の課税期間の末日において、その調整対象固定資産を保有していることが要件となります。 したがって、売却や除却により第3年度の課税期間の末日において有していない場合には、税額調整の規定の適用はありません。

「通算課税売上割合」とは、調整対象固定資産を取得した課税期間（仕入れ等の課税期間）から「第3年度の課税期間」までの売上げのトータルで計算した課税売上割合をいう。

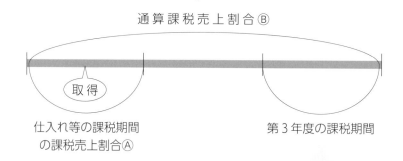

通算課税売上割合Ⓑ

取得

仕入れ等の課税期間
の課税売上割合Ⓐ

第3年度の課税期間

「第3年度の課税期間」とは、仕入れ等の課税期間の開始日から3年を経過する日の属する課税期間をいう。

◆変動要件の判定

$$\frac{Ⓑ-Ⓐ}{Ⓐ}\geqq50\%$$　　かつ　　$Ⓑ-Ⓐ\geqq5\%$

（変動率）　　　　　　　　（変動差）

▌2◆調整税額の計算方法

　第3年度の課税期間で調整する税額は、下記の算式により計算します。つまり、通算課税売上割合により再計算した税額と、仕入れ等の課税期間で実際に控除した税額との差額を調整するということです。

　調整対象固定資産の取得価額×7.8／110＝調整対象基準税額Ⓜ

　　　Ⓜ×Ⓑ－Ⓜ×Ⓐ＝調整税額

次の資料により、x 1 年度中に1,100万円（税込）の調整対象固定資産を取得したケースについて、具体的な計算方法を確認します。なお、x 1 年度の仕入控除税額の計算は一括比例配分方式を採用しています。

（年度）	（税抜課税売上高）	（税抜総売上高）	（課税売上割合）
x 1 年度	1,000万円	5,000万円	20%
x 2 年度	3,000万円	6,000万円	50%
x 3 年度	7,200万円	9,000万円	80%

① 通算課税売上割合

$$\frac{1,000万円＋3,000万円＋7,200万円}{5,000万円＋6,000万円＋9,000万円}＝56\%$$

② 著しく変動したか否かの判定

$$変動率＝\frac{0.56－0.2}{0.2}≧50\% \quad 変動差＝0.56－0.2≧5\%$$

③ 調整税額

$$1,100万円×\frac{7.8}{110}＝780,000円$$

780,000円×56%＝436,800円…再計算した税額

780,000円×20%＝156,000円…実際に控除した税額

結果、436,800円から156,000円を控除した残額の280,800円が、x 3 年度において追加で控除できる税額となります。

4 課税売上割合が著しく減少した場合の税額調整 （消法33、消令53）

課税売上割合が著しく減少した場合には、当初過大に控除しすぎた税額をカットするという意味で、後から控除税額を再計算することとしています。

たとえば、建物を購入した期の課税売上割合が80%で、一括比例配分方式により仕入控除税額を計算したと仮定します。この場合の仕入控除税額は、建物に課された消費税の80%となるわけですが、仮にその後の課税期間の課税売上割合が50%、20%と減少していったケースを考えてみてください。購入するタイミングがもうすこしズレていれば、建物に課された消費税の50%あるいは20%しか控除できなかったわけですから、その後も建物を長期にわたり使い続けることを考えれば、課税売上割合の変動を考慮したうえで、控除税額を再計算する必要のあることがおわかりいただけると思います。

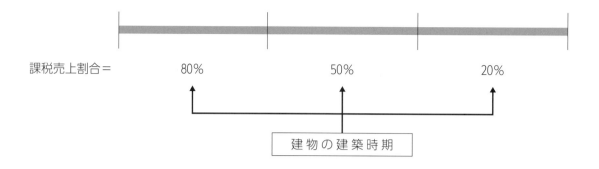

課税売上割合＝　　　80%　　　　　50%　　　　　20%

建物の建築時期

1 ◆ 適用要件

次の①～③のすべての要件を満たす場合に税額調整の規定が適用されます。

①	変動要件	課税売上割合が著しく変動したか否かについては、「変動率」が50%以上であり、かつ、「変動差」が5%以上であることにより判定します。 $$変動率＝\frac{仕入れ等の課税期間における課税売上割合－通算課税売上割合}{仕入れ等の課税期間における課税売上割合}$$ 変動差＝仕入れ等の課税期間における課税売上割合－通算課税売上割合
②	計算要件	仕入れ等の課税期間において、調整対象固定資産につき、次のいずれかの方法で仕入控除税額を計算していることが要件となります。 ●比例配分法 ●課税売上割合が95%以上であることによる全額控除
③	保有要件	第3年度の課税期間の末日において、その調整対象固定資産を保有していることが要件となります。

通 算 課 税 売 上 割 合 Ⓑ

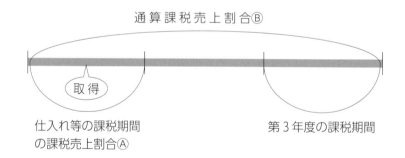

取得

仕入れ等の課税期間　　　　　　　　　　　　　第3年度の課税期間
の課税売上割合Ⓐ

◆変動要件の判定

$$\frac{Ⓐ－Ⓑ}{Ⓐ}≧50\%　　　かつ　　　Ⓐ－Ⓑ≧5\%$$

（変動率）　　　　　　　　　　（変動差）

2 ◆ 調整税額の計算方法

　第３年度の課税期間で調整する税額は、下記の算式により計算します。つまり、通算課税売上割合により再計算した税額と、仕入れ等の課税期間で実際に控除した税額との差額を調整（カット）するという意味です。

　なお、第３年度の課税期間において、調整前の仕入税額から調整税額が控除しきれないケースも想定されます。これは、調整対象固定資産を取得した時の仕入控除税額が多すぎたから控除できなくなったわけですから、その控除しきれない金額を、「控除過大調整税額」として課税標準額に対する消費税額に加算することとされています。

調整対象固定資産の取得価額×7.8／110＝調整対象基準税額Ⓜ

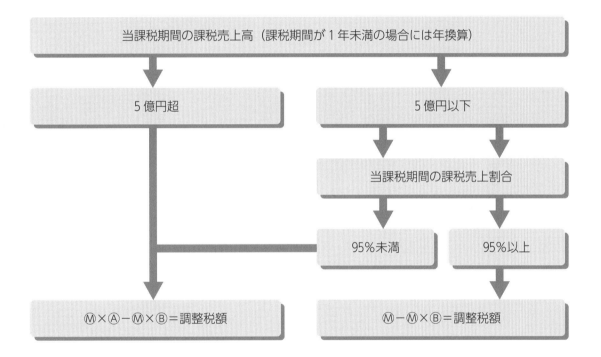

3 ◆ 計算上の留意点

　課税売上割合が著しく減少した場合の調整計算は、課税売上割合が著しく増加した場合と同じように、調整対象固定資産の控除税額を一括比例配分方式で計算した場合、あるいは個別対応方式で共通仕入れに区分して計算した場合に限り行うものです。

　ただし、課税売上割合が著しく減少した場合の税額調整は、当初の課税売上割合が95％以上であることにより調整対象基準税額の全額を控除した場合であっても、変動率、変動差などの要件を満たす場合には税額調整が必要となりますのでご注意ください。

4 ◆ 計算例

次の資料により、x 1 年度中に1,100万円（税込）の調整対象固定資産を取得したケースについて、具体的な計算方法を確認します。

（年度）	（税抜課税売上高）	（税抜総売上高）	（課税売上割合）
x 1 年度	4,900万円	5,000万円	98%
x 2 年度	3,000万円	6,000万円	50%
x 3 年度	1,800万円	9,000万円	20%

① 通算課税売上割合

$$\frac{4,900万円＋3,000万円＋1,800万円}{5,000万円＋6,000万円＋9,000万円}＝48.5\%$$

② 著しく変動したか否かの判定

$$変動率＝\frac{0.98－0.485}{0.98}≧50\% \quad 変動差＝0.98－0.485≧5\%$$

③ 調整税額

$$1,100万円×\frac{7.8}{110}＝780,000円$$

780,000円×48.5%＝378,300円…再計算した税額

4,900万円 ≦ 5 億円

780,000円…実際に控除した税額

結果、780,000円から378,300円を控除した残額の401,700円が、x 3 年度の調整前の税額からカットされることになります。

5 適用除外となるケース

課税売上割合が変動した場合の税額調整は、「仕入れ等の課税期間」と「第 3 年度の課税期間」のどちらもが本則課税を適用している場合に限り適用されるものです。

したがって、税額調整が必要となる「第 3 年度の課税期間」において簡易課税制度の適用を受けるような場合には、税額調整はする必要がありません。

また、「第 3 年度の課税期間」において免税事業者となっているような場合にも税額調整は不要となります。

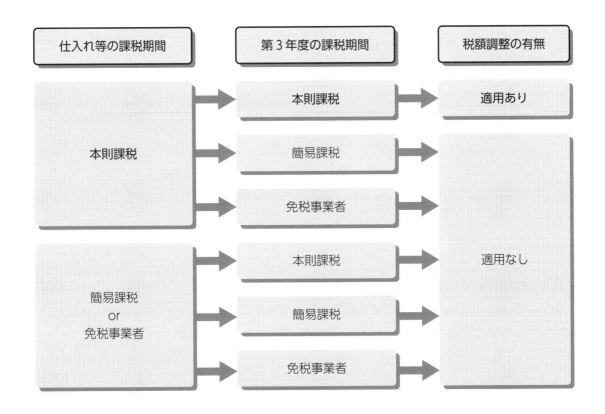

6 第3年度の課税期間

1 ◆ 新設法人などの留意点

「第3年度の課税期間」とは、仕入れ等の課税期間の開始日から3年を経過する日の属する課税期間をいいます。

したがって、課税期間が1年サイクルの場合には、調整対象固定資産を取得した課税期間（仕入れ等の課税期間）の翌々期が第3年度の課税期間となるわけですが、新設法人や決算期を変更した法人の場合には、翌々期が第3年度の課税期間とはならないケースもあるので注意が必要です。

たとえば、10月1日に新設した12月決算法人が、設立事業年度中に調整対象固定資産を取得した場合には、下図のように設立4期目が「第3年度の課税期間」となります。

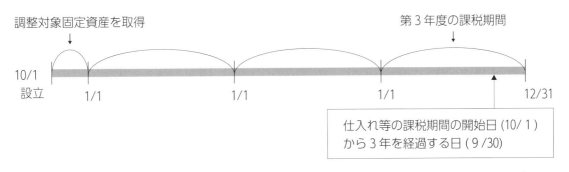

上図の場合においては、設立1期目に取得した調整対象固定資産と設立2期目に取得した調整対象固定資産は、ともに設立4期目が第3年度の課税期間となり、4期目で税額調整の要否を判定することになります。

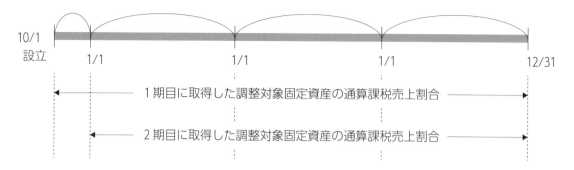

2 ◆ 通算課税期間に免税期間等が含まれている場合

　課税売上割合が変動した場合の税額調整は、「仕入れ等の課税期間」と「第3年度の課税期間」のどちらもが本則課税を適用している場合に限り適用されるものです。

　ただし、「仕入れ等の課税期間」と「第3年度の課税期間」の間の課税期間（課税期間が1年サイクルであれば真ん中の課税期間）については特段の制約はないことから、この真ん中の課税期間が免税事業者の場合や簡易課税制度の適用を受けている場合であっても、変動率、変動差などの要件を満たす限り、税額調整は必要となります（消基通12−3−1）。

　上図のように、真ん中の課税期間が免税事業者の場合には、通算課税売上割合を計算する際に、真ん中の課税期間中の課税売上高は税抜きにしない金額（全額）を用いることに注意する必要があります。

3 ◆ 課税期間を短縮している場合

　課税期間を短縮している場合であっても、「第3年度の課税期間」の定義は何ら変わるものではありません。たとえば、課税期間を3か月に短縮している場合の「第3年度の課税期間」は下図のようになります。

第3章 譲渡

　土地や借地権の譲渡は非課税となりますので、その譲渡対価の額を、課税売上割合の計算上、分母に計上することになります。建物や附属設備の譲渡は消費税が課税されますので、土地と建物を同時に譲渡した場合には、土地と建物の対価の区分が重要となります。

　借入金などが弁済不能となった場合に担保物件を処分し、優先的に債権者に売却代金が配当される権利のことを「抵当権」といいます。上位の抵当権と比較して、下位の抵当権は配当を受けられる権利が下がることから、この「抵当権」という担保物権やその順位を譲渡することがあります。土地に設定された抵当権（の順位）の譲渡は、たとえ土地に設定されたものであったとしても、土地や借地権の譲渡とは根本的に異なるものであり、「権利の譲渡」として消費税が課税されることになります。

　造園業者が売買する庭木や庭石などには当然に消費税が課税されますが、庭木や庭石などの土地の定着物を宅地と一体として譲渡する場合には、その譲渡対価の全額を土地の譲渡対価（非課税）として取り扱うことが認められています。ただし、土地付き建物を譲渡した場合には、たとえ、対価が区分されていない場合であっても、その譲渡対価を土地部分と建物部分に区分する必要があります（消基通6－1－1）。

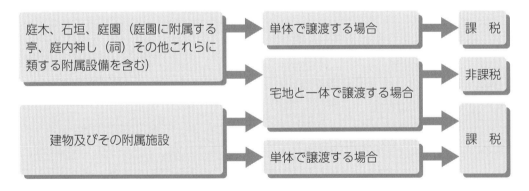

　本章では、土地や建物を譲渡した場合の実務上の留意点を整理するとともに、個人事業者における譲渡所得と経理方式の関係、たまたま土地の譲渡があった場合の課税売上割合に準ずる割合の活用方法について確認します。

I　不動産の譲渡の時期

　不動産の譲渡の時期は、原則として物件の引き渡しがあった日になりますが、物件が棚卸資産か固定資産かで取扱いが異なっています（消基通9－1－1、9－1－2、9－1－13）。

土地・建物	原則	特例
棚卸資産	物件の引渡しがあった日 ※引渡し日が明らかでない場合には次に掲げる日のうちのいずれか早い日 ①代金のおおむね50％以上を収受するに至った日 ②所有権移転登記の申請日（必要書類の相手方への交付日を含む）	
固定資産		譲渡に関する契約の効力発生日 （消基通9－1－13ただし書）

　　土地や建物の譲渡の時期がいつであるかについては、課税標準額や課税売上割合の計算に大きな影響があることから慎重な判断が必要になります。免税事業者の時に売買契約を結び、課税事業者になってから物件の引渡しがあるような場合には、契約の効力発生日を譲渡日と捉えれば課税関係は生じないのに対し、引渡日を譲渡日と捉えると、建物の売上高を課税売上高として課税標準額に計上し、土地の売上高を非課税売上高として課税売上割合の計算上分母に計上する必要があります。

Ⅱ　不動産の譲渡と簡易課税制度

　　簡易課税制度を適用する場合の事業区分は、原則として、その事業者が行う課税売上高ごとに行うことになります（消基通13－2－1）。

　　たとえば、事業区分で不動産業は第6種事業とされていますが、不動産業者の売上高がすべて第6種事業に区分されるわけではありません。

　　他から購入した建物などの課税資産を売却した場合には、購入者が事業者であれば第1種事業に、購入者が消費者であれば第2種事業に区分されます。建設業者に依頼して建築した分譲住宅を売却した場合であれば、その売上高は仕入商品の販売ではありませんから第1種事業および第2種事業には該当せず、建設業として第3種事業に区分されることになります。

　　つまり、不動産業の売上高で第6種事業に区分されるのは、第1種事業～第3種事業および第5種事業のいずれにも該当しないもの、たとえば不動産売買の仲介手数料や貸店舗の家賃収入などがこれに該当するわけです。

1 事業区分の判定順序

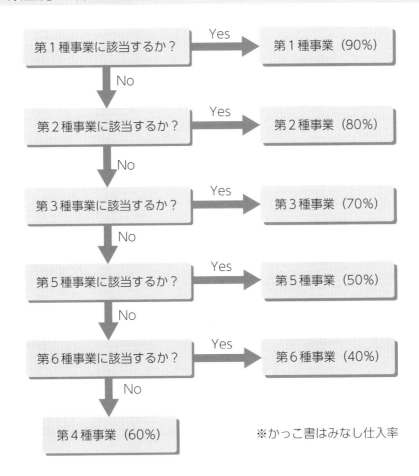

※かっこ書はみなし仕入率

2 事業区分（不動産業）の具体例

　第2章（賃貸）に関するものも含め、不動産取引に関する事業区分を整理すると下表のようになります。

取引内容		事業区分	留意事項
購入した不動産（商品）の売上高	事業者に対する売上高	第1種事業	・土地部分は非課税であり、税額計算に関係しません ・購入した中古住宅をリフォーム（塗装、修理など）して販売する場合には、購入者が事業者か消費者かに関係なく、第3種事業に区分することになります。
	消費者に対する売上高	第2種事業	
	購入した中古住宅をリフォーム（塗装、修理）して販売する場合	第3種事業	
工務店に依頼して建設した建売住宅の売上高		第3種事業	「建設業」の売上げとして第3種事業に区分することになります（工務店に依頼して建設したのであり、仕入商品にはなりません）
不動産の賃貸による収入		第6種事業	「不動産業」の売上げとして第6種事業に区分することになります ※不動産の賃貸による収入のうち、土地の貸付代金や住宅家賃は非課税であり、税額計算には関係させません
他者物件の管理による収入		第6種事業	
仲介手数料収入		第6種事業	

共益費収入（メーターによりテナントごとに水道光熱費を管理している）	第1種事業	水道光熱費（仕入商品）の事業者に対する販売として第1種事業に区分することができます。 ※メーターによりテナントごとに水道光熱費を管理し、ビルの管理会社等がテナントから徴収した金銭を「預り金」として処理している場合には、その預り金は課税対象外収入（不課税）として処理することができるものと思われます。
賃貸物件の屋根に設置した太陽光発電設備による電力の販売	第3種事業	「電気業」の売上げとして第3種事業に区分することになります。
中古の賃貸物件の売却収入	第4種事業	販売用の不動産ではなく、事業用固定資産の売却として第4種事業に区分することになります（消基通13−2−9）。

Ⅲ 譲渡対価の額

1 土地と建物の一括譲渡

　土地と建物を同一の者に同時に譲渡した場合には、次のように建物の譲渡対価の額を計算することとされています（消令45③）。

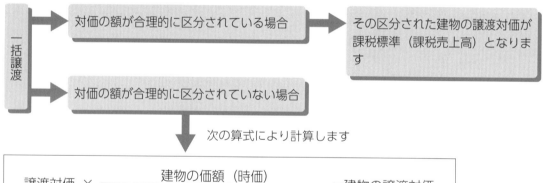

$$譲渡対価 \times \frac{建物の価額（時価）}{建物の価額（時価）＋土地の価額（時価）}＝建物の譲渡対価$$

1 ◆一括譲渡をした場合の対価の区分方法（消基通10−1　5）

　土地と建物を一括譲渡した場合の譲渡対価の区分の方法としては、所得税や法人税の土地の譲渡等に係る課税の特例の計算における取扱いにより区分することが認められています。ただし、土地重課課税制度は現在停止されています。

計算例 1　142%基準による区分

> 分譲住宅の譲渡対価が6,000万円、建物の建築原価が2,000万円の場合において、措置法通達62の3(2)-4を適用して土地と建物の譲渡対価を区分すると次のようになります。
>
> ●建物の譲渡対価　2,000万円×142%=2,840万円
> ●土地の譲渡対価　6,000万円-2,840万円=3,160万円

　ただし、措置法通達62の3(2)-3においては、合理的に算定した譲渡対価の額が契約書において明らかにされているときは、その契約書に記載された対価の額をもって計算する旨の定めがあります。つまり、措置法通達62の3(2)-4の取扱いは、あくまでも同通達62の3(2)-3の例外的な取扱いなのであり、契約書に記載された金額を無視してまで142%基準を適用することはできないものと考えるべきです。

　なお、上記のほかに、合理的に区分する方法として次のような方法も認められているようです（木村剛志・中村茂幸編『消費税実例回答集（十一訂版）』546頁（税務研究会出版局））。

① 譲渡時における時価の比率により按分する方法
② 相続税評価額や固定資産税評価額を基にして計算する方法
③ 土地及び建物の原価（取得費、造成費、一般管理費、販売費、支払利子等を含みます）を基にして計算する方法

計算例 2　固定資産税評価額による区分

> 分譲住宅の譲渡対価が6,000万円で、建物の固定資産税評価額が1,000万円、土地の固定資産税評価額が2,000万円である場合の土地と建物の譲渡対価は次のように計算します。

（1）建物の評価額を税込金額として計算するケース

$$6,000万円 \times \frac{1,000万円}{1,000万円 + 2,000万円} = 2,000万円 \cdots 建物の譲渡対価$$

$$6,000万円 \times \frac{2,000万円}{1,000万円 + 2,000万円} = 4,000万円 \cdots 土地の譲渡対価$$

（2）建物の評価額を税抜金額として計算するケース

1,000万円×1.1=1,100万円

$$6,000万円 \times \frac{1,100万円}{1,100万円 + 2,000万円} ≒ 2,129万円 \cdots 建物の譲渡対価$$

$$6,000万円 \times \frac{2,000万円}{1,100万円 + 2,000万円} ≒ 3,871万円 \cdots 土地の譲渡対価$$

※上記どちらの方法による計算も認められるものと思われます（私見）

2 ◆ 敷金の引き継ぎを伴う現住建造物の譲渡

入居者からの預り敷金を買い手に引き継がせるということは、敷金の返還請求権を移転させるということであり、売り手は「敷金の返済義務の免除」という経済的利益を得ることになります。よって、この敷金1,000万円を合理的に按分した上で、土地と建物の譲渡対価に加算する必要があるのです（消法28①）。

計算例　敷金付きで現住建造物を譲渡した場合

入居者から1,000万円の敷金を預かった状態で、土地3億円、建物2億円で現住建造物を譲渡する場合の土地と建物の譲渡対価は次のように計算します。

$$3\,億円 + 1{,}000万円 \times \frac{3\,億円}{3\,億円 + 2\,億円} = 3\,億600万円 \cdots 土地の譲渡対価$$

$$2\,億円 + 1{,}000万円 \times \frac{2\,億円}{3\,億円 + 2\,億円} = 2\,億400万円 \cdots 建物の譲渡対価$$

3 ◆ 契約書に記載された消費税額等の取扱いは？

不動産業者が土地付き建物を売買する場合には、建物に課される消費税額等を契約書に明記することが義務付けられています。また、インボイスの登録事業者は建物の対価と消費税額等を記載したインボイスの交付が義務付けられていますので、インボイスへの記載金額を無視して、固定資産税評価額などを基に売買価格を区分することは認められません。

計算例

売買契約書に「売買価額6,000万円（消費税額等300万円を含む）」と記載がされている場合の土地と建物の譲渡対価は次のように計算します。

300万円 ÷ 10％ ＝ 3,000万円…建物の譲渡対価（税抜）

6,000万円 －（3,000万円 ＋ 300万円）＝ 2,700万円…土地の譲渡対価

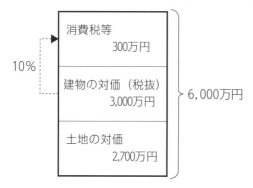

※インボイスの記載要件として、下記のいずれかを契約書等に記載する必要があります。

・建物代金 3,000 万円、10％消費税額等 300 万円、計 3,300 万円

・建物代金 3,300 万円（うち 10％ 消費税額等 300 万円）

2 　未経過固定資産税等の取扱い （消基通10－1－6）

　固定資産税や都市計画税は、その年1月1日時点の所有者に対して1年分の税金が課税されます。そこで、年の中途に不動産を売却したような場合には、売却日から年末までの期間は購入者の所有期間となることから、この未経過期間分の固定資産税を購入者に請求することが慣習となっています。

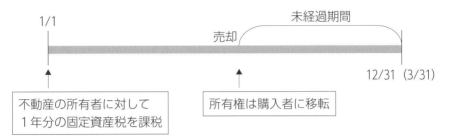

　未経過固定資産税等の精算は法律により義務付けられたものではありません。購入者との間で精算された固定資産税等については、購入者がこれを納税するものではなく、固定資産税等を精算するということは、あくまでも売買する不動産の値段の決め方の一手法に過ぎないのであり、精算金は売買代金の一部分として認識しなければならないのです。

　したがって、不動産の購入者から売買代金とは別に収受した固定資産税等の清算金を、租税公課勘定からマイナスするような処理は認められません。

■名義変更が遅れた場合の取扱い

　固定資産税や都市計画税は、その年1月1日時点の所有者に対して1年分の税金が課税されますので、年内に売買は成立しているものの、名義変更（所有権移転登記）が年明けにずれこんでしまったようなケースでは、売買の年の翌年（度）分の固定資産税等についても売手に請求されることになります。

　この場合に精算される固定資産税等は、1月1日時点での本来の所有者である購入者が負担すべきものであり、事実上の立替金に相当するものとして、売買した不動産の対価の額には含めなくてよいこととしています。

3 　収用

　道路拡張工事などのために所有する不動産が収用されることがあります。収用により補償金を取得するということは、換言すれば国等に対し土地などを売却し、その対価として補償金を取得するということであり、これは、資産の譲渡等と何ら変わらないことから課税の対象となります（消令2②）。なお、課税の対象となるのは対価補償金だけであり、休廃業又は資産の移転に伴い収受する収益補償金や経費補償金は対価性のないものであり、課税の対象とはなりません（消基通5－2－10）。

（注）　土地が収用されたことによる対価補償金の取得は、課税対象取引に区分したうえで非課税売上高として処理することになります。

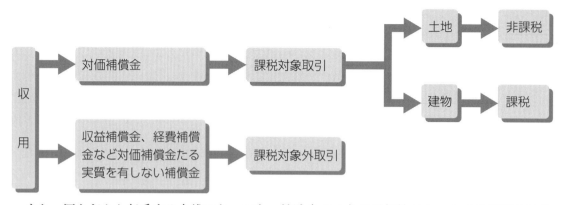

また、国などから収受する金銭であっても、補助金のように対価性のないものは課税の対象とはなりません（消基通5−2−15）。収用による対価補償金の取得と補助金の取得とは、本質的に異なるものだということに注意してください。

■収用があった場合の解体工事費の用途区分（事例）

雑貨品の小売業者が、課税期間中に、所有する建物（店舗）とその敷地が道路拡張工事のために収用され、補償金を取得することとなりました。

収受した補償金のうち、土地補償金は非課税売上高として処理をすることとなりますが、建物については、移転が困難であることからこれを取り壊し、新たに代替資産を取得する予定です。

この場合における建物移転補償金は、租税特別措置法関係通達64（2）−8（ひき（曳）家補償等の名義で交付を受ける補償金）により、法人税法上、対価補償金として処理することが認められています。

この場合における建物の解体工事費は課税仕入れとなり、個別対応方式を適用する場合の用途区分は次のように取り扱うことになります。

正しい処理	代替資産として取得する店舗の建築費と同様に「課税売上対応分」に区分する
誤った処理	課税売上高（建物補償金）と非課税売上高（土地補償金）のどちらにも対応するものとして「共通対応分」に区分する

収用された土地に対する対価補償金は土地の売却代金として取り扱われます（消令2②）。また、本事例のように、建物の移転補償金を収受した事業者がその建物を移転させずに取り壊した場合には、その移転補償金を対価補償金として認識し、法人税の申告で圧縮記帳の規定を適用することが認められています（措通64（2）−8）。

ただし、これはあくまでも法人税における課税の特例として「対価補償金」とするものであり、建物が収用されたことによる対価として取得するものではありません。したがって、建物の移転補償金は、移転雑費補償金などと同様に一種の賠償金的性格を有するものとして課税対象外収入として処理することになります（消基通5−2−10（3））。

次に解体工事費の用途区分ですが、上記のように建物の移転補償金は課税売上高とはなりません。その用途ですが、課税対象外収入となる建物移転補償金を得るための課税仕入れというよりも、店舗の建て替えに要する費用と考えるべきです。したがって、店舗から発生する商品売上高（課税売上高）に直接対応するものとして、「課税売上対応分」に区分することができるものと思われます。

4 家事共用資産の譲渡

個人事業者は、事業者としての側面と消費者としての側面があります。所得税の計算においては、事業費と家事費の区分が所得計算上のポイントとなり、消費税においても、事業として行った行為か否かの判断が非常に重要となってきます。

個人事業者が、趣味で保有していたゴルフクラブを売却した場合には、そのゴルフクラブは家事用資産であるから「事業として」行った行為に該当せず、課税の対象とはなりません。

個人事業者が、家事共用資産を譲渡した場合には、その譲渡金額を事業用部分と家事用部分とに合理的に区分したうえで、事業用の部分だけが消費税計算に取り込まれることになります（消基通10－1－19）。

ところで、消費税法基本通達10－1－19（家事共用資産の譲渡）では、譲渡対価を事業用の部分と家事用の部分に合理的に区分するとしているだけで、その具体的な区分方法については、同通達11－1－4（家事共用資産の取得）のような合理的な基準の例示（使用率、使用面積割合等）がありません（第1章Ⅰの 6 を参照）。

この点について、『平成30年版 消費税法基本通達逐条解説』（616頁。大蔵財務協会）では、譲渡のときの使用割合ではなく、原則として、当該資産を取得した時の区分、すなわち、その資産の使用の実態に基づく使用率、使用面積割合等の合理的な基準により区分することになるものと明記しています。

そうすると、家事共用資産の取得時と譲渡時の事業専用割合が異なっている場合には、次のように家事共用資産の譲渡対価を計算することになります。

事業専用割合		資産の譲渡対価
取得時	譲渡時	
0％	100％	0
20％	80％	譲渡対価×20％
70％	10％	譲渡対価×70％

譲渡時の事業専用割合ではなく、取得時の割合を使うという上記の計算方法は、仕入控除税額との整合性という面では合理性があるのかもしれません。ただし、この取扱いは、消費税の法令や通達に明記されているものではありませんので、実務においてこの計算方法を採用することについては問題があるように思えます。

所得税の申告では、減価償却費に事業専用割合を乗じた部分だけが必要経費になることを考えると、消費税においても、資産の譲渡対価に譲渡時の事業専用割合を乗じた金額を売上高と

して認識するべきではないでしょうか？

5 共有物件

　共有不動産を譲渡した場合には、それぞれの持分割合に応じて売上高を計算します。たとえば、均等出資で保有する建物を8,800万円で譲渡した場合には、各出資者の課税売上高は4,400万円となります（8,800万円×1／2＝4,400万円）。

6 交換

　「交換」は、現実の売買において金銭のやり取りを省略しただけの行為であり、資産の譲渡に該当します（消基通5－2－1（注））。よって、資産を交換した場合には、売上高と仕入高がセットで発生することに注意する必要があります。

　資産を交換した場合の売上（仕入）金額は次のように計算します（消令45②四）。

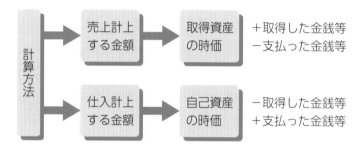

　なお、当事者間で定めた資産の価額と実際の相場が異なる場合であっても、それが正常な取引条件に基づく交換であるならば、その合意した価額により売上金額、仕入金額を計上することができます（消基通10－1－8）。

計算例

（1） 自己所有の資産（時価200）と相手先所有の資産（時価180）の交換にあたり、現金20を取得した場合には、売上高は200（180＋20）、仕入高は180（200－20）となります。

◆売上金額の考え方

　　交換の場合には、売上代金を収受する代わりに相手資産を取得するわけですから、相手資産の時価（180）が売上計上する金額の基準となります。なお、時価の差額を補うために取得した金銭（20）は、まさに売上代金の一部であることから、これを売上金額に加算します。

◆仕入金額の考え方

　　交換の場合には、仕入代金を支払う代わりに自己資産を引き渡すわけですから、自己資産の時価（200）が仕入計上する金額の基準となります。なお、取得した金銭（20）については、仕入代金について釣銭を収受したと考え、これを仕入金額から控除します。

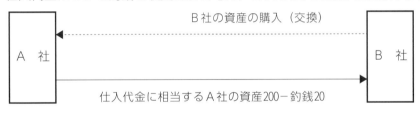

（2） 自己所有の資産（時価180）と相手先所有の資産（時価200）の交換にあたり、現金20を
支払った場合には、売上高は180（200－20）、仕入高は200（180＋20）となります。

◆売上金額の考え方

売上代金に相当する相手資産の時価（200）が売上計上する金額の基準となります。なお、
時価の差額を補うために支払った金銭（20）は、売上代金について釣銭を支払ったと考え、
これを売上金額から控除します。

◆仕入金額の考え方

仕入代金に相当する自己資産の時価（180）が仕入計上する金額の基準となります。なお、
支払った金銭（20）は、まさに仕入代金の一部であることから、これを仕入金額に加算し
ます。

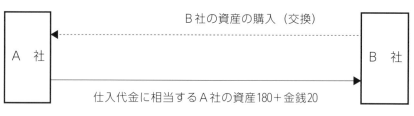

（3） 自己所有の資産（時価180）と相手先所有の資産（時価200）について、取引価額を190
と定めて交換した場合には、その取引が正常な取引条件に基づいて行われたものである限
り、売上高と仕入高はともに190となります。

◆売上金額の考え方

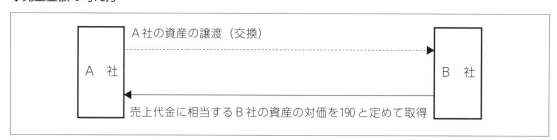

◆仕入金額の考え方

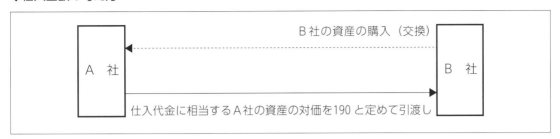

7 資産の譲渡等に類する行為

1 ◆ 代物弁済

借入金の返済のために債権者に資産を引き渡すことを「代物弁済」といいますが、この代物弁済という行為は、資産を売却した代金で借金を返済することと実態は何ら変らないことから資産の譲渡等に含めることとされています（消法2①八）。

個人事業者が、相続税の申告に伴い、現金納付に代えて事業用の賃貸物件で物納した場合も代物弁済に該当しますので、土地の対価は非課税売上高、建物の対価は課税売上高として申告が必要となります。

この場合の売上（仕入）金額は、消滅する債務の額に支払いを受ける金額を加算した金額となります（消令45②一）。

計算例

（1） 金銭の授受がないケース

100の借入金の返済にあたり、債権者に時価100の資産を引き渡した場合には、消滅する債務の額100が売上高となります（債権者は100の仕入高が発生します）。

（2） 時価との差額につき、債務者が金銭を収受するケース

100の借入金の返済にあたり、債権者に時価120の資産を引き渡し、現金20を収受した場合には、消滅する債務の額100と別途収受した金額20の合計額である120が売上高となります（債権者は120の仕入高が発生します）。

（3） 時価との差額につき、債務者が金銭を支払うケース

100の借入金の返済にあたり、債権者に時価80の課税資産を引き渡し、現金で20を返済した場合には、消滅する債務の額80（100−20）が売上高となります（債権者は80の仕入高が発生します）。

参考 保証債務等の履行（消基通5−2−2）

消費税の課税対象取引に該当するかどうかの判断にあたっては、その原因は問わないこととされています。よって、保証債務を履行するための資産の譲渡や競売などの強制換価手続きに

伴う資産の処分も課税の対象となりますので、借金の担保とされていた土地付建物が換価処分された場合でも、土地の対価は非課税売上高、建物の対価は課税売上高として申告が必要となります。

2◆負担付き贈与

借金の肩代わりを条件として資産を贈与するような行為を「負担付き贈与」といいますが、これは相手に負担させる金銭等の額が、実質的に贈与した資産の売却代金に相当するものであり、資産の譲渡等に含めることとされています（消令2①二）。

この場合の売上（仕入）金額は、その負担付き贈与に係る受贈者の負担の価額に相当する金額となります（消令45②一）。

計算例

（1） 金銭の授受がないケース

100の借入金の肩代わりを条件として、時価100の資産を贈与した場合には、贈与者は相手方に負担させる借入金の額100が売上高となります（受贈者は100の仕入高が発生します）。

（2） 時価との差額につき、贈与者が金銭を収受するケース

100の借入金の肩代わりを条件として、時価120の資産を贈与し、時価と借入金の差額20を現金で収受した場合には、贈与者は相手方に負担させる借入金の額100と金銭20との合計額である120が売上高となります（受贈者は120の仕入高が発生します）。

（3） 時価との差額につき、贈与者が金銭を支払うケース

100の借入金の肩代わりを条件として、時価80の資産を贈与し、現金20を支払う場合には、贈与者が相手に負担させる借入金の額は実質80（100－20）であり、これが売上高となります（受贈者は80の仕入高が発生します）。

3◆現物出資

新設された法人の株式等を取得するために、金銭の出資に代えて土地や建物などの資産を現物で出資する行為を「現物出資」といいますが、これは新設された法人に資産を売却し、その売却代金で株式等を購入することと実態は何ら変らないことから資産の譲渡等に含めることとされています（消令2①二）。

この場合の売上（仕入）金額は、出資により取得する株式等の取得時の時価となります（消令45②三、消基通11－4－1）。

計算例

土地（時価1,000）及び建物（時価500）を出資して会社を設立した場合には、株式の発行時の時価1,500が出資（譲渡）した土地と建物の対価となります。

$$1,500 \times \frac{1,000}{1,000+500} = 1,000 \cdots 土地の譲渡（購入）対価$$

$$1,500 \times \frac{500}{1,000+500} = 500 \cdots 建物の譲渡（購入）対価$$

参考 事後設立

金銭出資により新設された法人の株式を取得した後に、資産を譲渡して出資金銭を回収するような法人の設立形態を「事後設立」といいますが、この事後設立による資産の譲渡は現物出資とは異なるものです。したがって、事後設立の場合には、出資した金銭の額ではなく、現実の資産の売買金額が譲渡（購入）対価となることに注意する必要があります（消基通5－1－6、11－4－1（注））。

計算例

金銭を出資し、新設された法人の株式を取得した後に、契約に基づき出資者に対して土地付建物を1,000で譲渡した場合には、現実の譲渡対価である1,000が土地と建物の譲渡対価となります。

このケースで、対価の内訳が区分されていない場合には、出資者は、時価の比率などにより譲渡対価を按分し、建物の譲渡対価を課税売上高、土地の譲渡対価を非課税売上高として処理します（計算方法は **1** を参照）。

8 対価未確定

課税期間末日において、売上高（仕入高）が未確定の場合には、期末の現況により適正に見積計上することとされています。

なお、翌期以降において対価の額が確定した場合には、その確定した期の売上高（仕入高）に差額を加減算することとされていますので、前期以前にさかのぼって修正申告や更正の請求をする必要はありません（消基通10－1－20、11－4－5）。

9 みなし譲渡

消費税は、原則として有償取引のみを課税の対象とすることから、無償による取引は課税の対象とはなりません。

ただし、無償取引であっても次の①と②の取引についてだけは例外的に課税の対象に組み込むこととされており、この取扱いを消費税法基本通達では「みなし譲渡」と命名しています。

① 個人事業者の棚卸資産又は事業供用資産の家事消費又は家事使用
　　↓
　　生計を一にする親族が含まれます（消基通5－3－1）
② 法人の役員に対する資産の贈与

　この場合の売上金額は次により計算することとされています（消法4⑤、28③、消基通10－1－18）。

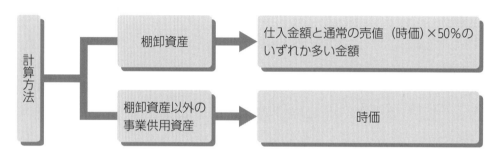

| 計算方法 | 棚卸資産 | → | 仕入金額と通常の売値（時価）×50％のいずれか多い金額 |
| 棚卸資産以外の事業供用資産 | → | 時価 |

　なお、みなし譲渡の規定は、居住用賃貸建物についても適用されることとなりますのでご注意ください（居住用賃貸建物に対する仕入税額控除の制限については第1章Ⅲをご参照ください）。

　みなし譲渡の規定を杓子定規に捉えると、個人の不動産賃貸業者が賃貸物件に無償で親族を入居させた場合には、物件の時価を基準に土地の売上高と建物の売上高を計上して申告しなければいけないことになりそうです。たとえわずかでも賃料を収受していたら「みなし課税」はないのに対し、無償による使用についてだけみなし課税されるということに、どうしても違和感を感じてしまいます。
　ところで、消費税法基本通達5－3－2では、個人事業者が事業用の自動車を家事のためにも利用する場合のように、事業転用部分が明確に区分できない場合にはみなし譲渡の対象とはならないこととしています。しかし、賃貸物件は床面積割合により家事使用の部分を明確に区分することができますので、本通達を適用してみなし課税の適用除外とすることはできないように思われます。

10　低額譲渡

　消費税では原則として時価による認定は行わず、実際の譲渡対価を基に税額計算を行うこととしていますが、法人の役員に対する資産の譲渡についてだけは、例外的に次のように取り扱うこととなっています（消法28①、消基通10－1－2）。

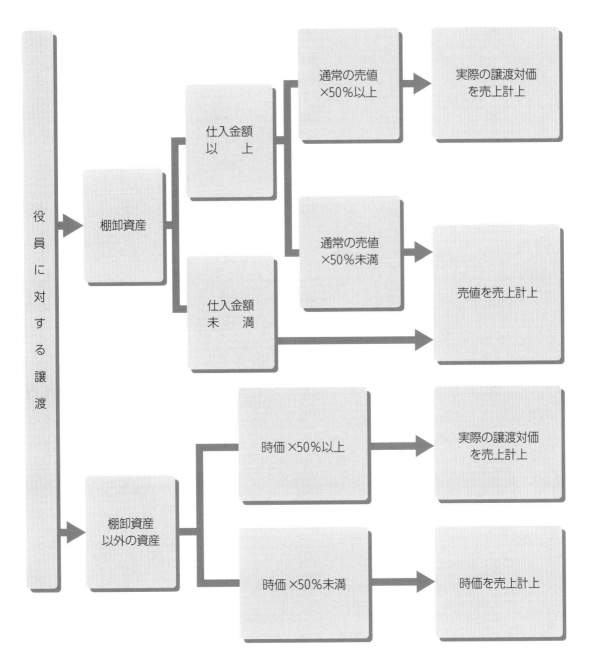

(注)　時価の50%未満の価額による譲渡であっても、役員及び使用人の全部につき、一律に又は勤続年数等に
　　　応ずる合理的な値引率に基づくものであれば、低額譲渡には該当しない。

　実務における取扱いですが、上記のように、役員に対する資産の譲渡対価が時価の50%未満
でない限り、消費税において時価課税されることはありません。たとえば、時価100万円の土
地を役員に60万円で譲渡した場合には、消費税の計算では60万円が譲渡対価（非課税売上高）
となります。

　しかし、法人税の世界では、時価と譲渡対価の差額40万円が役員給与と認定され、損金にな
らないと同時に源泉税が徴収されることになるのです。では、従業員や取引先の役員であった

らどうか…ということですが、従業員に資産を贈与した場合には時価が給与課税され、源泉税の徴収義務が発生することになります。低額譲渡であれば時価と譲渡対価の差額が給与課税の対象となります。また、取引先の役員に対する資産の贈与であれば、時価が交際費として認定されることになるでしょう。

　実務の現場では、消費税だけでなく、所得税や法人税のことも念頭に置いたうえで税務判断をする必要があるということです。

　なお、役員に対する資産の無償貸付けや無償による役務の提供は、みなし譲渡や低額譲渡の対象とはなりません（消基通5−3−5）。

Ⅳ 譲渡所得と経理方式

　個人事業者の譲渡所得の計算は、その資産を業務の用に供していた所得（不動産所得、事業所得、山林所得、雑所得）の計算で採用した経理方式と同一の方式によることとされています（消費税法等の施行に伴う所得税の取扱いについて2（注）2）。

　したがって、税抜経理を採用している不動産賃貸業を営む個人事業者が賃貸物件を譲渡した場合には、税抜きの収入金額及び必要経費（譲渡費用）を基に譲渡所得金額の計算をすることになります。

　また、取得費の計算については、「譲渡収入×5％」を取得費とする特例計算が認められています（措法31の4）が、この場合の譲渡収入についても、税込経理の場合には「税込収入金額×5％」、税抜経理の場合には「税抜収入金額×5％」で計算することになります（消費税法等の施行に伴う所得税の取扱いについて12）。

計算例

> 　事業用の土地建物を、土地70,000、建物33,000（うち消費税等3,000）で売却し、仲介手数料3,300（うち消費税等300）を支払った場合の譲渡所得の計算は次のようになります。
>
> 　なお、不動産所得の計算においては税抜経理方式を採用しており、譲渡に係る取得費の計算については5％概算控除によることとします（単位：省略）。

（1）土地の譲渡所得金額

① 収入金額　70,000

② 取得費　①×5％＝3,500

③ 譲渡費用

$$3,000 \times \frac{70,000}{70,000+30,000} = 2,100$$

④ 譲渡所得金額

①−②−③＝64,400

（2）建物の譲渡所得金額

① 収入金額　30,000

② 取得費　①×5％＝1,500

③ 譲渡費用

$$3,000 \times \frac{30,000}{70,000+30,000} = 900$$

④ 譲渡所得金額

①－②－③＝27,600

※この譲渡により発生した仮受消費税等3,000と仮払消費税等300は、不動産所得の計算に織り込んで精算（償却）することになります。

Ⅴ　たまたま土地を譲渡した場合の課税売上割合に準ずる割合の活用

1　課税売上割合に準ずる割合とは？

　個別対応方式で仕入れにかかる消費税額を計算する際に、共通対応分の税額を計算する場合には、税務署長の承認を受けることにより、課税売上割合以外の合理的な割合（課税売上割合に準ずる割合）を採用することが認められています（消法30③）。

> 消基通11－5－7（課税売上割合に準ずる割合）
> 　課税売上割合に準ずる割合とは、使用人の数又は従事日数の割合、消費又は使用する資産の価額、使用数量、使用面積の割合その他課税資産の譲渡等とその他の資産の譲渡等に共通して要するものの性質に応ずる合理的な基準により算出した割合をいう。

　具体的には、申請書の提出日の属する課税期間からその翌課税期間開始の日以後1か月以内に承認が下りた場合には、その申請日の属する課税期間から課税売上割合に準ずる割合を適用することができます（消令47⑥）。

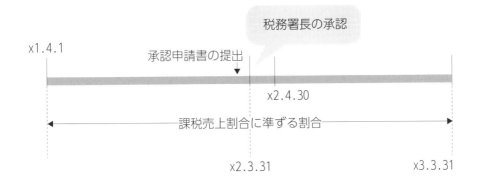

なお、課税売上割合に準ずる割合は、個別対応方式により共通対応分の税額を計算する場合に適用するものですから、たとえ承認申請を受けていたとしても、一括比例配分方式により仕入税額を計算する場合には、課税売上割合しか使えないことに注意してください。

　また、課税売上割合に準ずる割合の承認を受けているかどうかに関係なく、95％ルールによる仕入税額控除（全額控除方式）の取扱いは、課税売上割合により判定することとなります（消基通11－5－9）。

　この課税売上割合に準ずる割合は、事業の種類の異なるごと、費用の種類の異なるごと、事業場の単位ごとにバラバラに適用することができます。

　また、本来の課税売上割合の計算方法を課税売上割合に準ずる割合として申請することにより、事実上、課税売上割合との併用も認められています（消基通11－5－8）。

　この課税売上割合に準ずる割合の適用承認を受けている事業者は実際には少ないようですが、節税対策として今後活用していくべき規定であると考えられます。

　また、いったん承認を受けた課税売上割合に準ずる割合の適用をやめる場合には、「課税売上割合に準ずる割合の不適用届出書」を提出すれば、その提出日の属する課税期間から原則的な計算によることができます。

（注）　課税売上割合に準ずる割合の承認申請については、一定の日までに承認又は却下の処分がなかった場合における「みなし承認制度」は採用されていませんのでご注意ください。

■申請書（届出書）の提出時期

　課税売上割合に準ずる割合は、承認を受けた課税期間から適用することができます。また、「課税売上割合に準ずる割合の不適用届出書」を提出することにより、その提出日の属する課税期間から課税売上割合に準ずる割合の効力は失効することになります。

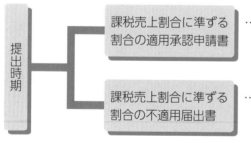

提出時期	課税売上割合に準ずる割合の適用承認申請書	…その承認を受けようとする課税期間中に提出して承認を受けます（申告期限ではありません）
	課税売上割合に準ずる割合の不適用届出書	…提出日の属する課税期間から効力が失効し、本来の課税売上割合による計算となります

消 費 税 課 税 売 上 割 合 に
準 ず る 割 合 の 適 用 承 認 申 請 書

収受印			
令和　　年　　月　　日	申請者	（フリガナ）	
		納　税　地	（〒　　　－　　　　） （電話番号　　　　－　　　－　　　　）
		（フリガナ）	
		氏 名 又 は 名 称 及 び 代 表 者 氏 名	
＿＿＿＿税務署長殿		法 人 番 号	※ 個人の方は個人番号の記載は不要です。

　下記のとおり、消費税法第30条第3項第2号に規定する課税売上割合に準ずる割合の適用の承認を受けたいので、申請します。

適 用 開 始 課 税 期 間	自　令和　　　年　　　月　　　日　至　令和　　　年　　　月　　　日		
採 用 し よ う と す る 計 算 方 法			
そ の 計 算 方 法 が 合 理 的 で あ る 理 由			
本 来 の 課 税 売 上 割 合	課税資産の譲渡等の 対価の額の合計額　　　　　　　円 資産の譲渡等の 対価の額の合計額　　　　　　　円	左記の割合 の算出期間	自　平成 　　令和　　年　月　日 至　平成 　　令和　　年　月　日
参 考 事 項			
税 理 士 署 名	（電話番号　　　　－　　　－　　　　）		

※ 上記の計算方法につき消費税法第30条第3項第2号の規定により承認します。

＿＿＿＿第＿＿＿＿号

令和＿＿年＿＿月＿＿日　　　　　　　　　　　税務署長＿＿＿＿＿印

※税務署処理欄	整理番号		部門 番号		適用開始年月日	年　月　日	番号 確認	
	申請年月日	年　月　日	入力処理	年　月　日	台帳整理	年　月　日		
	通 信 日 付 印 　年　月　日	確認						

注意　1．この申請書は、裏面の記載要領等に留意の上、2通提出してください。
　　　2．※印欄は、記載しないでください。

消 費 税 課 税 売 上 割 合 に 準 ず る 割 合 の 不 適 用 届 出 書

収受印				
令和　　年　月　日	届出者	（フリガナ）		
		納　税　地	（〒　　－　　　）	
			（電話番号　　　　－　　　－　　　）	
		（フリガナ）		
＿＿＿＿＿税務署長殿		氏 名 又 は 名 称 及 び 代 表 者 氏 名		
		法 人 番 号	※ 個人の方は個人番号の記載は不要です。	

　　下記のとおり、課税売上割合に準ずる割合の適用をやめたいので、消費税法第30条第3項の規定により届出します。

承 認 を 受 け て い る 計 算 方 法	
承 認 年 月 日	平成　　　　年　　　　月　　　　日 令和
こ の 届 出 の 適 用 開 始 日	平成　　　　年　　　　月　　　　日 令和
参 考 事 項	
税 理 士 署 名	（電話番号　　　　－　　　－　　　）

※税務署処理欄	整理番号		部門番号		番号確認		通 信 日 付 印 　　　年　　月　　日	確認
	届出年月日	年　　月　　日	入力処理	年　　月　　日	台帳整理	年　　月　　日		

注意　1．裏面の記載要領等に留意の上、記載してください。
　　　2．税務署処理欄は、記載しないでください。

計算例

物品販売業と不動産賃貸業（賃貸物件はすべて居住用の貸室である）を営んでいる事業者について考えてみましょう。

(1) 収入

① 商品売上高（税抜） 40,000

② 家賃収入 60,000

100,000

(2) 支出（税率10%：税込）

① 商品仕入高、運送費など課税売上対応の課税仕入高 22,000

② 水道光熱費など共通対応の課税仕入高 11,000

③ 貸家の修繕費など非課税売上対応の課税仕入高 5,500

38,500

※円単位は省略表示しています

■課税売上割合に準ずる割合の承認を受けない場合

(1) 課税売上割合

$$\frac{40,000}{40,000+60,000}=40\%$$

(2) 個別対応方式

$$22,000\times\frac{7.8}{110}+11,000\times\frac{7.8}{110}\times40\%=1,872$$

(3) 一括比例配分方式

$$38,500\times\frac{7.8}{110}\times40\%=1,092$$

(4) (2) > (3) ∴1,872

■販売部門の従業員が9人、不動産賃貸部門の従業員が1人で、課税売上割合に準ずる割合として、従業員の割合を採用することにつき、承認を受けた場合

(1) 個別対応方式

$$22,000\times\frac{7.8}{110}+11,000\times\frac{7.8}{110}\times\frac{9}{9+1}=2,262$$

(2) 一括比例配分方式

$$38,500\times\frac{7.8}{110}\times40\%=1,092$$

(3) (1) > (2) ∴2,262

2 たまたま土地の譲渡があった場合

　不動産業や医療業、金融業などの場合には、主たる売上げに非課税のものがあるので課税売上割合は常に95％未満となり、課税仕入れ等の税額について、個別対応方式か一括比例配分方式によるあん分計算が必要となります。

　しかし、課税資産の販売業などの場合には、受取利息、社宅使用料収入、有価証券売却収入などの非課税売上げがあったとしても一般的にその額は僅少であり、結果、課税仕入れ等の税額のほぼ全額が控除対象となるケースがほとんどです。

　このような事業者が、たまたま土地を売却したことにより課税売上割合が95％未満となったような場合には、たまたま土地を売却したことにより、共通対応分の課税仕入れ等の税額について大幅に仕入税額控除が制限されてしまい、事業の実態を反映しないこととなってしまいます。

　個別対応方式を適用する場合、課税仕入れ等の税額は次のいずれかに区分することになります。

① 　課税売上対応分

② 　共通対応分

③ 　非課税売上対応分

　この場合、②の共通対応分とは、言葉のとおり課税売上げと非課税売上げのどちらにも関係している課税仕入れのほか、売上げと明確な対応関係のないもの、たとえば贈与、寄付などをした課税資産の仕入れなどもこれに該当することになります。

　課税資産の販売業であっても、福利厚生費や事務用品費、水道光熱費などの一般管理費は課税売上げと明確な対応関係はなく、言い換えれば受取利息などの非課税売上げにも多少なりとも関係しています。つまり、課税仕入れの用途区分をする場合には、これらの費用は、共通対応分に区分されることになるわけです。

　共通対応分に区分された場合、当然のことながら課税売上割合を乗じた分だけしか税額控除はできないことになり、たまたま土地の譲渡などがあった場合には、土地の売上げにまったく関係していない費用についてまで、結果として税額控除がカットされることになってしまいます。

　そこで、たまたま土地の譲渡があったことにより課税売上割合が95％未満となるような場合には、課税売上割合に準ずる割合の承認申請をすることにより、合理的な割合により共通対応分の消費税額を計算することが認められています（仕入控除税額の計算方法等に関するQ＆A【基本的な考え方編】（問30））。

（注）　有価証券を譲渡した場合には、譲渡対価の全額ではなく、5％だけを非課税売上高に計上すればよいこととされています（消令48⑤）。

　　　こういった理由から、有価証券の譲渡については、「たまたま土地の譲渡があった場合の課税売上割合に準ずる割合の承認」と同様の方法で承認を受けることはできません（仕入控除税額の計算方法等に関するQ＆A【基本的な考え方編】（問31）の（答）の3）。

1 ◆要件

次の①～③の要件をすべて満たす場合に限り、承認申請が認められています。

① 土地の譲渡が単発のものであること

② その土地の譲渡がなかったとした場合に、事業者の営業の実態に変動がないと認められること

③ 過去3年間で最も高い課税売上割合と最も低い課税売上割合の差が5％以内であること

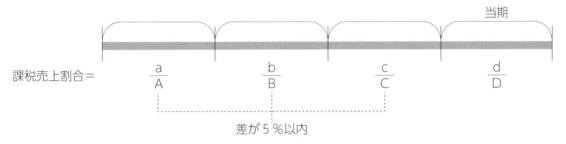

2 ◆計算方法

次の①又は②の割合のうち、いずれか低い割合により課税売上割合に準ずる割合の承認を受け、仕入れにかかる消費税額の計算を行うことができます。

① 土地の譲渡があった課税期間の前3年に含まれる課税期間の通算課税売上割合

② 土地の譲渡があった課税期間の前課税期間の課税売上割合

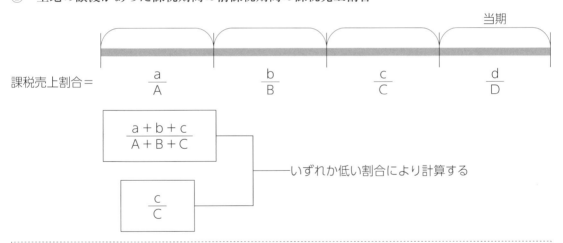

土地の譲渡がたまたま（偶発的に）発生したものでない場合には、この方法により承認を受けることは認められません。ただし、事業計画の変更などに伴い、土地を断続的に売却処分している場合などは、課税売上割合をそのまま適用すると、本来業務における事業内容等の実態が仕入控除税額の計算に反映されないこととなってしまいます。このような場合には、土地を整理売却する事業と本来の事業を部門別に区分して管理することにより、それぞれの部門ごとの課税売上割合を課税売上割合に準ずる割合として申請することを検討すべきです（仕入控除税額の計算方法等に関するQ＆A【基本的な考え方編】（問31））。

A社は電化製品の販売業を営んでいますが、当課税期間中に土地を売却したことにより、課税売上割合が95％未満になることが予想されました。そこで、次の①又は②の割合のいずれか低い割合により課税売上割合に準ずる割合の承認を受け、仕入税額を計算することとしています。

① 当課税期間前3年に含まれる課税期間の通算課税売上割合

② 前課税期間の課税売上割合

［営業状況］

（1）　当期の売上高（収入）の内訳は次のとおりです。

① 課税売上高（税抜）　　　　500,000

② 非課税売上高　　　　　　　500,000

（2）　当期の課税仕入高の内訳は次のとおりです(10％：税込)

① 課税売上対応分　　　330,000

② 共通対応分　　　　　110,000

③ 非課税売上対応分　　 22,000

（3）　前期以前の売上高は次のとおりです。

	前期	前々期	前々期の前期
課税売上高（税抜）	495,000	490,000	485,000
非課税売上高	5,000	10,000	15,000

※円単位は省略表示しています

（1）　当課税期間の課税売上割合

$$\frac{500,000}{500,000+500,000}=50\%$$

（2）　前期以前の各課税期間における課税売上割合

前期　$\dfrac{495,000}{495,000+5,000}=99\%$

前々期　$\dfrac{490,000}{490,000+10,000}=98\%$

前々期の前期　$\dfrac{485,000}{485,000+15,000}=97\%$　　　　$99\%-97\%=2\%\leqq 5\%$

（3）　課税売上割合に準ずる割合

前期の課税売上割合
⇩

$$\frac{495,000+490,000+485,000}{(495,000+5,000)+(490,000+10,000)+(485,000+15,000)}=98\%<99\%$$

$$\therefore 98\%$$

（4） 課税仕入れ等の税額

　　330,000＋110,000＋22,000＝462,000

　　$462,000 \times \dfrac{7.8}{110} = 32,760$

（5） 個別対応方式

　　$330,000 \times \dfrac{7.8}{110} + 110,000 \times \dfrac{7.8}{110} \times 98\% = 31,044$

（6） 一括比例配分方式

　　32,760×50％＝16,380

（7） （5）＞（6）　∴31,044

※課税売上割合に準ずる割合の承認を受けない場合の仕入控除税額の計算は、次のようになります。

（1） 課税仕入れ等の税額

　　330,000＋110,000＋22,000＝462,000

　　$462,000 \times \dfrac{7.8}{110} = 32,760$

（2） 個別対応方式

　　$330,000 \times \dfrac{7.8}{110} + 110,000 \times \dfrac{7.8}{110} \times 50\% = 27,300$

（3） 一括比例配分方式

　　32,760×50％＝16,380

（4） （2）＞（3）　∴27,300

参考　非課税売上高が預金利子しかない場合の課税仕入れ等の用途区分

　平成23年度改正によって、95％ルールによる課税仕入れ等の税額の全額控除制度は、その課税期間中の課税売上高が5億円以下の事業者に限り適用することとされました。本改正により、個別対応方式の重要性がにわかにクローズアップされることとなったわけですが、当時、「非課税売上高が預金利子しかない場合には、預金利子に対応する課税仕入れはないことから、課税仕入れ等の税額についてはその全額が控除できる」という怪情報(？)が乱れ飛んだ時期がありました。

　これを受け、国税庁消費税室は、次のようなQ＆Aを公表し、たとえ非課税売上高が預金利子しかない場合であっても、課税売上高と明確な対応関係がない限り、一般管理費などは共通対応分に区分する必要があることを指導しています。

【個別対応方式における用途区分（預金利子がある場合の用途区分）】

（問19）

　非課税資産の譲渡等については預金利子しかなく、この預金利子を得るためにのみ必要
となる課税仕入れ等はありません。このような場合は、その課税期間における課税仕入れ
等の全てを課税売上対応分として区分できますか。

（答）

　課税売上対応分として特定されない事務費等の課税仕入れ等については、共通対応分として
区分することとなります。

　個別対応方式により仕入控除税額を計算する場合には、その課税期間中において行った個々
の課税仕入れ等について、必ず、課税売上対応分、非課税売上対応分及び共通対応分に区分す
る必要があり、この用途区分は、原則として課税仕入れ等を行った日の状況により、個々の課
税仕入れ等ごとに行う必要があります（基通11－2－18、基通11－2－20）。

　預金利子を得るためにのみ必要となる課税仕入れ等はないとのことですが、消費税が非課税
となる預金利子が事業者の事業活動に伴い発生し、事業者に帰属するものであることからして
も、たとえば、総務、経理部門等における事務費など、課税売上対応分として特定されない課
税仕入れ等については、共通対応分として区分することとなります。

※「95％ルール」の適用要件の見直しを踏まえた仕入控除税額の計算方法等に関するQ&A〔Ⅰ〕【基本的な
　考え方編】─平成23年6月の消費税法の一部改正関係（平成24年3月国税庁消費税室）より抜粋

Ⅵ　その他の不動産関連取引

▌1 ◆共有地の分割

　昭和42年8月25日の最高裁判決では、共有地を持分に応じて分割し、それぞれの単独所有の
土地としたときは、その共有地の分割は、一般的に共有持分の交換による譲渡であるとする判
示が下されています。しかし、資産は本来単独で所有すべきものであり、資産の共有関係とい
うのは、将来的には持分に応じた分割が行われることを前提に、一時的に共有状態にあるもの
と考えることができます。こういった理由から、法人税では、共有持分による分割は資産の譲
渡に該当しないこととしているのです（法基通2－1－19）。

　よって、基本通達などに明文規定はないものの、消費税においても共有土地の持分に応じた
分割は、資産の譲渡に該当しないもの(課税対象外取引)として取り扱って問題ないものと思わ
れます。

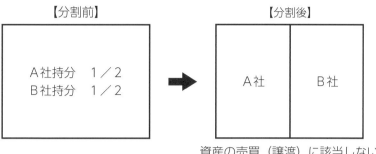

【分割前】　　　　　　　　　　【分割後】

A社持分　1／2　　　　　A社　　B社
B社持分　1／2

資産の売買（譲渡）に該当しない

2 ◆ 道路の付替え

　使い勝手の悪い公道の利便性を高めるため、自己所有の土地の一部に公道を建設し、この建設した公道（構築物）とその敷地を既存の公道と交換した場合には、法人税法上、その交換による土地の譲渡はなかったものとして取り扱うこととされています（法基通2-1-21）。

　消費税法基本通達には、法人税基本通達のような規定は設けられていないのですが、道路の付替えのための土地の交換については、単に道路の位置を変更して土地の利用のための利便性を高めただけであり、資産の譲渡に該当しないもの(課税対象外取引)として取り扱って問題ないものと思われます。

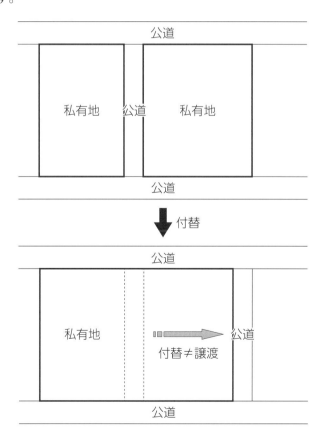

公道

私有地　公道　私有地

公道

↓ 付替

公道

私有地　　　　　公道
　　　　　付替≠譲渡

公道

第4章 承継

　相続により被相続人の資産を相続人に移転させる行為は、被相続人から相続人への資産の譲渡ではなく、包括承継として消費税の課税の対象とはなりません。

　合併や会社分割による資産の移転も包括承継に該当しますので、被合併法人から合併法人、分割法人から分割承継法人への資産の移転も課税対象外取引となります。

　ただし、営業譲渡や現物出資、事後設立による資産の移転は現実の資産の譲渡であり、消費税の課税対象取引となることに注意する必要があります。

形態		取扱い
相続による事業承継		課税対象外取引 ※被相続人、被合併法人、分割法人は売上高を認識する必要はない。また、相続人、合併法人、分割承継法人は、引継資産について、仕入税額控除の対象とすることはできない。
合併による事業承継		
会社分割	新設分割・吸収分割による事業承継	
	現物出資による法人の設立	課税対象取引 ※資産の譲渡者は売上高を認識するとともに、譲受者は課税取引について、課税仕入高を認識することができる。
	事後設立による法人の設立	
営業譲渡		
法人成り		

　相続や合併、会社分割があった場合には、納税義務判定の特例制度や特例選択届出書の効力に関する特別な取扱いなどがありますので、不動産の売買や承継を伴う場合には、ことさらに注意する必要があります。

　本章では、事業承継に伴う不動産の移転について、実務上の留意点を確認します。納税義務の判定と特例選択届出書の効力については第3部をご参照ください。

Ⅰ　相続・合併・分割による不動産の承継

　相続、合併、会社分割により資産を移転させる行為は、資産の譲渡ではなく、包括承継として消費税の課税の対象とはなりません。ただし、被相続人や被合併法人、分割法人から引き継ぎを受けた棚卸資産や調整対象固定資産について、相続人や合併法人、分割承継法人のサイドで税額調整が必要となるケースがありますので注意が必要です。

1　棚卸資産の税額調整

　相続、合併、吸収分割があった場合の販売用不動産（棚卸資産）の取扱いは次のようになります。なお、棚卸資産の税額調整については第1章Ⅳ **1** をご参照ください。

1 ◆ 相続人が年の中途から課税事業者になる場合の取扱い

　相続による事業承継があった場合には、相続人の基準期間における課税売上高が1,000万円以下であっても、被相続人の基準期間における課税売上高が1,000万円を超える場合には、相続人は、相続のあった日の翌日から年末までの期間について課税事業者となります(消法10①)。この場合において、相続人が保有する棚卸資産と被相続人から承継する棚卸資産については次の表のように取り扱うことになります。

(注)　相続、合併、分割があった場合の納税義務の免除の特例については第3部の第3章をご参照ください。

情況	取扱い
相続人が保有していた棚卸資産	●相続人が保有していた棚卸資産は、相続人が免税期間中に仕入れたものであり、仕入税額控除の対象とはならない。 ●よって、課税事業者となる日の前日に保有する棚卸資産については、免税事業者が課税事業者となった場合の税額調整の規定を適用することができる（消法36①かっこ書）。 (注) 合併や吸収分割があった場合の納税義務の免除の特例規定により、合併法人や分割承継法人が事業年度の中途から課税事業者になる場合においても、課税事業者となった日の前日において保有する棚卸資産について、税額調整をすることができる。
被相続人から承継した棚卸資産	●課税事業者である被相続人から承継した棚卸資産については、被相続人の申告において既に仕入税額控除の対象としているものであり、棚卸資産に係る税額調整の規定は適用できない。 (注) 課税事業者である被合併法人や分割法人から承継した棚卸資産についても、被合併法人や分割法人の申告において既に仕入税額控除の対象としているものであり、棚卸資産に係る税額調整の規定を適用することはできない。

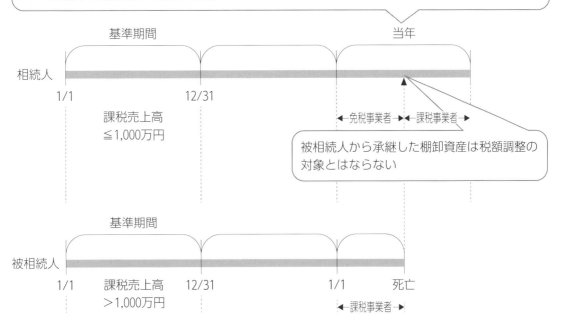

2◆相続人が課税事業者で、被相続人が免税事業者の場合の取扱い

　相続による事業承継の際に、相続人の基準期間における課税売上高が1,000万円を超えている場合には、被相続人の実績に関係なく、相続人は年初から課税事業者となります。この場合において、被相続人から引き継ぎを受けた棚卸資産のうち、被相続人が免税期間中に仕入れたものは、仕入税額控除の対象としたものではありません。これを課税事業者である相続人が販売した場合には、その売上げについてだけ消費税が課税されることとなります。

　そこで、免税事業者である被相続人から引き継ぎを受けた棚卸資産については、相続人サイドで税額調整の規定を適用することとしています（消法36③）。

（注）　合併や分割により、免税事業者である被合併法人や分割法人から承継した棚卸資産についても、合併法人や分割承継法人サイドで税額調整をすることができます。

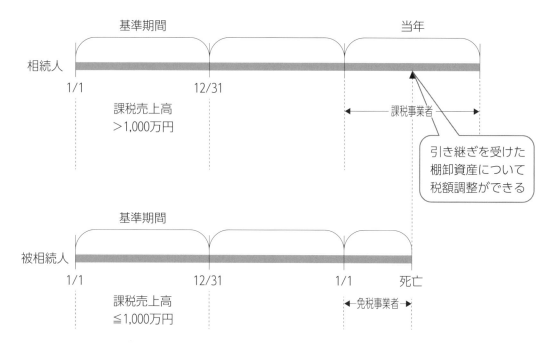

2　調整対象固定資産に関する税額調整

　被相続人や被合併法人、分割法人が取得した調整対象固定資産であっても、適用要件を満たす限りは、相続人や合併法人、分割承継法人の申告において調整対象固定資産に関する税額調整の規定は適用されます（消法33①かっこ書、34①かっこ書、35①かっこ書）。

　この場合において、適用判定や調整税額の計算に用いる通算課税売上割合の計算は、被相続人や被合併法人、分割法人の仕入れ等の課税期間から、相続人や合併法人、分割承継法人の第3年度の課税期間までの売上高を通算して計算することになります。

（注）　調整対象固定資産に関する税額調整については第2章Ⅵをご参照ください。

計算例1　相続があった場合の通算課税売上割合の計算

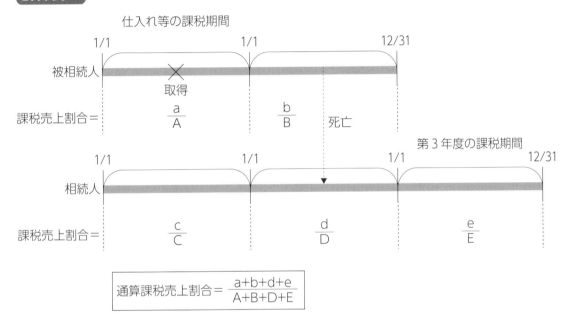

計算例2 合併があった場合の通算課税売上割合の計算（その1）

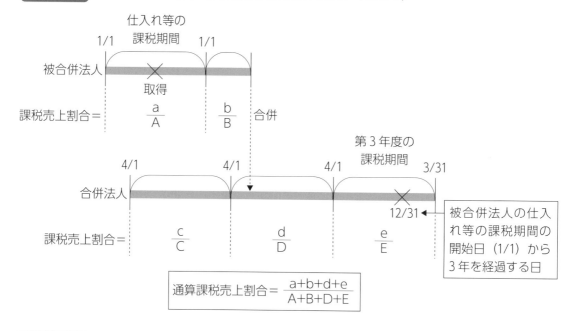

$$通算課税売上割合 = \frac{a+b+d+e}{A+B+D+E}$$

計算例3 合併があった場合の通算課税売上割合の計算（その2）

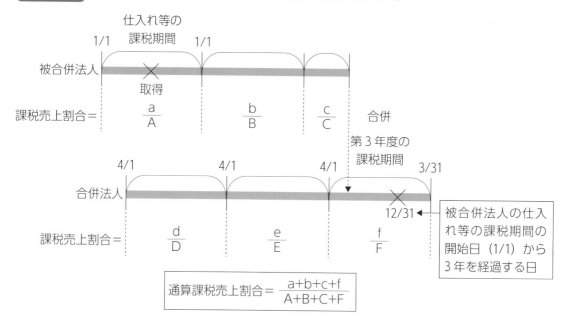

$$通算課税売上割合 = \frac{a+b+c+f}{A+B+C+F}$$

Ⅱ 現物出資・事後設立による会社分割

1 現物出資

　新設された法人の株式等を取得するために、金銭の出資に代えて土地や建物などの資産を現物で出資する行為を「現物出資」といいますが、これは新設された法人に資産を売却し、その売却代金で株式等を購入することと実態は何ら変らないことから資産の譲渡等に含めることとされています（消令2①二）。

　この場合の売上（仕入）金額は、<u>出資により取得する株式等の取得時の時価</u>となります（消令45②三、消基通11-4-1）。

計算例

　土地（時価1,000）及び建物（時価500）を出資して会社を設立した場合には、株式の発行時の時価1,500が出資（譲渡）した土地と建物の対価となります。

$$1,500 \times \frac{1,000}{1,000+500} = 1,000 \cdots 土地の譲渡（購入）対価$$

$$1,500 \times \frac{500}{1,000+500} = 500 \cdots 建物の譲渡（購入）対価$$

2 事後設立

　金銭出資により新設された法人の株式を取得した後に、資産を譲渡して出資金銭を回収するような法人の設立形態を「事後設立」といいますが、この事後設立による資産の譲渡は現物出資とは異なるものです。したがって、事後設立の場合には、出資した金銭の額ではなく、現実の資産の売買金額が譲渡（購入）対価となることに注意する必要があります（消基通5-1-6、11-4-1（注））。

計算例

　金銭を出資し、新設された法人の株式を取得した後に、契約に基づき新設された法人に対して土地付建物を1,000で譲渡した場合には、現実の譲渡対価である1,000が土地と建物の譲渡対価となります。

　この場合において、対価の内訳が区分されていない場合には、出資者は、時価の比率などにより譲渡対価を按分し、建物の譲渡対価を課税売上高として処理します（消令45③）。

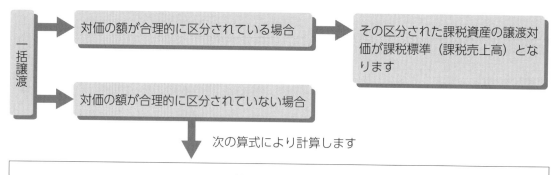

譲渡対価 $\times \dfrac{\text{課税資産の通常の取引価額（時価）}}{\text{課税資産の通常の取引価額（時価）＋非課税資産の通常の取引価額（時価）}}$

＝課税資産の譲渡対価

Ⅲ 営業譲渡

営業の譲渡については、個々の資産ごとに課税の有無を判定するとともに、その譲渡対価を認識することになります。

1 のれん（営業権）が発生する場合

営業の譲渡に伴い、相手先との合意の基、収益力を営業権として認識したうえで譲渡契約を結ぶ場合には、営業権は無形固定資産の譲渡として課税されることになります。

具体例 のれん（営業権）が発生する営業譲渡

店舗を37億円で売却する際に、個々の資産と負債の売買金額は、時価をベースに相手先との合意の基、下記のように定めている。また、売買する資産及び負債の他に、店舗の収益力を営業権として認識したうえで、譲渡契約を結んでいる。

> 資産： 土地 20億円　売掛金 1億円　建物 10億円　商品 3億円
> 　　　　営業権 5億円
> 負債： 買掛金 2億円

資産と共に負債も譲渡する場合には、まずは個々の資産を契約上の金額で譲渡したうえで、その譲渡対価の合計額である39億円（20億円＋1億円＋10億円＋3億円＋5億円）から、相手先に引き継がせる負債（買掛金）の額2億円を支出するものと考えます。

したがって、個々の資産の譲渡対価の算定にあたっては、相手先に引き継がせる負債の額はマイナスしないことに注意してください。

具体的には、土地の譲渡対価20億円は非課税売上高となり、課税売上割合の計算上、分母に計上することになります。また、売掛金は有価証券に該当しますので、その譲渡は非課税となるのですが、資産の譲渡対価として取得した金銭債権を譲渡した場合には、売上の二重計上を防ぐため、課税売上割合の計算には関係させないこととされています（消令48②二）。したがって、売掛金の譲渡対価1億円は、課税売上割合の計算には一切関係させません。

　建物の譲渡対価10億円と商品の譲渡対価3億円はいずれも課税売上高となります。また、営業権についても、互いに譲渡対価を5億円と認識して有償で譲渡するものですから、その譲渡対価5億円は課税売上高となります。

(注) 営業権の譲渡対価5億円は、仕訳上、貸方に「雑収入」として計上することになるものと思われます。

　店舗を譲り受ける事業者は、建物、商品及び営業権の取得は課税仕入れに該当することになります。なお、購入した売掛金は自らの売上計上に伴い取得したものではありませんので、これが貸倒れになったとしても、貸倒れに係る税額控除の規定は適用されませんのでご注意ください（消法39①）。

借方	貸方
土地　　20億円（非課税） 売掛金　1億円（不課税） 建物　　10億円（課税） 商品　　3億円（課税） 営業権　5億円（課税）	現預金　37億円 買掛金　2億円

2　「負ののれん」が発生する場合

　企業の買収や合併時において、買収された企業の純資産が買収価額を上回る場合の差額を「負ののれん」と呼ぶようです。不採算店舗の処分などにより、譲渡時にマイナスの営業権（負ののれん）が発生する場合には、その差額（負ののれん）は資産の売却損益として処理することになります。

具体例　負ののれんが発生する場合の営業譲渡

　課税資産が時価ベースで10億円、負債が3億円で、純資産7億円の企業を5億円で売買した。なお、譲渡した課税資産の帳簿価額は12億円である。

　上記の売買に伴い、純資産7億円と売買価額5億円の差額2億円が「負ののれん」となります。

　「負ののれん」は、売却した課税資産の売買損益として認識することになりますので、譲渡者の仕訳は次のとおりであり、また、この譲渡に係る課税売上高は8億円となります。

借方	貸方
負債　3億円 現金　5億円 売却損　4億円	課税資産　12億円

↓

売却損　2億円
支払手数料　2億円

✕誤った処理

※たとえ「負ののれん」2億円を上記のように支払手数料などの科目で処理したとしても、これを課税仕入高として認識することはできません。

■譲受者の処理

課税資産の取得価額はあくまでも10億円なわけですから、譲受者の仕訳は次のようになります。

借方	貸方
課税資産　8億円　（課税） 課税資産　2億円　（不課税）	負債　3億円 現金　5億円 雑収入　2億円 （又は「差額負債調整勘定」）

帳簿上は課税資産の取得価額は10億円を計上しますが、課税仕入高となるのは8億円だけとなりますのでご注意ください。

雑収入の2億円についてですが、「企業結合に係る会計基準」では、負ののれんについては、一定の要件の下、「負ののれんが生じた事業年度の利益として処理する」こととされてます（会計基準33）。

つまり、会計基準では、負ののれんに限り、償却処理を事実上廃止したということです。
（注）正ののれんは、改正前と同様に20年以内に償却することとされています。

一方、税法上は、正ののれん（資産調整勘定）及び一定の負ののれん（差額負債調整勘定）については5年間で均等に償却し、益金又は損金に算入することが認められています（法法62の8）。

したがって、会計基準と税法上の処理が異なることに注意する必要があります。

また、雑収入2億円は、営業を譲り受ける事業者にあっても、課税売上高に計上する必要はありません。

Ⅳ 法人成り

　個人事業者が法人を設立し、その事業を法人に引き継がせることを法人成りといいます。法人成りをした場合であっても、事業そのものは継続するわけですが、法律上は個人事業を廃業し、新たに法人として事業を開始するものであるから、新設された法人の納税義務の判定にあたっては、個人事業者の時代の課税売上高は考慮する必要はありません（消基通1－4－6（注））。

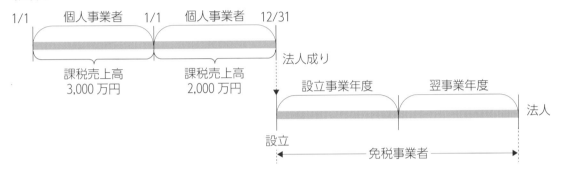

　新設された法人の資本金が1,000万円未満であれば、設立事業年度、翌事業年度ともに基準期間がないので原則として免税事業者となります。ただし、設立第2期の特定期間（設立事業年度の上半期）中の課税売上高と給与等の支払額のいずれもが1,000万円を超える場合、設立第2期の納税義務は免除しないこととされています。

※詳細については第3部の第3章Ⅱをご参照ください。
(注) 個人事業者が廃業した場合には、所轄税務署長に「事業廃止届出書」を提出することが義務付けられています（消法57①三）。

1　法人成りの注意点

　個人事業者が法人成りをする場合、個人時代に事業用として使用していた資産を法人に引き継がせることがあります。この場合、帳簿価額で引き継がせれば譲渡所得税は課税されません。

　しかし、帳簿価額で引き継がせるということは、言い換えれば個人が法人に対し、その資産を簿価で売却するわけですから、その個人事業者が課税事業者の場合には、その売却金額を課税売上高に計上して申告しなければならないのです。

　消費税では、売却損益ではなく売却収入が売上げとして認識されるわけですから、これを失念した場合、売上げの計上洩れにつき、修正申告が必要となるので注意が必要です。

　なお、新設された法人が課税事業者の場合には、引き継ぎを受けた課税資産を仕入控除税額の計算に取り込むことができます。

2 廃業＝みなし課税？

　国税庁のタックスアンサーでは、廃業時に保有する事業用資産については「みなし譲渡」の規定を適用して課税することを明記しています。この取扱いによると、法人成りの時点で個人事業者が保有する事業用資産は、法人が引き継ぐか否かに関係なく、また、有償無償を問わず、課税されることになります。

　この取扱いの根拠法令は一体全体どこにあるのでしょうか…？

　個人事業者が事業を廃止した場合、事業の廃止に伴い事業用資産に該当しなくなった車両等の資産は、事業を廃止した時点で家事のために消費又は使用したものとして、事業として対価を得て当該資産を譲渡したものとみなされ（みなし譲渡）、非課税取引に該当しない限り、消費税の課税対象となります。

　この場合、当該事業を廃止した時の当該資産の通常売買される価額（時価）に相当する金額を、当該事業を廃止した日の属する課税期間の課税標準額に含める必要があります。
（国税庁タックスアンサー（消費税）No.6603「個人事業者が事業を廃止した場合」より抜粋）

　消費税法では、「個人事業者が棚卸資産又は棚卸資産以外の資産で事業の用に供していたものを家事のために消費し、又は使用した場合における当該消費又は使用」を「事業として対価を得て行われた資産の譲渡とみなす」と規定しているのであり、上記のタックスアンサーに書かれているような「廃業＝みなし課税」ということは法令にも通達にもどこにも書かれていないのです。

　事業用資産を廃業前に譲渡した場合には課税され、廃業後に譲渡した場合には課税されないということになると、課税のバランスが悪くなるという意見も確かにあろうかと思います。しかし、店舗のように簡単に処分できないような事業用資産について、廃業という事実を理由にみなし課税することにはどう考えても納得できません。また、医療器具のように換金できないような資産は時価をゼロとして評価すればみなし課税はされないという解釈もできるように思えます。いずれにせよ、法令に裏付けもないようなことをタックスアンサーで運用しようとするのではなく、まずは法令を整備すべきではないでしょうか？
※みなし譲渡については185～186頁をご参照ください。

第5章 市街地再開発事業に伴う不動産取引の取扱い

「市街地再開発事業」とは、都市再開発法に基づき、低層の木造建築物が密集し、生活環境の悪化した市街地を再開発する事業です。細分化された宅地を統合し、共同建築物を建築するとともに公園や緑地、広場、街路灯の公共施設の整備とオープンスペースの確保を一体的・総合的に行い、安全で快適な土地環境を創造しようとするものです。

I 市街地再開発事業の仕組みと種類

1 市街地再開発事業の仕組み

■市街地再開発事業のイメージ

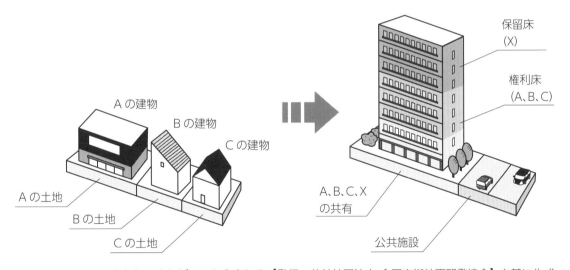

※あなたのまちがここから変わる【発行：公益社団法人 全国市街地再開発協会】を基に作成

上図A、B、Cは、再開発するためのビルの敷地を提供し、もともと所有していた土地・建物の価値に見合う分だけ再開発ビルの権利床（床と土地に関する権利）を受け取ります。

地区外への転出希望者については、所有している土地・建物の価値に見合う分だけの金銭が補償されます。

X（デベロッパー）は、再開発ビルの資金を提供し、その提供した資金に見合う分だけの「保留床」を受け取ります。

※ビルの高層化などにより、「権利床」以上の床ができたことによるその余っている部分を「保留床」といいます。上図であれば、低層階の建物を保有していたA〜Cには、その床面積に見合う「権利床」が与えられ、これを超える高層部分の床（保留床）がデベロッパーであるXに

与えられることになります。

2 　市街地再開発事業の種類

市街地再開発事業には、「第一種市街地再開発事業」と「第二種市街地再開発事業」があり、それぞれの概要は次のとおりです。

種類	第一種市街地再開発事業	第二種市街地再開発事業
方式	権利変換（等価交換）方式	用地買収（管理処分）方式
概要	施行区域内のすべての土地・建物について、工事着手前に現在の資産を再開発ビルの床に一度に変換します。	施行者がいったん施行区域内の土地・建物を買収し、買収した区域から順次工事に着手します。

II　市街地再開発事業に関する消費税の取扱い

1 　第一種市街地再開発事業に関する取扱い

デベロッパーが取得した開発ビルは、その処分方法によりそれぞれ次のように取り扱うことになります。

処分方法	消費税の取扱い	
	デベロッパー	地権者（転出申出者）
① 「権利床」と地権者が所有していた土地建物との等価交換	課税対象外取引となりますので、「権利床」部分を売上計上する必要はありません。	課税対象外取引となりますので、「権利床」部分のうち、建物部分を課税仕入高に計上することはできません。
② デベロッパーによる「保留床」の売却	資産の譲渡に該当し、建物部分は課税売上高、土地部分は非課税売上高となります。	
③ 転出希望者との補償金による精算	地区外への転出申出者に支払う補償金は、地権者としての権利の消滅による対価と認められます。しかし、対価補償金には該当しないことから課税対象外取引となりますので、デベロッパー側では課税仕入れとはなりません（2009.9税務QA31頁より）。	地区外への転出申出者が収受する補償金は、地権者としての権利の消滅による対価と認められます。しかし、対価補償金には該当しないことから課税対象外取引となりますので、転出申出者は補償金を売上計上する必要はありません。

　また、施設構築物の取得や土地の造成費用などのデベロッパーが行う課税仕入れについては、上記「①・③の課税対象外取引」と「②の課税・非課税取引」のすべてに関係するものであり、個別対応方式の適用に当たっては「共通対応分」に区分することになります。

2 第二種市街地再開発事業に関する取扱い

　第二種市街地再開発事業では、施行者がいったん施行区域内の土地・建物を買収してから開発が始まります。よって、転出希望者に補償金が支払われるといったことはありません。

処分方法	消費税の取扱い	
	デベロッパー	地権者（転出申出者）
① 「権利床」と地権者が所有していた土地建物の売買	地権者から取得する建物は課税仕入れに該当し、「権利床」の売却代金のうち、建物部分は課税売上高、土地に関する権利は非課税売上高に計上します。	取得する「権利床」部分のうち、建物部分は課税仕入れに該当します。所有する建物の売却代金は課税売上高、土地の売却代金は非課税売上高となります。
	権利床の売買 → / 建物・敷地の売買 ---- デベロッパー／地権者	
② デベロッパーによる「保留床」の売却	建物部分は課税売上高、土地部分は非課税売上高となります。	―
	保留床（土地・建物）の売却 → デベロッパー／第三者	

　また、施設構築物の取得や土地の造成費用などのデベロッパーが行う課税仕入れについては、売却する施設構築物は課税売上対応分となりますが、デベロッパーが保有して利用する部分はその用途に応じて区分することになります。

　よって、デベロッパーが保有する部分が商業用の賃貸スペースや商業用施設であれば、デベロッパーが行う課税仕入れはその全額を課税売上対応分に区分することができます。

第 3 部

不動産の消費税実務における重要項目の再確認

第1章 特例選択（不適用）届出書の効力

　免税事業者が消費税の還付を受けるためには、期限までに「課税事業者選択届出書」を提出しなければなりません。また、簡易課税適用事業者は、事前に「簡易課税制度選択不適用届出書」を提出し、仕入控除税額の計算方法を本則課税に変更しておかなければ消費税の還付を受けることはできません。

　これらの届出書が期限までに提出できなかった場合には、物件が完成する前であれば、課税期間を短縮して届出書の提出を間に合わせることもできます。

　本章では、消費税の還付請求手続において重要な特例選択（不適用）届出書の実務ポイントについて確認していきます。

I　課税事業者選択（不適用）届出書

1　課税事業者選択届出書

1◆届出書の効力発生時期

　課税事業者を選択する場合には、課税事業者になろうとする課税期間の開始の日の前日までに「課税事業者選択届出書」を納税地の所轄税務署長に提出しなければなりません（消法9④）。

　ただし、事前に提出することが不可能な場合もありますので、次のケースについては、それぞれの課税期間中に提出すれば、その課税期間から課税事業者となることができます（消令20）。

① 　新規に開業（設立）をした日の属する課税期間

② 　個人事業者が、相続により課税事業者を選択していた被相続人の事業を承継した場合の相続があった日の属する課税期間

③ 　法人が、吸収合併により課税事業者を選択していた被合併法人の事業を承継した場合の合併があった日の属する課税期間

④ 　法人が吸収分割により課税事業者を選択していた分割法人の事業を承継した場合の吸収分割があった日の属する課税期間

　提出する届出書は「課税事業者選択届出書」であり、「課税事業者届出書」ではありませんので注意してください。

2◆新規開業とは？

　新規開業の場合には、届出書の提出日の属する課税期間から課税事業者になることができるわけですが、この「新規開業」とは、消費税法施行令20条一号で「事業者が国内において課税資産の譲渡等に係る事業を開始した日の属する課税期間」と規定しています。

　注意してほしいのは、「課税資産の譲渡等に係る事業を開始した日」というのは、「課税資産の譲渡等を開始した日」つまり課税売上げが発生した日を意味するものではないということです。『ＤＨＣコンメンタール』（第一法規出版）によれば、「事業に必要な事務所、店舗等の賃貸借契約の締結や資材、商品の仕入などの開業準備行為を行った日もこれに該当する」とされていますので、開業準備行為を行った課税期間の翌課税期間から課税事業者になろうとする場合には、これらの開業準備行為を行った日の属する課税期間中に登録申請書や届出書を提出する必要があるわけです。

　また、事業の規模は「新規開業」の判断には関係ありませんので、たとえ貸駐車場１台だけであっても、これを賃貸し、賃貸収入を得ているような場合には「新規開業」には該当しないことになるのでご注意ください。

3◆宥恕規定

　「課税事業者選択届出書」を提出期限までに提出できなかった場合において、次のような事情がある場合には、承認申請をすることにより、その適用を認めることとしています（消法９⑨、消令20の２①、消基通１－４－16～17）。

①　天災、火災、自己の責めに帰さない人災が生じた場合など

②　その課税期間の末日前おおむね１か月以内に相続があった場合で、相続人が新たに課税事業者を選択することのできる個人事業者になった場合

　承認申請をする場合には、災害等の場合には事情がやんだ後２か月以内に、相続の場合には翌年２月末日までにする必要があります。

　ただ単に提出し忘れた場合などは、当然のことながら宥恕規定は適用されませんので、くれぐれも注意してください。

消 費 税 課 税 事 業 者 選 択 届 出 書

収受印			
令和　　年　　月　　日	届	（フリガナ）	
		納　税　地	（〒　　－　　　）
			（電話番号　　　－　　　－　　　）
		（フリガナ）	
		住所又は居所	（〒　　－　　　）
		（法人の場合）本店又は主たる事務所の所在地	（電話番号　　　－　　　－　　　）
	出	（フリガナ）	
		名称（屋号）	
		個 人 番 号又は法 人 番 号	↓ 個人番号の記載に当たっては、左端を空欄とし、ここから記載してください。
	者	（フリガナ）	
		氏　　名（法人の場合）代表者氏名	
＿＿＿＿税務署長殿		（フリガナ）（法人の場合）代表者住所	（電話番号　　　－　　　－　　　）

　下記のとおり、納税義務の免除の規定の適用を受けないことについて、消費税法第9条第4項の規定により届出します。

適用開始課税期間	自　平成・令和　　年　　月　　日　　至　平成・令和　　年　　月　　日		
上 記 期 間 の	自　平成・令和　　年　　月　　日	左記期間の総 売 上 高	円
基 準 期 間	至　平成・令和　　年　　月　　日	左記期間の課税売上高	円

事業内容等	生年月日（個人）又は設立年月日（法人）	1明治・2大正・3昭和・4平成・5令和　　年　　月　　日	法人のみ記載	事 業 年 度	自　　月　　日　至　　月　　日
				資 本 金	円
	事 業 内 容		届出区分	事業開始・設立・相続・合併・分割・特別会計・その他	
参 考 事 項			税理士署 名	（電話番号　　　－　　　－　　　）	

※税務署処理欄	整理番号		部門番号			
	届出年月日	年　月　日	入力処理	年　月　日	台帳整理	年　月　日
	通信日付印	確認	番号確認	身元確認	□ 済□ 未済	確認書類　個人番号カード／通知カード・運転免許証その他（ ）
	年　月　日					

注意　1．裏面の記載要領等に留意の上、記載してください。
　　　2．税務署処理欄は、記載しないでください。

消費税課税事業者選択（不適用）
届出に係る特例承認申請書

<table>
<tr><td rowspan="6">※個人番号又は法人番号は、税務署提出用1通の内1通のみに記載してください。</td><td rowspan="6">2通提出</td></tr>
</table>

収受印

		（フリガナ）	
令和　年　月　日	申請者	納　税　地	（〒　　−　　　） （電話番号　−　−　　）
		（フリガナ） 氏名又は 名称及び 代表者氏名	
＿＿＿＿＿税務署長殿		個人番号 又は 法人番号	↓ 個人番号の記載に当たっては、左端を空欄とし、ここから記載してください。

　下記のとおり、消費税法施行令第20条の2第1項又は第2項に規定する届出に係る特例の承認を受けたいので申請します。

届出日の特例の承認を受けようとする届出書の種類	☐　①　消費税課税事業者選択届出書 ☐　②　消費税課税事業者選択不適用届出書
特例規定の適用を受けようとする（受けることをやめようとする）課税期間の初日及び末日	自　令和＿＿年＿＿月＿＿日　　至　令和＿＿年＿＿月＿＿日 　（②の届出の場合は初日のみ記載します。）
上記課税期間の基準期間における課税売上高	＿＿＿＿＿＿＿＿＿＿＿＿＿＿＿円
上記課税期間の初日の前日までに提出できなかった事情	

※　②の届出書を提出した場合であっても、特定期間（原則として、上記課税期間の前年の1月1日（法人の場合は前事業年度開始の日）から6か月間）の課税売上高が1千万円を超える場合には、上記課税期間の納税義務は免除されないこととなります。詳しくは、裏面をご覧ください。

事業内容等		税理士署名	
参　考　事　項			（電話番号　−　−　　）

※　上記の申請について、消費税法施行令第20条の2第1項又は第2項の規定により、上記の届出書が特例規定の適用を受けようとする（受けることをやめようとする）課税期間の初日の前日（令和　　年　　月　　日）に提出されたものとすることを承認します。

＿＿＿＿＿第＿＿＿＿＿号

令和　年　月　日　　　　　　　　　　　税務署長　　　　　　　　印

※税務署処理欄	整理番号		部門番号		みなし届出年月日	年　月　日
	申請年月日	年　月　日	入力処理	年　月　日	台帳整理	年　月　日
	番号確認		身元確認	☐ 済 ☐ 未済	確認書類　個人番号カード／通知カード・運転免許証 その他（　　　　　　）	

注意　1．この申請書は、2通提出してください。
　　　2．※印欄は、記載しないでください。

2 課税事業者選択不適用届出書

1 ◆ 届出書の効力発生時期

　課税事業者を選択した事業者が、設備投資などについて還付を受けた後は、課税売上高が1,000万円以下であるならば、免税事業者に戻ったほうが無駄な税金を払わなくてすみます。

　免税事業者に戻る場合には、「課税事業者選択不適用届出書」を提出しなければなりません（消法9⑤）。

　「課税事業者選択不適用届出書」を提出した場合には、その提出日の属する課税期間の翌課税期間から免税事業者となりますので、これも事前に提出する必要があるわけです（消法9⑧）。

2 ◆ 宥恕規定

　「課税事業者選択不適用届出書」を提出期限までに提出できなかった場合において、それが、天災、火災、自己の責めに帰さない人災などによるものである場合には、災害等の事情がやんだ後2か月以内に承認申請をすることにより、その適用を認めることとしています（消法9⑨、消令20の2②、消基通1－4－16～17）。

第2号様式

消費税課税事業者選択不適用届出書

収受印				
令和　　年　　月　　日	届 出 者	（フリガナ）		
		納 税 地	（〒　　　－　　　） （電話番号　　　－　　　－　　　）	
		（フリガナ）		
		氏 名 又 は 名 称 及 び 代 表 者 氏 名		
＿＿＿＿税務署長殿		個 人 番 号 又 は 法 人 番 号	↓ 個人番号の記載に当たっては、左端を空欄とし、ここから記載してください。	

　下記のとおり、課税事業者を選択することをやめたいので、消費税法第9条第5項の規定により届出します。

①	この届出の適用 開 始 課 税 期 間	自 平成 　 令和　　年　　月　　日　　至 平成 　　　　　　　　　　　　　　　　 令和　　年　　月　　日
②	①の基準期間	自 平成 　 令和　　年　　月　　日　　至 平成 　　　　　　　　　　　　　　　　 令和　　年　　月　　日
③	②の課税売上高	円

※　この届出書を提出した場合であっても、特定期間（原則として、①の課税期間の前年の1月1日（法人の場合は前事業年度開始の日）から6か月間）の課税売上高が1千万円を超える場合には、①の課税期間の納税義務は免除されないこととなります。詳しくは、裏面をご覧ください。

課 税 事 業 者 と な っ た 日	平成 令和　　年　　月　　日	
事 業 を 廃 止 し た 場 合 の 廃 止 し た 日	平成 令和　　年　　月　　日	
提 出 要 件 の 確 認	課税事業者となった日から2年を経過する日までの間に開始した各課税期間中に調整対象固定資産の課税仕入れ等を行っていない。	はい　□
	※　この届出書を提出した課税期間が、課税事業者となった日から2年を経過する日までに開始した各課税期間である場合、この届出書提出後、届出を行った課税期間中に調整対象固定資産の課税仕入れ等を行うと、原則としてこの届出書の提出はなかったものとみなされます。詳しくは、裏面をご確認ください。	
参 考 事 項		
税 理 士 署 名	（電話番号　　　－　　　－　　　）	

※ 税 務 署 処 理 欄	整理番号		部門番号				
	届出年月日	年　　月　　日	入力処理	年　　月　　日	台帳整理	年　　月　　日	
	通 信 日 付 印 　年　　月　　日	確 認	番号 確認	身元 確認	□ 済 □ 未済	確認 書類	個人番号カード／通知カード・運転免許証 その他（　　　）

注意　1．裏面の記載要領等に留意の上、記載してください。
　　　2．税務署処理欄は、記載しないでください。

3 新規開業（設立）などの場合の適用時期

新規開業などの場合には、提出日の属する課税期間から課税事業者となることができます。

しかし、事業者によっては開業（設立）1期目は設備投資の予定はなく、2期目に設備投資を予定しているようなケースもあるでしょう。

では、1期目は免税事業者のままでいて、2期目から課税事業者になりたいような場合にはどうしたらよいのでしょうか？

新規開業などの場合の届出書の効力発生時期については、提出日の属する課税期間か翌課税期間かのいずれかを任意に選択できる旨が基本通達に明らかにされています（消基通1－4－14）。

いずれの場合にしても、届出書は1期目の末日までに提出することに注意してください。

なお、新規開業の個人事業者や新設の法人が課税事業者を選択する場合には、「課税事業者選択届出書」の適用開始課税期間の欄に、適用開始課税期間の初日の年月日を誤りのないように記載する必要があります。

■ 2年以上休業した場合の適用時期

長期間休業した後に改めて事業を再開した個人事業者や、休眠会社を買収して新たに事業を行うこととした法人などについては、基準期間の課税売上高はゼロであり、再開業した課税期間中は免税事業者となります。

このような場合には、再開業した課税期間中に設備投資などがあったとしても、事前に「課税事業者選択届出書」を提出することができません。

そこで、その課税期間の開始の日の前日まで2年以上にわたって課税売上げも課税仕入れも発生していないような場合には、新規開業の場合と同様に取り扱うこととされています。

つまり、再開業などをした課税期間において多額の設備投資などがある場合には、その再開業をした課税期間中に「課税事業者選択届出書」を提出することにより、その課税期間から課税事業者となって消費税の還付を受けることが可能となるわけです（消基通1－4－8）。

4 課税事業者を選択した場合の拘束期間

「課税事業者選択不適用届出書」は、新たに課税事業者となった課税期間の初日から2年を経過する日の属する課税期間の初日以降でなければ提出することができません（消法9⑥）。

つまり、いったん課税事業者になったならば、翌期も課税事業者として申告しなければいけないということです。

なお、廃業の場合には届出時期についての制限はありませんので、いつでも提出することができます。

免税事業者	免税事業者	課税事業者	課税事業者	免税事業者
	課税事業者選択届出書を提出	※この期間で課税事業者選択不適用届出書を提出することはできない	課税事業者選択不適用届出書を提出	

■新規開業の場合の拘束期間

新規に開業した個人事業者や新設の法人が、開業（設立）当初の設備投資について消費税の還付を受けるために課税事業者を選択したとします。

これらの事業者が、平年の課税売上高が1,000万円以下であることから免税事業者に戻ろうとする場合の「課税事業者選択不適用届出書」の提出時期は、個人事業者の場合と法人の場合とで異なっています。

■年の中途の7/1に開業した個人事業者の場合

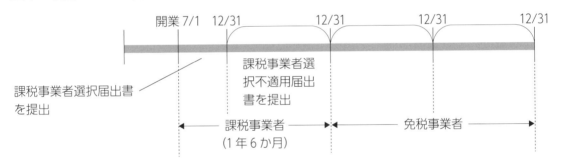

■年の中途の7/1に設立した法人の場合（事業年度＝1/1〜12/31）

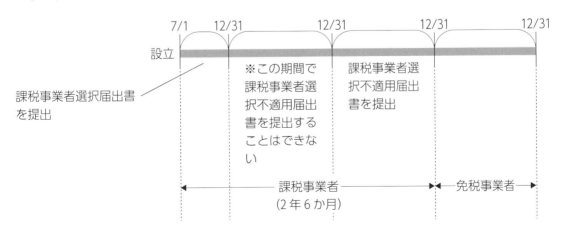

個人事業者の場合、年の中途で開業した場合であっても「課税事業者となった課税期間の初日」はその年の1月1日となるのに対し、法人の場合には設立登記の日が「課税事業者となった課税期間の初日」となります。

　したがって、新規開業（設立）の場合の拘束期間は、個人事業者の場合と法人の場合とで1年間の違い（ズレ）があるわけです。

5　課税選択期間中に固定資産を取得した場合の取扱い

　課税選択をした強制適用期間中に調整対象固定資産を取得した場合には、課税事業者としての拘束期間が更に延長されることとなりますので注意が必要です（消法9⑦）。具体的には、調整対象固定資産を取得した日の属する課税期間の初日から3年を経過する日の属する課税期間までの間は課税事業者として拘束されるとともに、この期間中は簡易課税制度の適用を受けることはできません（消法37③）。結果、第3年度の課税期間において、課税売上割合が著しく変動した場合の税額調整の適用判定が義務付けられることになります。

　ただし、調整対象固定資産を取得した日の属する課税期間において簡易課税制度の適用を受けている場合には、課税事業者としての拘束期間が延長されることはありません。

具体例1　課税選択をした個人事業者が調整対象固定資産を取得した場合

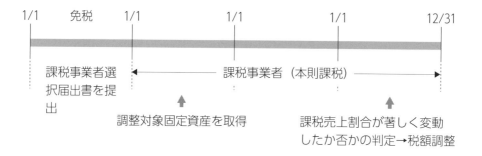

具体例2　7月1日に資本金300万円で設立した12月決算法人が、設立事業年度から課税事業者を選択し、設立事業年度中に調整対象固定資産を取得した場合

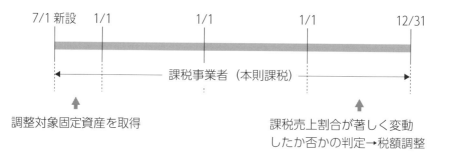

具体例 3 7月1日に資本金300万円で設立した12月決算法人が、設立事業年度から課税事業者を選択し、設立 3 期目に調整対象固定資産を取得した場合

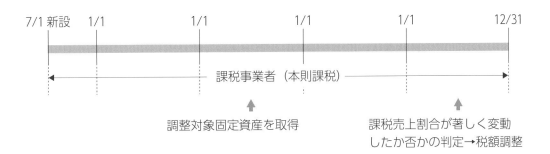

■届出書が無効とされるケース

　課税選択の強制適用期間中に調整対象固定資産を取得した場合には、調整対象固定資産を取得した日の属する課税期間の初日から 3 年を経過する日の属する課税期間の初日以後でなければ「課税事業者選択不適用届出書」を提出することはできません。そこで、課税選択の強制適用期間中に、翌期から免税事業者となるために「課税事業者選択不適用届出書」を提出した事業者が、その後、同一の課税期間中に調整対象固定資産を取得することとなったような場合には、その届出書の提出はなかったものとみなされます（消法 9 ⑦）。

具体例 課税事業者を選択した個人事業者が、「課税事業者選択不適用届出書」を提出した後に調整対象固定資産を取得した場合

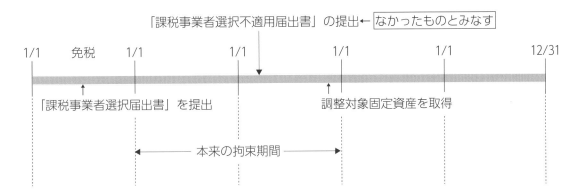

6 特例選択届出書はあらためて提出しなければなりません！

　たとえば、被相続人が設備投資などについて消費税の還付を受けるために課税事業者を選択していたとしましょう。ところが、建物などが完成する前にその被相続人が亡くなってしまったような場合には、被相続人に代わって、事業を承継した相続人が還付の申告をすることになります。

注意してほしいのは、被相続人が提出していた「課税事業者選択届出書」は、あくまでも被相続人についてだけ適用されるものであり、事業を承継した相続人についてまで適用されるものではないということです。

　つまり、相続人が引き続き課税事業者を選択したいような場合には、あらためて「課税事業者選択届出書」を所轄税務署長に提出する必要があるわけです。

　なお、「課税事業者選択届出書」は原則として事前に提出することになっていますが、相続による事業承継の場合には、相続があった日の属する課税期間中に届出書を提出すれば、その課税期間から課税事業者になることができます。

　また、年末に相続があったような場合には、その翌年の2月末日までに特例承認申請書を提出することにより、相続があった年から課税事業者を選択することも認められています。

　簡易課税を選択していた被相続人の事業を承継した場合、期間短縮をしていた被相続人の事業を承継した場合についてもまったく同じ取扱いとなります。つまり、事業を承継した相続人は、あらためて「簡易課税制度選択届出書」あるいは「課税期間特例選択届出書」を提出する必要があるということです。

　なお、「課税期間特例選択届出書」についてだけは、いわゆる宥恕規定（特例承認申請書）はありませんので注意してください。

Ⅱ　簡易課税制度選択（不適用）届出書

1　簡易課税制度選択届出書

1 ◆ 届出書の効力発生時期

　「簡易課税制度選択届出書」は、適用を受けようとする課税期間が始まる前までに提出しなければなりません（消法37①）。

　ただし、事前に提出することが不可能な場合もありますので、次の①～④のケースについては、それぞれの課税期間中に届出書を提出すれば、その課税期間から簡易課税によることができます（消令56①）。

① 　新規に開業（設立）をした日の属する課税期間

② 　相続があった場合の納税義務の免除の特例規定により、年の中途から新たに課税事業者となった個人事業者が、簡易課税を選択していた被相続人の事業を承継した場合の相続があった日の属する課税期間

③ 　吸収合併があった場合の納税義務の免除の特例規定により、事業年度の中途から新たに課税事業者となった合併法人が、簡易課税を選択していた被合併法人の事業を承継した場合の合併があった日の属する課税期間

④ 　吸収分割があった場合の納税義務の免除の特例規定により、事業年度の中途から新たに課

税事業者となった分割承継法人が、簡易課税を選択していた分割法人の事業を承継した場合の吸収分割があった日の属する課税期間

上記②〜④のケースは、免税事業者が年あるいは事業年度の中途から課税事業者となる場合に限り、簡易課税制度によることができるという点に注意する必要があります（消基通13－1－3の2〜13－1－3の4ただし書）。

つまり、もともと課税事業者であった個人事業者や法人が、相続、合併、吸収分割により事業承継をしたとしても、その事業承継をした年あるいは事業年度から簡易課税の適用を受けることはできないということです（納税義務の免除の特例については第3章をご参照ください）。

■相続があった年における相続人の簡易課税制度の適用関係

相続人 ＼ 被相続人	「簡易課税制度選択届出書」の提出なし	「簡易課税制度選択届出書」の提出あり
年初から課税事業者の場合	たとえ届出書を提出しても、相続のあった年から適用を受けることはできない	
免税事業者であった相続人が、納税義務免除の特例規定により、年の中途から課税事業者となる場合	たとえ届出書を提出しても、相続のあった年から適用を受けることはできない	相続のあった年中に届出書を提出することにより、その年から適用を受けることができる
事業者でない相続人が、納税義務免除の特例規定により、年の中途から課税事業者となる場合	相続のあった年中に届出書を提出することにより、その年から適用を受けることができる	

2 ◆ 納税義務判定と簡易課税制度の適用判定との関係

吸収合併又は吸収分割があった場合における合併法人又は分割承継法人の簡易課税制度の適用の有無については、合併法人又は分割承継法人の基準期間における課税売上高のみにより判定することとされています（消基通13－1－2）。

つまり、納税義務の判定とは異なり、被合併法人や分割法人の実績は考慮しないということです。したがって、通達に明記されてはいないものの、相続があった年と、その翌年及び翌々年における相続人の簡易課税制度の適用の有無についても、被相続人の実績は考慮せずに、相続人の基準期間における課税売上高のみにより判定することになるものと思われます。

なお、新設分割等があった場合についてだけは、新設分割親（子）法人のそれぞれの課税売上高を合算したところで納税義務の判定と簡易課税の適用判定をすることになりますのでご注意ください（消法37①、消令55）。

■納税義務と簡易課税の適用判定の関係

	判定時期	納税義務の判定	簡易課税の判定
相続	相続のあった年	被相続人の基準期間における課税売上高<u>のみ</u>で判定する（合算しない）	相続人の基準期間における課税売上高<u>のみ</u>で判定する（合算しない）
	相続のあった年の翌年	相続人と被相続人の基準期間における課税売上高の<u>合計額</u>で判定する	
	相続のあった年の翌々年		
吸収合併	合併のあった事業年度	合併法人の基準期間に対応する期間中の被合併法人の課税売上高<u>のみ</u>で判定する（合算しない）	合併法人の基準期間における課税売上高のみで判定する（合算しない）
	合併事業年度の翌事業年度	合併法人の基準期間における課税売上高とこれに対応する期間中の被合併法人の課税売上高の<u>合計額</u>で判定する	
	合併事業年度の翌々事業年度		
吸収分割	分割のあった事業年度	分割承継法人の基準期間に対応する期間中の分割法人の課税売上高<u>のみ</u>で判定する（合算しない）	分割承継法人の基準期間における課税売上高<u>のみ</u>で判定する（合算しない）
	分割事業年度の翌事業年度		
新設分割等	分割のあった事業年度	新設分割親（子）法人の基準期間における課税売上高とこれに対応する期間中の子（親）法人の課税売上高の<u>合計額</u>で判定する ※新設分割子法人の基準期間における課税売上高がない場合には、子法人の基準期間に対応する期間中の親法人の課税売上高で判定する	
	分割事業年度の翌事業年度		
	分割事業年度の翌々事業年度以後		

3 ◆ 宥恕規定

「簡易課税制度選択届出書」を提出期限までに提出できなかった場合において、次のような事情がある場合には、承認申請をすることにより、その適用を認めることとしています（消法37⑧、消令57の2①、消基通13-1-5の2）。

① 天災、火災、自己の責めに帰さない人災が生じた場合など

② その課税期間の末日前おおむね1か月以内に相続があった場合で、相続人が新たに簡易課税を選択することのできる個人事業者になった場合

承認申請をする場合には、災害等の場合には事情がやんだ後2か月以内に、相続の場合には翌年2月末日までにする必要があります。

ただ単に提出し忘れた場合などは、当然のことながら宥恕規定は適用されませんのでくれぐれも注意してください。

消 費 税 簡 易 課 税 制 度 選 択 届 出 書

収受印			
令和　年　月　日	届 出 者	（フリガナ）	
		納　税　地	（〒　　－　　　） 　　　　　　　　　　　　　（電話番号　　　　－　　　　－　　　　）
		（フリガナ）	
＿＿＿＿＿税務署長殿		氏 名 又 は 名 称 及 び 代 表 者 氏 名	※個人の方は個人番号の記載は不要です。
		法 人 番 号	

下記のとおり、消費税法第37条第1項に規定する簡易課税制度の適用を受けたいので、届出します。

☐ 所得税法等の一部を改正する法律（平成28年法律第15号）附則第51条の2第6項の規定
又は消費税法施行令等の一部を改正する政令（平成30年政令第135号）附則第18条の規定
により消費税法第37条第1項に規定する簡易課税制度の適用を受けたいので、届出します。

①	適用開始課税期間	自　令和　　年　　月　　日　　至　令和　　年　　月　　日
②	①の基準期間	自　令和　　年　　月　　日　　至　令和　　年　　月　　日
③	②の課税売上高	円

事 業 内 容 等	（事業の内容）	（事業区分） 第　　　種事業		

提 出 要 件 の 確 認	次のイ、ロ、ハ又はニの場合に該当する （「はい」の場合のみ、イ、ロ、ハ又はニの項目を記載してください。）		はい ☐　　いいえ ☐		
	イ	消費税法第9条第4項の規定により課税事業者を選択している場合	課税事業者となった日	令和　年　月　日	
			課税事業者となった日から2年を経過する日までの間に開始した各課税期間中に調整対象固定資産の課税仕入れ等を行っていない	はい ☐	
	ロ	消費税法第12条の2第1項に規定する「新設法人」又は同法第12条の3第1項に規定する「特定新規設立法人」に該当する（該当していた）場合	設立年月日	令和　年　月　日	
			基準期間がない事業年度に含まれる各課税期間中に調整対象固定資産の課税仕入れ等を行っていない	はい ☐	
	ハ	消費税法第12条の4第1項に規定する「高額特定資産の仕入れ等」を行っている場合（同条第2項の規定の適用を受ける場合） （仕入れ等を行った資産が高額特定資産に該当する場合はAの欄を、自己建設高額特定資産に該当する場合は、Bの欄をそれぞれ記載してください。）	A	仕入れ等を行った課税期間の初日	令和　年　月　日
				この届出による①の「適用開始課税期間」は、高額特定資産の仕入れ等を行った課税期間の初日から、同日以後3年を経過する日の属する課税期間までの各課税期間に該当しない	はい ☐
			B	仕入れ等を行った課税期間の初日	平成 令和　年　月　日
				建設等が完了した課税期間の初日	令和　年　月　日
				この届出による①の「適用開始課税期間」は、自己建設高額特定資産の建設等に要した仕入れ等に係る支払対価の額の累計額が1千万円以上となった課税期間の初日から、自己建設高額特定資産の建設等が完了した課税期間の初日以後3年を経過する日の属する課税期間までの各課税期間に該当しない	はい ☐
		※　消費税法第12条の4第2項の規定による場合は、ハの項目を裏面の記載要領等に留意の上、記載してください。			
	ニ	消費税法第12条の4第3項に規定する「金地金等の仕入れ等」を行っている場合	「金地金等の仕入れ等」の合計額（税抜金額）が二百万円以上となった課税期間の初日	令和　年　月　日	
			この届出による①の「適用開始課税期間」は、金地金等の仕入れ等を行い、その仕入れ等の合計額（税抜金額）が2百万円以上となった課税期間の初日から、同日以後3年を経過する日の属する課税期間までの各課税期間に該当しない	はい ☐	
	※	この届出書を提出した課税期間が、上記イ、ロ又はハに記載の各課税期間である場合、この届出書提出後、届出を行った課税期間中に調整対象固定資産の課税仕入れ等又は高額特定資産の課税仕入れ等を行うと、原則としてこの届出書の提出はなかったものとみなされます。なお、この届出書を提出した課税期間が、上記ニに記載の各課税期間である場合、この届出書提出後、届出を行った課税期間における金地金等の仕入れ等の金額の合計額（税抜金額）が2百万円以上となった場合も同様となります。詳しくは、裏面をご確認ください。			

参 考 事 項	

税 理 士 署 名	（電話番号　　　　－　　　　－　　　　）

※ 税 務 署 処 理 欄	整理番号		部門番号			
	届出年月日	年　月　日	入力処理	年　月　日	台帳整理	年　月　日
	通 信 日 付 印 　年　月　日	確認	番号確認			

注意　1．裏面の記載要領等に留意の上、記載してください。
　　　2．税務署処理欄は、記載しないでください。

消費税簡易課税制度選択（不適用）
届出に係る特例承認申請書

2通提出 ※ 個人番号又は法人番号は、税務署提出用2通の内1通のみに記載して下さい。	収受印 令和 年 月 日 ＿＿＿＿税務署長殿	申請者	（フリガナ） 納 税 地	（〒 － ） （電話番号 － － ）
			（フリガナ） 氏 名 又 は 名 称 及 び 代表者氏名	
			法 人 番 号	※ 個人の方は個人番号の記載は不要です。

下記のとおり、消費税法施行令第57条の2第1項又は第2項に規定する届出に係る特例の承認を受けたいので申請します。

届出日の特例の承認を受けようとする届出書の種類	□ ① 消費税簡易課税制度選択届出書 □ ② 消費税簡易課税制度選択不適用届出書
特例規定の適用を受けようとする（受けることをやめようとする）課税期間の初日及び末日	自 令和 ＿＿年＿＿月＿＿日 至 令和 ＿＿年＿＿月＿＿日 （②の届出の場合は初日のみ記載します。）
上記課税期間の基準期間における課税売上高	円
上記課税期間の初日の前日までに提出できなかった事情	
事 業 内 容 等	（①の届出の場合の営む事業の種類）　税 理 士 署 名
参 考 事 項	（電話番号 － － ）

※ 上記の申請について、消費税法施行令第57条の2第1項又は第2項の規定により、上記の届出書が特例規定の適用を受けようとする（受けることをやめようとする）課税期間の初日の前日（令和 年 月 日）に提出されたものとすることを承認します。

＿＿＿＿第＿＿＿＿号

令和 年 月 日　　　　　　　　　　　税 務 署 長　　　　　　　　印

※税務署処理欄	整理番号		部門番号		みなし届出年月日	年 月 日	番号確認	
	申請年月日	年 月 日	入力処理	年 月 日	台帳整理	年 月 日		

注意　1．この申請書は、2通提出してください。
　　　2．※印欄は、記載しないでください。

2 　簡易課税制度選択不適用届出書

1 ◆ 届出書の効力発生時期

　簡易課税を選択している事業者が、設備投資などの予定があるため、これについて消費税の還付を受けようとする場合には、計算方法を本則課税に変更（つまり簡易課税の適用をやめる）必要があります。

　本則課税に変更する場合には、「簡易課税制度選択不適用届出書」を提出しなければなりません（消法37⑤）。

　「簡易課税制度選択不適用届出書」を提出した場合には、その提出日の属する課税期間の翌課税期間からその効力は失われ、本則課税となりますので、これも事前に提出する必要があるわけです（消法37⑦）。

2 ◆ 宥恕規定

　「課税事業者選択不適用届出書」を提出期限までに提出できなかった場合において、それが、天災、火災、自己の責めに帰さない人災などによるものである場合には、災害等の事情がやんだ後2か月以内に承認申請をすることにより、その適用を認めることとしています（消法37⑧、消令57の2②、消基通13-1-5の2）。

3 　納税義務の免除と簡易課税制度選択届出書の関係

　簡易課税を適用している事業者が、基準期間の課税売上高が1,000万円以下となったため、消費税の納税義務が免除されたとします。

　その後、基準期間の課税売上高が1,000万円を超えたため、再び課税事業者となった場合の仕入れに係る消費税額の計算は、「簡易課税制度選択不適用届出書」を提出していない限り簡易課税によることになります。

　つまり、免税事業者となった時点での「簡易課税制度選択不適用届出書」の提出及び再び課税事業者となった時点での「簡易課税制度選択届出書」の提出は必要ないということです（消基通13-1-3）。

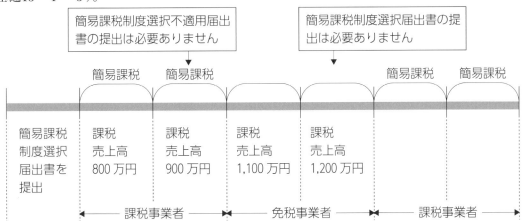

消費税簡易課税制度選択不適用届出書

令和　年　月　日	届出者	（フリガナ）	
		納　税　地	（〒　　　－　　　） （電話番号　　　－　　　－　　　）
		（フリガナ）	
		氏 名 又 は 名 称 及 び 代 表 者 氏 名	
＿＿＿＿＿税務署長殿		法 人 番 号	※　個人の方は個人番号の記載は不要です。 | | | | | | | | | | | | |

　　下記のとおり、簡易課税制度をやめたいので、消費税法第37条第5項の規定により届出します。

①	この届出の適用 開始課税期間	自 平成 　 令和　　年　　月　　日　　至 平成 　　　　　　　　　　　　　　　　　令和　　年　　月　　日
②	①の基準期間	自 平成 　 令和　　年　　月　　日　　至 平成 　　　　　　　　　　　　　　　　　令和　　年　　月　　日
③	②の課税売上高	円
簡易課税制度の 適用開始日		平成 令和　　　　年　　　　月　　　　日
事業を廃止した 場合の廃止した日		令和　　　　年　　　　月　　　　日
	個人番号 ※ 事業を廃止した場合には記載 　 してください。	| | | | | | | | | | | |
参　考　事　項		
税 理 士 署 名		（電話番号　　　－　　　－　　　）

※ 税務署処理欄	整理番号		部門番号			
	届出年月日	年　月　日	入力処理	年　月　日	台帳整理	年　月　日
	通信日付印 年　月　日	確認	番号確認	身元確認　□ 済 　　　　　□ 未済	確認書類	個人番号カード／通知カード・運転免許証 その他（　　　　　） | | | | | | | | | | |

注意　1．裏面の記載要領等に留意の上、記載してください。
　　　2．税務署処理欄は、記載しないでください。

4 本則課税と簡易課税制度選択不適用届出書の関係

「簡易課税制度選択届出書」を提出した場合であっても、基準期間における課税売上高が5,000万円を超える場合には簡易課税により計算することはできません。

「簡易課税制度選択不適用届出書」は、簡易課税を適用している事業者が、自らの意思でこれを取り止める場合に提出するものであり、基準期間の課税売上高が5,000万円を超えたことにより、いわば強制的に本則課税によるような場合についてまで提出するものではありません。

つまり、たとえ本則課税により計算する場合であっても、なんら届出書は提出する必要はなく、以後、基準期間の課税売上高が5,000万円以下の課税期間についてだけ簡易課税を適用すればよいのです（消基通13-1-3）。

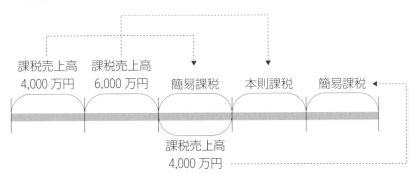

5 新規開業（設立）などの場合の適用時期

1 課税事業者となる新設法人

資本金が1,000万円以上の新設法人は、基準期間のない設立1期目と2期目であっても納税義務者となりますが、設立事業年度から簡易課税を選択しようとする場合には、設立事業年度の決算日までに「簡易課税制度選択届出書」を提出すれば、設立事業年度から簡易課税によることができます。

2 2期目から簡易課税を選択する場合

新規に開業した個人事業者や新設の法人などについては、「課税事業者選択届出書」を提出することにより、その提出した課税期間から課税事業者になることができます。また、資本金が1,000万円以上の新設法人は、無条件に設立1期目から課税事業者となります。

これらの場合、2期目についても課税事業者として申告義務があるわけですが、1期目の申告は本則計算により消費税の還付を受け、2期目から簡易課税を選択することも可能です（消基通13-1-5）。

「簡易課税制度選択届出書」は、適用を受けようとする課税期間が始まる前まで（つまり1期目の末日まで）に提出しなければなりません。

なお、課税事業者を選択する場合と同様に、「簡易課税制度選択届出書」の適用開始課税期

間の欄に、適用開始課税期間の初日の年月日を誤りのないように記載する必要があります。

（注）　1期目に調整対象固定資産を取得した場合には、平成22年度改正法により、第3年度の課税期間まで本則課税が強制適用となることに注意してください。

6　簡易課税を選択した場合の拘束期間

「簡易課税制度選択不適用届出書」は、新たに簡易課税を採用した課税期間の初日から2年を経過する日の属する課税期間の初日以降でなければ提出することができません（消法37⑥）。

つまり、いったん簡易課税を採用したならば、翌期も簡易課税で申告しなければいけないということです。

なお、廃業の場合には届出時期についての制限はありませんのでいつでも提出することができます。

本則課税	本則課税	簡易課税	簡易課税	本則課税
	簡易課税制度選択届出書を提出	※この期間で簡易課税制度選択不適用届出書を提出することはできない	簡易課税制度選択不適用届出書を提出	

ただし、継続して簡易課税を適用してきた事業者が、多額の設備投資をした課税期間についてだけ本則課税により還付を受け、翌期からまた簡易課税を適用することは可能です。

この場合には、還付を受けようとする課税期間の開始の日の前日までに「簡易課税制度選択不適用届出書」を提出し、さらに、その設備投資をした課税期間中に改めて「簡易課税制度選択届出書」を提出することになります。

（注）　高額特定資産を取得した場合には、いわゆる「3年縛り」の適用がありますのでご注意ください。

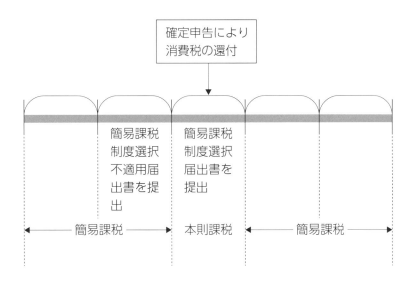

■新設法人は３期目まで拘束されます！

　新設法人の場合、設立事業年度は１年未満の期間になるケースが多いとおもいます。資本金が1,000万円以上の新設法人は、設立事業年度から課税事業者として納税義務があるわけですが、この新設法人が設立事業年度から簡易課税を選択した場合には、３期目以降でなければ「簡易課税制度選択不適用届出書」を提出することができません。

　つまり、４期目以降でなければ本則課税に変更することができないということです。

| 具体例 | 年の中途の７/１に設立した法人の場合（事業年度＝１/１〜12/31） |

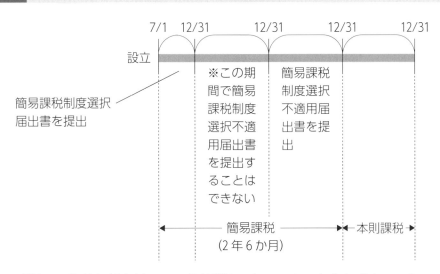

　つまり、「新たに簡易課税を採用した課税期間の初日から２年を経過する日」は３期目の６月30日であり、この６月30日の属する課税期間の初日以降でなければ「簡易課税制度選択不適用届出書」は提出できないわけですから、結果的に３期目まで簡易課税で申告しなければいけないということです。

7 届出書が無効とされるケース

　課税選択をした事業者や資本金1,000万円以上の新設法人、特定新規設立法人が、課税事業者としての強制適用期間中に調整対象固定資産を取得した場合には、調整対象固定資産を取得した日の属する課税期間の初日から３年を経過する日の属する課税期間の初日の前日までの間は「簡易課税制度選択届出書」を提出することができません（消法37③）。

　「簡易課税制度選択届出書」の提出後に調整対象固定資産を取得した場合には、その届出書の提出はなかったものとみなされます（消法37④）。

具体例　新設法人が、３期目から簡易課税制度の適用を受けるため、２期目に「簡易課税制度選択届出書」を提出した後に調整対象固定資産を取得した場合

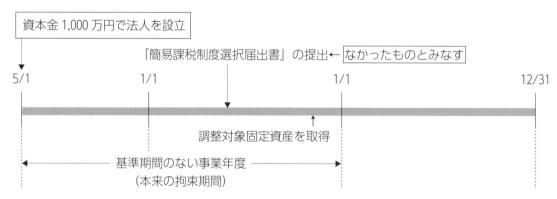

　なお、新設法人などについては、届出書の提出日の属する課税期間から簡易課税制度の適用を受けることが認められています。

　このような場合には、「簡易課税制度選択届出書」を提出した後で調整対象固定資産を取得した場合であっても、みなし仕入率により仕入控除税額を計算するため、その届出書の効力は当然に有効となります（消法37③ただし書、消令56②）。

具体例　新設法人が、１期目から簡易課税制度の適用を受けるため、１期目に「簡易課税制度選択届出書」を提出した後に調整対象固定資産を取得した場合

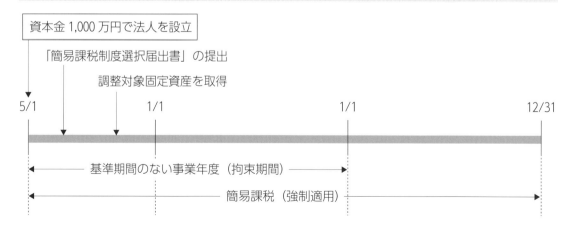

8 届出書の提出はきっちりと！

「簡易課税制度選択届出書」の効力は、たとえ業種が変わっても継続されますので、簡易課税を適用している個人事業者が事業を廃止した場合には、「事業廃止届出書」だけでなく、「簡易課税制度選択不適用届出書」も提出しておいたほうがよいでしょう。なお、「簡易課税制度選択不適用届出書」に事業を廃止した日が記載されている場合には、「事業廃止届出書」は提出しなくてもよいことになっています（消法57①三）。

たとえば、物品販売業を営んでいた個人事業者が、事業を廃止した後に、何年かして不動産賃貸業を始めたとします。

建物の建築費について消費税の還付を受けるために、「課税事業者選択届出書」を提出したとしましょう。ところが申告時期に税務署から送られてきたのは簡易課税用の申告書だった。つまり、「簡易課税制度選択届出書」の効力が生きていて還付が受けられなかった！なんてことにもなりかねませんので注意しなければいけません。

Ⅲ 課税期間特例選択・変更（不適用）届出書

1 課税期間の短縮制度とは？

消費税の課税期間は、納税義務者の事務負担に配慮し、原則として、個人事業者については1月1日から12月31日まで、法人については事業年度と定められています（消法19①一、二）。

ただし事業者の選択により、課税期間を3か月単位あるいは1か月単位に短縮することも認められています。

また、3か月単位に短縮した課税期間を1か月単位の課税期間に変更すること、あるいは1か月単位に短縮した課税期間を3か月単位に変更することもできます（消法19①三～四の二）。

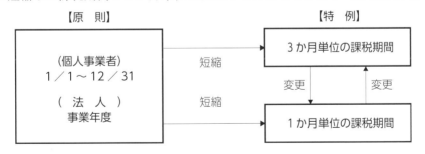

本来1年サイクルとなっている申告を、3か月あるいは1か月サイクルにするということは当然それなりの理由があるわけです。

たとえば輸出業者の場合、税込みで仕入れた商品を税抜価格で輸出するわけですから、確定申告により、消費税は還付となります。このような場合には、多少面倒であっても、課税期間を短縮したほうが、運転資金の面からみても得策なわけです。

図　解

1　個人事業者が課税期間を3か月単位に短縮した場合

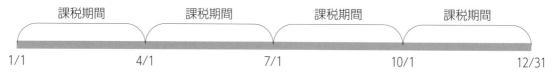

（注）各課税期間の確定申告期限は、その課税期間終了後2か月以内ですが、10／1～12／31課税期間については申告期限は翌年の3／31まで延長されています（措法86の6①）。

2　個人事業者が課税期間を1か月単位に短縮した場合

（注）各課税期間の確定申告期限は、その課税期間終了後2か月以内ですが、12／1～12／31課税期間については申告期限は翌年の3／31まで延長されています（措法86の6①）。

2　課税期間特例選択・変更届出書

　課税期間を短縮あるいは変更する場合には、「課税期間特例選択・変更届出書」を所轄税務署長に提出する必要があります。

　「課税期間特例選択・変更届出書」を提出した場合には、提出日の属するサイクルの次のサイクルから短縮あるいは変更の効力が生ずることとなりますので、課税期間の初日からその効力が生じた日の前日までの期間をワンサイクルとして消費税の確定申告をすることになります（消法19②）。

具体例　個人事業者が、課税期間を3か月に短縮するために、年の中途の5月20日に「課税期間特例選択・変更届出書」を提出した場合

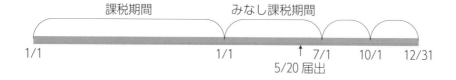

　なお、次のケースの場合には事前に届出書を提出することができませんので、届出書を提出したサイクルから短縮の効力が生ずることとされています（消令41①）。

①　新規に開業（設立）をした日の属する期間

②　個人事業者が、相続により期間短縮をしていた被相続人の事業を承継した場合の相続があった日の属する期間

③　法人が、合併や吸収分割により期間短縮をしていた被合併法人や分割法人の事業を承継し

た場合の合併、吸収分割があった日の属する期間

　課税期間を３か月単位に短縮している事業者が、課税期間を１か月単位に変更する場合には、３か月単位の期間短縮の効力が生じた日から２年を経過する日の属する月の初日以降でなければ「課税期間特例選択・変更届出書」を提出することができません。つまり、いったん課税期間を短縮した場合には、２年間は継続適用しなければいけないということです。

　また、課税期間を１か月単位に短縮している事業者が、課税期間を３か月単位に変更する場合には、１か月単位の期間短縮の効力が生じた日から２年を経過する日の属する月の前々月の初日以降でなければ「課税期間特例選択・変更届出書」を提出することができません（消法19⑤、消令41②）。

選択
消 費 税 課 税 期 間 特 例 　 　 　 届 出 書
変更

収受印			
令和　　年　月　日	届 出 者	（フリガナ） 納 税 地	（〒　　　－　　　） （電話番号　　　－　　　－　　　）
		（フリガナ） 氏 名 又 は 名 称 及 び 代 表 者 氏 名	
＿＿＿＿税務署長殿		法 人 番 号	※ 個人の方は個人番号の記載は不要です。

下記のとおり、消費税法第19条第1項第3号、第3号の2、第4号又は第4号の2に規定する
課税期間に短縮又は変更したいので、届出します。

事 業 年 度	自　　　　　月　　　　　日　　　　　　　至　　　　　月　　　　　日		
適 用 開 始 日 又 は 変 更 日	令和　　　　　年　　　　　月　　　　　日		

適 用 又 は 変 更 後 の 課 税 期 間	三月ごとの期間に短縮する場合	一月ごとの期間に短縮する場合	
	月　　日から　　月　　日まで	月　　日から　　月　　日まで	
		月　　日から　　月　　日まで	
		月　　日から　　月　　日まで	
	月　　日から　　月　　日まで	月　　日から　　月　　日まで	
		月　　日から　　月　　日まで	
		月　　日から　　月　　日まで	
	月　　日から　　月　　日まで	月　　日から　　月　　日まで	
		月　　日から　　月　　日まで	
		月　　日から　　月　　日まで	
	月　　日から　　月　　日まで	月　　日から　　月　　日まで	
		月　　日から　　月　　日まで	
		月　　日から　　月　　日まで	

変更前の課税期間特例 選択・変更届出書の提出日	平成 令和　　　　年　　　　月　　　　日
変 更 前 の 課 税 期 間 特 例 の 適 用 開 始 日	平成 令和　　　　年　　　　月　　　　日
参 　 考 　 事 　 項	
税 理 士 署 名	（電話番号　　　－　　　－　　　）

※ 税 務 署 処 理 欄	整理番号		部門番号		番号確認		
	届出年月日	年　月　日	入力処理	年　月　日	台帳整理	年　月　日	
	通信日付印	年　月　日	確　認				

注意　1．裏面の記載要領等に留意の上、記載してください。
　　　2．税務署処理欄は、記載しないでください。

3 課税期間特例選択不適用届出書

課税期間の短縮をやめ、暦年又は事業年度単位の申告に戻そうとする場合には、「課税期間特例選択不適用届出書」を所轄税務署長に提出する必要があります。

「課税期間特例選択不適用届出書」を提出した場合には、提出日の属するサイクルの次のサイクルから短縮の効力が失効することとなりますので、その初日から本来の課税期間の末日までの期間をワンサイクルとして消費税の確定申告をすることになります（消法19③、⑤）。

なお、「課税期間特例選択不適用届出書」は、期間短縮の効力が生じた日から2年を経過する日の属する期間の初日以降でなければ提出することができません。

つまり、いったん課税期間を短縮した場合には、2年間は継続適用しなければ、暦年あるいは事業年度サイクルの課税期間に戻すことはできないということです（消法19⑤）。

ただし、廃業の場合には提出時期についての制限はありませんのでいつでも提出することができます。

具体例 個人事業者が年の中途の5月20日に「課税期間特例選択・変更届出書」を提出し、3か月単位の課税期間で申告していたが、2年後の5月25日に「課税期間特例選択不適用届出書」を提出した場合

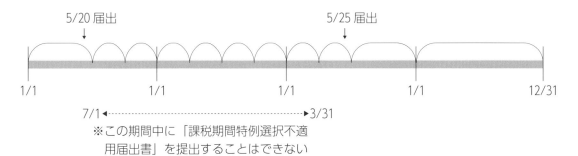

消費税課税期間特例選択不適用届出書

		(フリガナ)	
令和　年　月　日	届	納 税 地	(〒　　－　　　)　　　　　(電話番号　　－　　－　　　)
	出	(フリガナ)　氏 名 又 は　名 称 及 び　代 表 者 氏 名	
＿＿＿＿＿税務署長殿	者	法 人 番 号	※ 個人の方は個人番号の記載は不要です。

　下記のとおり、課税期間の短縮の適用をやめたいので、消費税法第19条第3項の規定により届出します。

事 業 年 度	自　　　月　　　日　　　至　　　月　　　日			
特 例 選 択 不 適 用 の 開 始 日	令和　　　年　　　月　　　日			

短縮の適用を受けていた課税期間	三月ごとの期間に短縮していた場合		一月ごとの期間に短縮していた場合	
	月　日 から　月　日 まで		月　日 から　月　日 まで 月　日 から　月　日 まで 月　日 から　月　日 まで	
	月　日 から　月　日 まで		月　日 から　月　日 まで 月　日 から　月　日 まで 月　日 から　月　日 まで	
	月　日 から　月　日 まで		月　日 から　月　日 まで 月　日 から　月　日 まで 月　日 から　月　日 まで	
	月　日 から　月　日 まで		月　日 から　月　日 まで 月　日 から　月　日 まで 月　日 から　月　日 まで	

選択・変更届出書の提出日	平成　令和　　　年　　　月　　　日
課 税 期 間 短 縮 ・ 変 更 の 適 用 開 始 日	平成　令和　　　年　　　月　　　日
事 業 を 廃 止 し た 場 合 の 廃 止 し た 日	令和　　　年　　　月　　　日
	個 人 番 号　※ 事業を廃止した場合には記載してください。	
参 考 事 項	
税 理 士 署 名	(電話番号　　－　　－　　　)

※税務署処理欄	整理番号		部門番号			
	届出年月日	年　月　日	入力処理	年　月　日	台帳整理	年　月　日
	通 信 日 付 印　年　月　日	確認	番号確認	身元確認　□ 済　□ 未済	確認書類	個人番号カード／通知カード・運転免許証　その他 (　　　　　)

注意　1．裏面の記載要領等に留意の上、記載してください。
　　　2．税務署処理欄は、記載しないでください。

第2章 会計処理と控除対象外消費税

　消費税に関する会計処理には「税込方式」と「税抜方式」があり、事業者はいずれかの方法によることになります（消費税法等の施行に伴う所得税（法人税）の取扱いについて）。

　ただし、免税事業者は税込方式しか採用することができません。

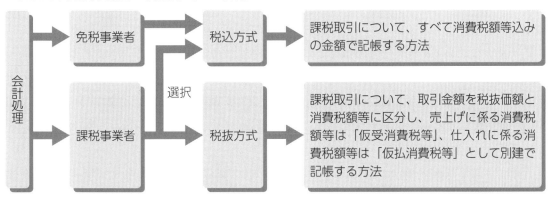

　減価償却資産につき課された消費税等については、税込方式の場合、減価償却費として毎期費用配分することとなるのに対し、税抜方式の場合には、固定資産を取得した年又は事業年度において、その消費税等の額は仮払消費税等として精算されるため、結果、一時に必要経費や損金に算入することになります。よって、税抜方式を採用した場合には、毎期の減価償却費は少なくなるものの、所得計算上は有利に作用することになるわけです。

　ただし、固定資産について発生した控除対象外消費税額等については、一時の費用処理が認められないことがあるので注意が必要です。

Ⅰ 混合方式

　税抜方式を採用する場合には、課税売上高を税抜きにすることを条件に、次の①～③のグループのうち、いずれか1グループを税抜きにすれば、他のグループは税込金額で処理することが認められます（消費税法等の施行に伴う所得税（法人税）の取扱いについて3）。

① 棚卸資産
② 固定資産（繰延資産）
③ 経費等

　よって、個人事業者や中小法人が、経費についてまで税抜処理をするのが煩雑ということであれば、課税売上高を税抜きにすることにより、経費は税込金額で決算を組むこともできます。

Ⅱ 年又は事業年度の中途からの経理方法の変更

　免税事業者が、設備投資について消費税の還付を受けるため、課税期間を短縮したうえで課税事業者選択届出書を提出した場合には、年又は事業年度の中途から、免税事業者が課税事業者に切り替わります。

　たとえば、5月10日に「課税期間特例選択・変更届出書」及び「課税事業者選択届出書」を提出し、課税期間を3か月に短縮して7月1日から課税事業者となる個人事業者は、1月1日～6月30日期間中は免税事業者ですが、7月1日～9月30日課税期間以後の課税期間は課税事業者となります。

　この場合において、免税事業者の期間中は税込経理方式、課税事業者の期間中は税抜経理方式を採用することができるのかということですが、混合方式を採用した場合には、課税仕入高のグループ毎に税込金額と税抜金額が混在してもよいわけですから、年又は事業年度の上半期が税込経理で、下半期が税抜経理といったような経理処理を採用することも問題ないものと思われます（私見）。

　なお、1月1日～6月30日期間中は免税事業者となりますので、この期間中は当然に税抜経理方式の採用は認められません。

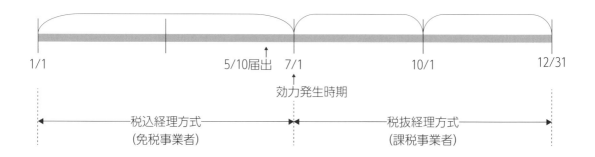

Ⅲ 控除対象外消費税の処理方法

　税抜方式を採用した場合において、控除できずに残ってしまった仮払消費税等のことを「控除対象外消費税額等」といいます。たとえば、課税売上割合が60％で、一括比例配分方式を採用した場合には、仮払消費税等のうち、控除できずに残ってしまった40％相当額が控除対象外消費税額等になります。

　また、令和2年度改正により居住用賃貸建物の仕入税額控除が制限されましたので、居住用賃貸建物に課された消費税額等は、その全額が控除対象外消費税額等となります（消費税法等の施行に伴う法人税の取扱いについて（法令解釈通達）14の3・消費税法等の施行に伴う所得税の取扱いについて（法令解釈通達）11の3）。

控除対象外消費税額等のうち、下記①～③に該当するものについては、支出時に費用処理することができます。

①　課税売上割合が80％以上の場合

②　個々の資産に対する控除対象外消費税額等の金額が20万円未満のもの

③　棚卸資産に関する控除対象外消費税額等

　控除対象外消費税額等について注意を要するのは、固定資産を購入した年又は事業年度における課税売上割合が80％未満で、かつ、その固定資産に係る控除対象外消費税額等が20万円以上の場合です。

　この場合には、その控除対象外消費税額等については、次のいずれかの方法により処理することとされています（所令182の2、法令139の4）。

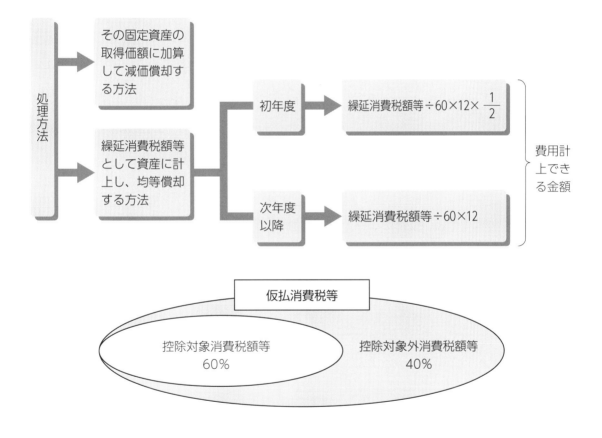

具体例 1　課税売上割合が80％以上の場合

　事業用の建物を6,600万円（うち仮払消費税等600万円）で取得した場合の控除対象外消費税額等は次のように処理します。

　なお、当期における課税売上割合は90％であり、一括比例配分方式により仕入控除税額を計算しています。仮受消費税等の額は8,000万円、上記の建物を除く仮払消費税等の額は5,500万円、確定消費税額等は2,510万円です。

＜処理方法＞

　（600＋5,500）×（1−90％）＝610……控除対象外消費税額等

　課税売上割合が80％以上であることから、建物に係る控除対象外消費税額等も含めて、仮払消費税等はその全額を償却（精算）することができます。

（仮受消費税等）	8,000	（仮払消費税等）	6,100
（雑損失）	610	（未払消費税等）	2,510

［別解］

（控除対象外消費税額等）	610	（仮払消費税等）	610
（仮受消費税等）	8,000	（仮払消費税等）	5,490
		（未払消費税等）	2,510
（雑損失）	610	（控除対象外消費税額等）	610

※ ［別解］は、「控除対象外消費税額等」を「控除対象外消費税額等」という勘定科目に集計したうえで、「雑損失」や「繰延消費税等」、「交際費等」といった勘定科目に振り替えていく（丁寧な）処理方法です（以下同じ）。

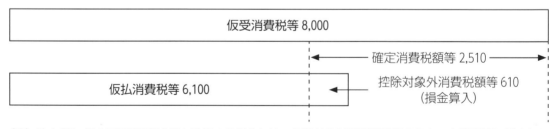

（注）法人税における課税所得金額を計算する場合には、控除対象外消費税額等のうち、交際費等に係るものは支出交際費に加算することとされています（消費税法等の施行に伴う法人税の取扱いについて（法令解釈通達）12）。

　事業用の建物を6,600万円（うち仮払消費税等600万円）で取得した場合の控除対象外消費税額等は次のように処理します。

　なお、当期における課税売上割合は60％であり、一括比例配分方式により仕入控除税額を計算しています。仮受消費税等の額は8,000万円、上記の建物を除く仮払消費税等の額は5,500万円、確定消費税額等は4,340万円です。

＜処理方法＞

　600×（1−60％）＝240……建物に係る控除対象外消費税額等

　課税売上割合が80％未満であり、かつ、建物に係る控除対象外消費税額等が20万円以上（240万円）であることから、建物に係る控除対象外消費税額等は、繰延消費税額等として均等償却するか、取得価額に加算して減価償却することになります。

　240÷60×12×1／2＝24……当期における繰延消費税額等の償却限度額

（繰延消費税等）	240	（仮払消費税等）	240
（繰延消費税等償却額）	24	（繰延消費税等）	24
（仮受消費税等）	8,000	（仮払消費税等）	5,860
（雑損失）	2,200	（未払消費税等）	4,340

[別解]

（控除対象外消費税額等）	2,440	（仮払消費税等）	2,440
（繰延消費税等）	240	（控除対象外消費税額等）	240
（繰延消費税等償却額）	24	（繰延消費税等）	24
（仮受消費税等）	8,000	（仮払消費税等）	3,660
		（未払消費税等）	4,340
（雑損失）	2,200	（控除対象外消費税額等）	2,200

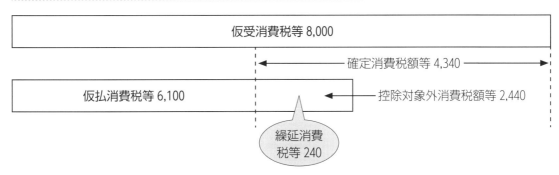

具体例 3 　居住用賃貸建物を取得した場合

　居住用賃貸建物を6,600万円（うち仮払消費税等600万円）で取得した場合の控除対象外消費税額等は次のように処理します。

　なお、当期における課税売上割合は60％であり、一括比例配分方式により仕入控除税額を計算しています。仮受消費税等の額は8,000万円、上記の建物を除く仮払消費税等の額は5,500万円、確定消費税額等は4,700万円です。

＜処理方法＞

　居住用賃貸建物に係る仮払消費税等（600万円）は、その全額が控除対象外消費税額等となります。

　課税売上割合が80％未満であり、かつ、居住用賃貸建物に係る控除対象外消費税額等が20万円以上（600万円）であることから、建物に係る控除対象外消費税額等は、繰延消費税額等として均等償却するか、取得価額に加算して減価償却することになります。

　600÷60×12×1／2＝60……当期における繰延消費税額等の償却限度額

| （繰延消費税等） | 600 | （仮払消費税等） | 600 |
| （繰延消費税等償却額） | 60 | （繰延消費税等） | 60 |

| （仮受消費税等） | 8,000 | （仮払消費税等） | 5,500 |
| （雑損失） | 2,200 | （未払消費税等） | 4,700 |

[別解]

（控除対象外消費税額等）	2,800	（仮払消費税等）	2,800
（繰延消費税等）	600	（控除対象外消費税額等）	600
（繰延消費税等償却額）	60	（繰延消費税等）	60
（仮受消費税等）	8,000	（仮払消費税等）	3,300
		（未払消費税等）	4,700
（雑損失）	2,200	（控除対象外消費税額等）	2,200

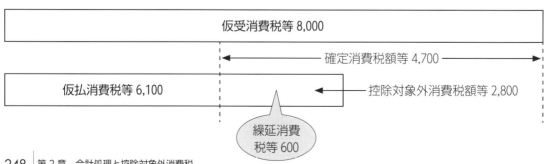

Ⅳ 消費税経理通達関係Q&A

　令和5年10月1日からインボイス制度が導入されたことに伴い、国税庁から「消費税経理通達関係Q&A」の改訂版が令和5年12月に公表されました。本書では、このうち重要性の高いものを抜粋して解説していきます。

　Q&Aの内容は国税庁のホームページで確認することができます。本書では、上記《目次》の内容について、下記のように掲載を一部省略して解説していますことをご承知おきください。

　Ⅰ　消費税経理通達の改正の趣旨（問1～1-2）：省略
　Ⅱ　免税事業者から課税仕入れを行った場合の法人税法上の取扱い（問2～問4）：全文掲載
　Ⅲ　会計上、インボイス制度導入前の金額で仮払消費税等を計上した場合等の法人税法上の取扱い（問5～問10）：問と【回答】のみ掲載したうえで、オリジナルの【解説】を掲載

1 免税事業者から課税仕入れを行った場合の法人税法上の取扱い

　免税事業者や消費者のほか、課税事業者でも登録を受けなければ適格請求書を発行することはできません。これらの適格請求書発行事業者以外の者からの課税仕入れについては、期間の経過に応じて一定の金額を仕入税額として控除することが認められています。

　経過措置の取扱いを受け、税抜経理方式を採用した場合に仮払消費税等を計上できるのは、課税仕入れ等の税額のうち、あくまでも仕入控除税額の計算に取り込まれる部分に限られることになります。

　こういった理由から、Q&Aの「Ⅱ　免税事業者から課税仕入れを行った場合の法人税法上の取扱い」問2〜問4では、建物の取得時期に応じた法人税の取扱いをケース別に解説したものと思われます。

期間	「適格請求書発行事業者以外の者」からの課税仕入れの取扱い	Q&Aの問の番号
〜令和5年9月30日	「課税仕入れ等の税額× 100％（全額)」を仕入控除税額の計算に取り込むことができる	
令和5年10月1日〜令和8年9月30日	「課税仕入れ等の税額× 80％」を仕入控除税額の計算に取り込むことができる	問3
令和8年10月1日〜令和11年9月30日	「課税仕入れ等の税額× 50％」を仕入控除税額の計算に取り込むことができる	問4
令和11年10月1日〜	「適格請求書発行事業者以外の者」からの課税仕入れは、原則として全額仕入税額控除の対象とすることはできない	問2

　この場合には、区分記載請求書等保存方式の適用期間において要件とされていた「法定事項が記載された帳簿及び請求書等の保存」が義務付けられています（平成28年改正法附則52、53）。また、帳簿には「80％控除対象」など、この経過措置の適用を受けたものである旨を、あわせて記載することとされています（消費税の仕入税額控除制度における適格請求書等保存方式に関するQ&A問113）。

具体例	免税事業者から備品を110万円で購入した場合の仮払消費税等の金額と減価償却資産の取得価額は次のようになります（単位：円）

減価償却資産の取得期間	仮払消費税等の金額	減価償却資産の取得価額
令和5年10月1日～ 令和8年9月30日	1,100,000 × 10 ／ 110 ＝ 100,000 100,0000 × 80％ ＝ 80,000	1,100,000 － 80,000 ＝ 1,020,000
令和8年10月1日～ 令和11年9月30日	1,100,000 × 10 ／ 110 ＝ 100,000 100,0000 × 50％ ＝ 50,000	1,100,000 － 50,000 ＝ 1,050,000
令和11年10月1日 ～	ゼロ	1,100,000

　上記のように、課税仕入れ等の税額のうち、仮払消費税等の金額を超える部分の金額は減価償却資産の取得価額に加算することとなるので、その超える部分の金額を控除対象外消費税額等として認識することは認められません（経理通達と異なった会計処理をした場合の税務処理については　2　を参照）。

　なお、インボイス制度の基において、免税事業者が消費税等相当額を取引先に請求できるかどうかということは、あくまでも値決めの問題であり、インボイス類似書類と認定されない限り問題はないものと思われます。ただ、適格請求書発行事業者でない者があからさまに消費税等相当額を上乗せして請求することは、商取引として問題があることも事実です。詳細は、廃止となった転嫁対策特別措置法に代わる法令の創設を待つとして、仮に上記＜具体例＞における備品の購入金額がジャスト100万円とした場合の仮払消費税等の金額と減価償却資産の取得価額は次のようになります（単位：円）。

減価償却資産の取得期間	仮払消費税等の金額	減価償却資産の取得価額
令和5年10月1日～ 令和8年9月30日	1,000,000 × 10 ／ 110 ＝ 90,909 90,909 × 80％ ＝ 72,727	1,000,000 － 72,727 ＝ 927,273
令和8年10月1日～ 令和11年9月30日	1,000,000 × 10 ／ 110 ＝ 90,909 90,909 × 50％ ＝ 45,454	1,000,000 － 45,454 ＝ 954,546
令和11年10月1日 ～	ゼロ	1,000,000

Ⅱ　免税事業者から課税仕入れを行った場合の法人税の取扱い

> 問2　当社（飲食業）は、令和11年10月1日に免税事業者から国内にある店舗用の建物を取得
> し、その対価として1,100万円を支払いました。当社は税抜経理方式で経理をしていますが、
> この場合の課税仕入れに係る法人税法上の取扱いはどうなりますか。

【回答】

　1,100万円を建物の取得価額として法人税の所得金額の計算を行うことになります。

　なお、簡易課税制度を適用している場合には、100万円を仮払消費税等の額として取引の対価の額と区分し、1,000万円を建物の取得価額として法人税の所得金額の計算を行うことも認められます。

【解説】

　経過措置期間の終了後である令和11年10月1日以降は、課税仕入れであっても適格請求書等の記載事項に基づき計算した金額がないものは仕入税額控除の適用を受けることができないため、適格請求書発行事業者以外の者からの課税仕入れについて仕入税額控除の適用を受ける課税仕入れに係る消費税額はないことになります（消法30①⑦⑨、消令46①）。

　このため、法人が税抜経理方式で経理をしている場合において、適格請求書発行事業者以外の者からの課税仕入れについて仮払消費税等の額として取引の対価の額と区分して経理をする金額はなく、支払対価の額を建物の取得価額として法人税の所得金額の計算を行うことになります（消費税経理通達14の2）。なお、具体的な税務調整の例については、問5から問7までを参照してください。

〔簡易課税制度適用事業者の取扱い〕

　簡易課税制度適用事業者は、継続適用を条件として、全ての課税仕入れについて課税仕入れに係る支払対価の額に110分の10（軽減税率の対象となる場合は108分の8）を乗じて算出した金額を仮払消費税等の額として取引の対価の額と区分して経理をした場合にはその処理も認められます（消費税経理通達1の2）。

問3　当社（飲食業）は、令和5年10月1日に免税事業者から国内にある店舗用の建物を取得し、その対価として1,100万円を支払いました。当社は税抜経理方式で経理をしていますが、この場合の課税仕入れに係る法人税法上の取扱いはどうなりますか。

【回答】

　支払対価の額のうち、80万円を仮払消費税等の額として取引の対価から区分し、1,020万円を建物の取得価額として法人税の所得金額の計算を行うことになります。

　また、80万円を仮払消費税等の額として取引の対価の額と区分しないで法人税の所得金額の計算を行うことも認められます。

　なお、簡易課税制度又は2割特例制度を適用している場合には、100万円を仮払消費税等の額として取引の対価の額と区分し、1,000万円を建物の取得価額として法人税の所得金額の計算を行うことも認められます。

【解説】

　令和5年10月1日から令和8年9月30日までの間に行われた適格請求書発行事業者以外の者からの課税仕入れについては、当該課税仕入れに係る支払対価の額に110分の7.8（軽減税率の対象となる場合は108分の6.24）を乗じて算出した金額に100分の80を乗じて算出した金額を課税仕入れに係る消費税額とみなすこととされています（28年改正法附則52①）。すなわち、インボイス制度導入前の課税仕入れに係る消費税額の80％相当額について仕入税額控除の適用を受けることができます。

　このため、法人が税抜経理方式で経理をしている場合において、適格請求書発行事業者以外の者からの課税仕入れについて、支払対価の額のうちインボイス制度導入前の仮払消費税等の額の80％相当額を仮払消費税等の額とし、残額を建物の取得価額として法人税の所得金額の計算を行うことになりますが（消費税経理通達3の2、令和3年2月経過的取扱い(2)の(1)）、仮払消費税等の額として取引の対価の額と区分しないで経理をすることも認められています（令和3年2月経過的取扱い(3)）。なお、具体的な税務調整の例については、問8及び問10を参照してください。

〔簡易課税制度適用事業者等の取扱い〕

　簡易課税制度適用事業者又は2割特例制度適用事業者は、上記のほかに、継続適用を条件として、全ての課税仕入れについて課税仕入れに係る支払対価の額に110分の10（軽減税率の対象となる場合は108分の8）を乗じて算出した金額を仮払消費税等の額として取引の対価の額と区分して経理をした場合にはその処理も認められます（消費税経理通達1の2、令和5年12月経過的取扱い(2)）。

> 問4　当社（飲食業）は、令和8年10月1日に免税事業者から国内にある店舗用の建物を取得し、その対価として1,100万円を支払いました。当社は税抜経理方式で経理をしていますが、この場合の課税仕入れに係る法人税法上の取扱いはどうなりますか。

【回答】

　支払対価の額のうち、50万円を仮払消費税等の額として取引の対価から区分し、1,050万円を建物の取得価額として法人税の所得金額の計算を行うことになります。

　また、50万円を仮払消費税等の額として取引の対価の額と区分しないで法人税の所得金額の計算を行うことも認められます。

　なお、簡易課税制度又は2割特例制度を適用している場合には、100万円を仮払消費税等の額として取引の対価の額と区分し、1,000万円を建物の取得価額として法人税の所得金額の計算を行うことも認められます。

【解説】

　令和8年10月1日から令和11年9月30日までの間に行われた適格請求書発行事業者以外の者からの課税仕入れについては、当該課税仕入れに係る支払対価の額に110分の7.8（軽減税率の対象となる場合は108分の6.24）を乗じて算出した金額に100分の50を乗じて算出した金額を課税仕入れに係る消費税額とみなすこととされています（平成28年改正法附則53①）。すなわち、インボイス制度導入前の課税仕入れに係る消費税額の50％相当額について仕入税額控除の適用を受けることができます。

　このため、法人が税抜経理方式で経理をしている場合において、適格請求書発行事業者以外の者からの課税仕入れについて、支払対価の額のうち、インボイス制度導入前の仮払消費税等の額の50％相当額を仮払消費税等の額とし、残額を建物の取得価額として法人税の所得金額の計算を行うことになりますが（消費税経理通達3の2、令和3年2月経過的取扱い(2)の(2)）、仮払消費税等の額として取引の対価の額と区分しないで経理をすることも認められています（令和3年2月経過的取扱い(3)）。なお、具体的な税務調整の例については、問9及び問10を参照してください。

〔簡易課税制度適用事業者等の取扱い〕

　簡易課税制度適用事業者又は2割特例制度適用事業者は、上記のほかに、継続適用を条件として、全ての課税仕入れについて課税仕入れに係る支払対価の額に110分の10（軽減税率の対象となる場合は108分の8）を乗じて算出した金額を仮払消費税等の額として取引の対価の額と区分して経理をした場合にはその処理も認められます（消費税経理通達1の2、令和5年12月経過的取扱い(2)）。

2 経理通達と異なった会計処理をした場合の税務処理

Q&Aの10頁では、「法人の会計においては、消費税等の影響を損益計算から排除する目的や、そもそも会計ソフトがインボイス制度に対応していないなどの理由で、……仮払消費税等の額として経理すること等も考えられます」とした上で、会計上、インボイス制度導入前の金額で仮払消費税等を計上した場合の法人税の取扱いを、下記のように整理して呆れるほど詳細に解説しています。

課税仕入れを 行った期間	法人税の取扱い（別表による調整金額）	Q&A の 問の番号
令和 5 年 10 月 1 日〜 令和 8 年 9 月 30 日	免税事業者から減価償却資産を取得した場合	問 8
令和 8 年 10 月 1 日〜 令和 11 年 9 月 30 日	免税事業者から減価償却資産を取得した場合	問 9
令和 5 年 10 月 1 日〜 令和 11 年 9 月 30 日	免税事業者から取得した減価償却資産につき、仮払消費税等を計上しなかった場合	問 10
令和 11 年 10 月 1 日 〜	免税事業者から減価償却資産を取得した場合	問 5
	免税事業者から棚卸資産を取得した場合	問 6
	免税事業者に経費等を支出した場合	問 7

Q&Aの【解説】はいささか難解であることから、著者がアレンジして各問ごとに解説を加えることとしますが、下記の各問のような複雑な別表調整をする位なら、決算修正仕訳で税務上の適正額に修正してから法人税の申告書の作成作業に移行することを検討すべきではないでしょうか…？

■令和5年10月1日〜令和8年9月30日期間中に免税事業者から減価償却資産を取得した場合の取扱い

問8　当社（9月決算法人、金融業）は、令和5年10月1日に免税事業者から国内にある店舗用の建物を取得し、その対価として1,320万円を支払いました。当社は税抜経理方式で経理をしており、本件取引について支払対価の額の110分の10相当額（120万円）を仮払消費税等の額として経理をしました。また、当社の消費税の課税期間は事業年度と一致しており、当該課税期間の課税売上割合は50％で、仕入税額控除の計算は一括比例配分方式を適用しているところ、当該事業年度において、仮払消費税等の額として経理をした金額は本件取引に係る120万円であり、仮受消費税等の額として経理した金額は120万円でした。決算時において、納付すべき消費税等の額が72万円算出されたため、仮受消費税等の額から仮払消費税等の額を控除した金額との差額が72万円生ずることとなり、その差額を雑損失として計上しました。この場合の課税仕入れに係る法人税法上の取扱いはどうなりますか。

　　なお、この建物は取得後直ちに事業の用に供しており、耐用年数20年で定額法により減価償却費を算出しています。

〔取得時〕

（借方）	建　　　　　物	12,000,000円	（貸方）	現　　　　　金	13,200,000円
	仮 払 消 費 税 等	1,200,000円			

〔決算時〕

（借方）	減 価 償 却 費	600,000円	（貸方）	建　　　　　物	600,000円
	仮 受 消 費 税 等	1,200,000円		仮 払 消 費 税 等	1,200,000円
	雑　　損　　失	720,000円		未 払 消 費 税 等	720,000円

【回答】

本事例においては、以下のような申告調整を行います。

・別表四　所得の金額の計算に関する明細書

区　　分		総　　額	処　　分	
			留　　保	社外流出
加算	減価償却の償却超過額	228,000円	228,000円	
	控除対象外消費税額等の損金算入限度超過額	432,000円	432,000円	

・別表五（一）　利益積立金額及び資本金等の額の計算に関する明細書

I 利益積立金額の計算に関する明細書				
区分	期 首 現 在利 益 積 立 金 額	当期の増減		差 引 翌 期 首 現 在利 益 積 立 金 額
		減	増	
建物減価償却超過額			228,000円	228,000円
繰延消費税額等			432,000円	432,000円

　なお、簡易課税制度又は2割特例制度を適用している場合には、120万円を税務上の仮払消費税等の額として建物の取得価額や控除対象外消費税額等の計算を行うことも認められます。

【解説】

1　決算修正で税務上の適正額に修正するケース

○決算修正により建物の帳簿価額を税務上の適正額に修正すると12,240,000円（12,000,000円＋240,000円）、仮払消費税等の金額は960,000円（1,200,000円−240,000円）になります。

（建物）　240,000　　　　　　（仮払消費税等）240,000
　　　　　↑
　　　1,200,000×（1−80%）＝240,000

　　　12,240,000円×0.05＝612,000円…建物の償却限度額

（減価償却費）612,000　　　（建物）612,000

○繰延消費税額等の金額は480,000円、償却限度額は48,000円となり、仮払消費税等の残額は480,000円（960,000円−480,000円）になります。

　1,200,000円×80%×（1−50%）＝480,000円…建物に係る控除対象外消費税額等の金額
　　　　　　　　　　　↑
　　　　　　　　課税売上割合

　　　480,000円÷60×12×1／2＝48,000円…繰延消費税額等の償却限度額

（繰延消費税額等）　　　480,000　　　（仮払消費税等）　480,000
（繰延消費税等償却額）　48,000　　　　（繰延消費税額等）48,000

（仮受消費税等）　　　1,200,000　　　（仮払消費税等）　480,000
　　　　　　　　　　　　　　　　　　　（未払消費税等）　720,000

2　法人税法別表四・五（一）により調整するケース（問8の回答）

○仮払消費税等を経由して雑損失に振り替えられた仮払消費税等の金額240,000円は、償却費として損金経理をした金額に含まれることとなりますので、減価償却の償却超過額は228,000円となります。

　（600,000円＋240,000円）−612,000円（建物の償却限度額）＝228,000

○雑損失として損金経理した720,000円から建物の減価償却費となる240,000円を差し引いた残額（480,000円）が、繰延消費税額等の損金算入額となりますので、繰延消費税額等の償却超過額は432,000円となります。

　480,000円−48,000円（繰延消費税額等の償却限度額）＝432,000円

■令和 8 年10月 1 日～令和11年 9 月30日期間中に免税事業者から減価償却資産を取得した場合の取扱い

> 問 9　当社（ 9 月決算法人、金融業）は、令和 8 年10月 1 日に免税事業者から国内にある店舗用の建物を取得し、その対価として 1,320 万円を支払いました。当社は税抜経理方式で経理をしており、本件取引について支払対価の額の 110 分の 10 相当額（120 万円）を仮払消費税等の額として経理をしました。また、当社の消費税の課税期間は事業年度と一致しており、当該課税期間の課税売上割合は 50％で、仕入税額控除の計算は一括比例配分方式を適用しているところ、当該事業年度において、仮払消費税等の額として経理をした金額は本件取引に係る 120 万円であり、仮受消費税等の額として経理した金額は 120 万円でした。決算時において、納付すべき消費税等の額が 90 万円算出されたため、仮受消費税等の額から仮払消費税等の額を控除した金額との差額が 90 万円生ずることとなり、その差額を雑損失として計上しました。この場合の課税仕入れに係る法人税法上の取扱いはどうなりますか。
>
> 　なお、この建物は取得後直ちに事業の用に供しており、耐用年数 20 年で定額法により減価償却費を算出しています。
>
> 〔取得時〕
>
> （借方）　建　　　　　物　　12,000,000 円　　（貸方）　現　　　　　　金　　13,200,000 円
> 　　　　　仮 払 消 費 税 等　　 1,200,000 円
>
> 〔決算時〕
>
> （借方）　減 価 償 却 費　　　 600,000 円　　（貸方）　建　　　　　　物　　　 600,000 円
> 　　　　　仮 受 消 費 税 等　　1,200,000 円　　　　　　仮 払 消 費 税 等　　1,200,000 円
> 　　　　　雑　　損　　失　　　 900,000 円　　　　　　未 払 消 費 税 等　　　 900,000 円

【回答】

　本事例においては、以下のような申告調整を行います。

・別表四　所得の金額の計算に関する明細書

区　　分		総　　額	処　　　分	
			留　　保	社外流出
加算	減価償却の償却超過額	570,000 円	570,000 円	
	控除対象外消費税額等の損金算入限度超過額	270,000 円	270,000 円	

・別表五（一）　利益積立金額及び資本金等の額の計算に関する明細書

Ⅰ利益積立金額の計算に関する明細書				
区分	期 首 現 在利 益 積 立 金 額	当期の増減		差引翌期首現在利 益 積 立 金 額
		減	増	
建物減価償却超過額			570,000 円	570,000 円
繰延消費税額等			270,000 円	270,000 円

　なお、簡易課税制度を適用している場合には、120万円を税務上の仮払消費税等の額として建物の取得価額や控除対象外消費税額等の計算を行うことも認められます。

【解説】

1　決算修正で税務上の適正額に修正するケース

○決算修正により建物の帳簿価額を税務上の適正額に修正すると12,600,000円（12,000,000円＋600,000円）、仮払消費税等の金額は600,000円（1,200,000円－600,000円）になります。

（建物）<u>600,000</u>　　　　　　（仮払消費税等）600,000
　　　　　↑
　　1,200,000×（1－50％）＝600,000

　　12,600,000円×0.05＝630,000円…建物の償却限度額

（減価償却費）630,000　　　（建物）630,000

○繰延消費税額等の金額は300,000円、償却限度額は30,000円となり、仮払消費税等の残額は300,000円（600,000円－300,000円）になります。

　　1,200,000円×50％×（1－<u>50％</u>）＝300,000円…建物に係る控除対象外消費税額等の金額
　　　　　　　　　　　　　　↑
　　　　　　　　　　　　課税売上割合

　　300,000円÷60×12×1／2＝30,000円…繰延消費税額等の償却限度額

（繰延消費税額等）　　　300,000　　　（仮払消費税等）　300,000
（繰延消費税等償却額）　30,000　　　（繰延消費税額等）　30,000

（仮受消費税等）　　　1,200,000　　　（仮払消費税等）　300,000
　　　　　　　　　　　　　　　　　　（未払消費税等）　900,000

2　法人税法別表四・五（一）により調整するケース（問9の回答）

○仮払消費税等を経由して雑損失に振り替えられた仮払消費税等の金額600,000円は、償却費として損金経理をした金額に含まれることとなりますので、減価償却の償却超過額は570,000円となります。

　（600,000円＋600,000円）－630,000円（建物の償却限度額）＝570,000円

○雑損失として損金経理した900,000円から建物の減価償却費となる600,000円を差し引いた残額（300,000円）が、繰延消費税額等の損金算入額となりますので、繰延消費税額等の償却超過額は270,000円となります。

　300,000円－30,000円（繰延消費税額等の償却限度額）＝270,000円

■令和5年10月1日〜令和11年9月30日期間中に免税事業者から取得した減価償却資産につき、仮払消費税等を計上しなかった場合の取扱い

問10　当社（9月決算法人、金融業）は、令和5年10月1日に免税事業者から国内にある店舗用の建物を取得し、その対価として1,320万円を支払いました。当社は税抜経理方式で経理をしていますが、免税事業者との取引については、仮払消費税等の額を本件取引の対価の額から区分して経理を行わないこととしており、本件取引についてもその全額を建物の取得価額にしました。また、当社の消費税の課税期間は事業年度と一致しており、当該課税期間の課税売上割合は50％で、仕入税額控除の計算は一括比例配分方式を適用しているところ、当該事業年度において、仮払消費税等の額として経理をした金額はなく、仮受消費税等の額として経理をした金額は120万円でした。決算時において、納付すべき消費税等の額が72万円算出されたため、仮受消費税等の額から仮払消費税等の額を控除した金額との差額が48万円生ずることとなり、その差額を雑益として計上しました。この場合の課税仕入れに係る法人税法上の取扱いはどうなりますか。

　　　なお、この建物は取得後直ちに事業の用に供しており、耐用年数20年で定額法により償却限度額の範囲内で減価償却費を算出しています。

〔取得時〕
（借方）　建　　　　　物　　13,200,000円　　（貸方）　現　　　　　金　　13,200,000円
〔決算時〕
（借方）　減価償却費　　　660,000円　　（貸方）　建　　　　　物　　　660,000円
　　　　　仮受消費税等　1,200,000円　　　　　　　未払消費税等　　　720,000円
　　　　　　　　　　　　　　　　　　　　　　　　　雑　　　　　益　　　480,000円

【回答】
　本事例においては、申告調整は不要です。

【解説】
　令和5年10月1日から令和11年9月30日までの間に行われた適格請求書発行事業者以外の者からの課税仕入れについては、仮払消費税等の額として取引の対価の額と区分しないで経理をし、支払対価の額の全額を資産の取得価額として法人税の所得金額の計算を行うことが認められています。

　本事例においては、法人の会計上、仮払消費税等の額を本件取引の対価の額から区分せずに、その全額を建物の取得価額として経理をしていますので、その処理は法人税の所得金額の計算上も認められることになります。

（注）減価償却資産の取得以外の取引についても同様です。

〔簡易課税制度適用事業者等の取扱い〕

　簡易課税制度又は2割特例制度を適用している事業者は、120万円を税務上の仮払消費税等の額として建物の取得価額や控除対象外消費税額等の計算を行うことも認められます。

$$1,320万円 \times \frac{10}{110} = 120万円$$

■令和11年10月１日以後に免税事業者から減価償却資産を取得した場合の取扱い

問5　当社（9月決算法人、飲食業）は、令和11年10月１日に免税事業者から国内にある店舗用の建物を取得し、その対価として1,100万円を支払いました。当社は税抜経理方式で経理をしており、本件取引について支払対価の額の110分の10相当額（100万円）を仮払消費税等の額として経理をしました。当社の消費税の課税期間は事業年度と一致しており、当該事業年度において、仮払消費税等の額として経理をした金額は本件取引に係る100万円及び適格請求書発行事業者との取引に係る120万円であり、また、仮受消費税等の額として経理をした金額は240万円でした。決算時において、納付すべき消費税等の額が120万円算出されたため、仮受消費税等の額から仮払消費税等の額を控除した金額との差額が100万円生ずることとなり、その差額を雑損失として計上しました。この場合の課税仕入れに係る法人税法上の取扱いはどうなりますか。

なお、この建物は取得後直ちに事業の用に供しており、耐用年数20年で定額法により減価償却費を算出しています。

また、当該事業年度において控除対象外消費税額等は生じません。

〔取得時〕
（借方）	建　　　　　物	10,000,000円	（貸方）	現　　　　　金	11,000,000円
	仮 払 消 費 税 等	1,000,000円			

〔決算時〕
（借方）	減 価 償 却 費	500,000円	（貸方）	建　　　　　物	500,000円
	仮 払 消 費 税 等	2,400,000円		仮 払 消 費 税 等	2,200,000円
	雑　　損　　失	1,000,000円		未 払 消 費 税 等	1,200,000円

【回答】

本事例においては、以下のような申告調整を行います。

・別表四　所得の金額の計算に関する明細書

区　　分		総　　額	処　　分	
			留　　保	社外流出
加算	減価償却の償却超過額	950,000円	950,000円	

・別表五（一）　利益積立金額及び資本金等の額の計算に関する明細書

I　利益積立金額の計算に関する明細書				
区　　分	期 首 現 在 利 益 積 立 金 額	当期の増減		差引翌期首現在 利 益 積 立 金 額
		減	増	
建物減価償却超過額			950,000円	950,000円

なお、簡易課税制度を適用している場合には、上記のような申告調整を行わないことも認められます。

【解説】

1　決算修正で税務上の適正額に修正するケース

　決算修正により建物の帳簿価額を税務上の適正額に修正すると11,000,000円（10,000,000円＋1,000,000円）になります。

　（建物）1,000,000　　　　　　　　（仮払消費税等）1,000,000

　　11,000,000円×0.05＝550,000円…建物の償却限度額

　（減価償却費）550,000　　　（建物）550,000

2　法人税法別表四・五（一）により調整するケース（問5の回答）

　仮払消費税等を経由して雑損失に振り替えられた金額1,000,000円は、償却費として損金経理をした金額に含まれることとなりますので、減価償却の償却超過額は950,000円となります。

　　500,000円＋1,000,000円－550,000円（建物の償却限度額）＝950,000

■令和11年10月１日以後に免税事業者から棚卸資産を取得した場合の取扱い

> 問6　当社（９月決算法人、小売業）は、令和12年９月１日に免税事業者から国内にある商品（家具）20個を仕入れ、その対価として220万円（11万円×20個）を支払いました。当社は税抜経理方式で経理をしており、本件取引について支払対価の額の110分の10相当額（20万円）を仮払消費税等の額として経理をしました。当社の消費税の課税期間は事業年度と一致しており、当該事業年度において、仮払消費税等の額として経理をした金額は本件取引に係る20万円及び適格請求書発行事業者との取引に係る120万円であり、また、仮受消費税等の額として経理をした金額は140万円でした。決算時において、納付すべき消費税等の額が20万円算出されたため、仮受消費税等の額から仮払消費税等の額を控除した金額との差額が20万円生ずることとなり、その差額を雑損失として計上しました。また、この商品のうち10個は期末時点で在庫として残っています。この場合の課税仕入れに係る法人税法上の取扱いはどうなりますか。
>
> 　なお、当該事業年度において控除対象外消費税額等は生じません。
>
> 〔仕入時〕
>
> | （借方） | 仕　　　　入 | 2,000,000 円 | （貸方） | 現　　　　金 | 2,200,000 円 |
> |---|---|---|---|---|---|
> | | 仮払消費税等 | 200,000 円 | | | |
>
> 〔決算時〕
>
> | （借方） | 商　　　　品 | 1,000,000 円 | （貸方） | 仕　　　　入 | 1,000,000 円 |
> |---|---|---|---|---|---|
> | | 仮払消費税等 | 1,400,000 円 | | 仮払消費税等 | 1,400,000 円 |
> | | 雑　損　失 | 200,000 円 | | 未払消費税等 | 200,000 円 |

【回答】

　本事例においては、以下のような申告調整を行います。

・別表四　所得の金額の計算に関する明細書

区　　分		総　　額	処　　分	
			留　　保	社外流出
加算	雑損失の過大計上	100,000 円	100,000 円	

・別表五（一）　利益積立金額及び資本金等の額の計算に関する明細書

I　利益積立金額の計算に関する明細書				
区　　分	期首現在利益積立金額	当期の増減		差引翌期首現在利益積立金額
		減	増	
商品			100,000 円	100,000 円

　なお、簡易課税制度を適用している場合には、上記のような申告調整を行わないことも認められます。

【解説】

1 決算修正で税務上の適正額に修正するケース

決算修正により仕入の帳簿価額を税務上の適正額に修正すると2,200,000円（2,000,000円＋200,000円）になります。

また、期中に販売した商品に係る部分の金額は売上原価として当事業年度の損金の額に算入されることから、期末在庫10個分だけを税込金額により評価することとなります。

| （仕入） 200,000 | （仮払消費税等） 200,000 |
| （商品） 1,100,000 | （期末商品棚卸高） 1,100,000 |

2 法人税法別表四・五(一) により調整するケース（問6の回答）

雑損失として計上した200,000円のうち、期中に販売した商品に係る部分の金額は売上原価として当事業年度の損金の額に算入されていることから、期末在庫10個分だけを雑損失の過大計上額として別表調整することになります。

■令和11年10月１日以後に免税事業者に経費等を支出した場合の取扱い

問7　当社（9月決算法人、小売業）は、全社員の慰安のため、令和12年9月1日に免税事業者が営む国内の店舗において飲食を行い、その対価として11万円を支払いました。当社は税抜経理方式で経理をしており、本件取引について支出対価の額の110分の10相当額（1万円）を仮払消費税等の額として経理をしました。当社の課税期間は事業年度と一致しており、当該事業年度において、仮払消費税等の額として経理をした金額は本件取引に係る1万円及び適格請求書発行事業者との取引に係る120万円であり、また、仮受消費税等の額として経理をした金額は140万円でした。決算時において、納付すべき消費税等の額が20万円算出されたため、仮受消費税等の額から仮払消費税等の額を控除した金額との差額が1万円生ずることとなり、その差額を雑損失として計上しました。この場合の課税仕入れに係る法人税法上の取扱いはどうなりますか。

　　なお、当該事業年度において控除対象外消費税額等は生じません。

〔支出時〕
（借方）　福利厚生費　　　100,000円　　（貸方）　現　　　　　金　　　110,000円
　　　　　仮払消費税等　　 10,000円
〔決算時〕
（借方）　仮払消費税等　1,400,000円　　（貸方）　仮払消費税等　1,210,000円
　　　　　雑　損　失　　　 10,000円　　　　　　　未払消費税等　 200,000円

【回答】

　本事例における税務上の仕訳は以下のとおりになりますが、所得金額は変わらないため、申告調整は不要です。

〔支出時〕
（借方）　福利厚生費　　　110,000円　　（貸方）　現　　　　　金　　　110,000円
〔決算時〕
（借方）　仮受消費税等　1,400,000円　　（貸方）　仮払消費税等　1,200,000円
　　　　　　　　　　　　　　　　　　　　　　　　未払消費税等　 200,000円

【解説】

　決算修正により福利厚生費の帳簿価額を税務上の適正額に修正すると110,000円（100,000円＋10,000円）になります。ただし、福利厚生費は単純損金となる費用なので、決算時に雑損失として仮払消費税等を損金計上したとしても、税務上の申告調整は不要となります。

第3章 消費税の納税義務者と納税義務の判定

課税事業者でなければ消費税の確定申告書を提出することはできません。つまり、課税事業者でなければ仕入税額控除も認められないということです。

不動産の売買に伴う仕入税額控除の取扱いと消費税の申告義務は、納税義務の判定と非常に密接な関係にあります。本章では、消費税の納税義務者と納税義務の判定について、第2部の解説の補足として、とりわけ重要な項目を確認していきます。

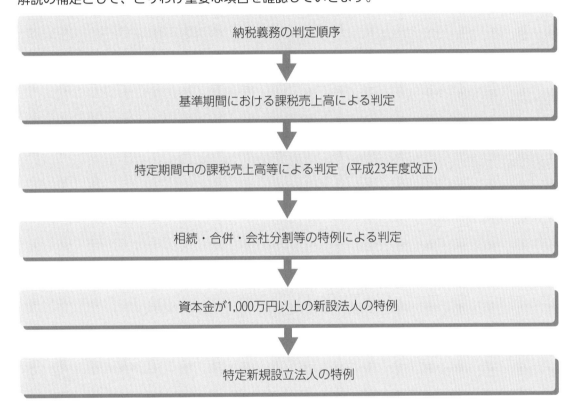

納税義務の判定順序

↓

基準期間における課税売上高による判定

↓

特定期間中の課税売上高等による判定（平成23年度改正）

↓

相続・合併・会社分割等の特例による判定

↓

資本金が1,000万円以上の新設法人の特例

↓

特定新規設立法人の特例

I 開業と法人成り

1 新規開業の個人事業者

新規に開業した個人事業者の場合、開業した年とその翌年については基準期間の課税売上高がありませんので納税義務はありません。その翌々年については、開業した年が基準期間となりますので、その課税売上高により納税義務を判定することになります。

個人事業者の場合、基準期間の中途で新たに事業を開始したような場合であっても、その基準期間中の課税売上高を年換算する必要はありません（消基通1－4－9）。

たとえば、前々年の8月10日に開業した個人事業者について、当年分の納税義務判定を考えてみましょう。基準期間である前々年の課税売上高が500万円の場合、これは8月から12月までの5か月分の売上実績ですが、これを年換算する必要はないということです。

　基準期間中の課税売上高が1,000万円以下なわけですから、当年中の納税義務は免除されることになります。

（注）　特定期間（前年1/1 ～ 6/30）中の課税売上高と給与等の支払額のいずれもが1,000万円を超える場合には、当年の納税義務は免除されません。

2　新設の法人

　新設法人の場合、設立事業年度とその翌事業年度については基準期間がありませんので納税義務もありません。設立3期目については、設立事業年度が基準期間となりますので、その課税売上高を年換算した金額で納税義務を判定することになります。

　たとえば、前々年の8月10日に設立した12月決算法人の設立3期目の納税義務判定は次のようになります。

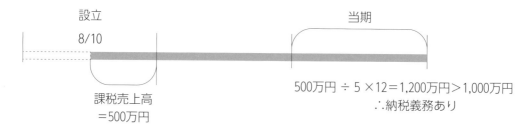

（注）　特定期間（前期の上半期）中の課税売上高と給与等の支払額のいずれもが1,000万円を超える場合には、設立事業年度（基準期間）の課税売上高を年換算した金額が1,000万円以下であっても当期の納税義務は免除されません。

3　法人成り

　個人事業者が法人を設立し、その事業を法人に引き継がせることを法人成りといいます。法人成りをした場合であっても、事業そのものは継続するわけですが、法律上は個人事業を廃業し、新たに法人として事業を開始するものですので、新設された法人の納税義務の判定にあたっては、個人事業者の時代の課税売上高は考慮する必要はありません（消基通1-4-6（注））。

　なお、個人事業者が廃業した場合には、所轄税務署長に「事業廃止届出書」を提出する必要があります（消法57①三）。

Ⅱ　特定期間中の課税売上高による納税義務の判定（平成23年度改正）

1　制度の内容

　基準期間における課税売上高が1,000万円以下の事業者であっても、特定期間における課税売上高が1,000万円を超える場合には、その年又はその事業年度における納税義務は免除されません（消法9の2①）。

　ただし、課税売上高に代えて特定期間中の給与等の支払額により判定することも認められています（消法9の2③）。

　特定期間中の給与等の金額には、給与、賞与等の他、当然に役員報酬も含まれますが、所得税が非課税となる通勤手当や旅費等は含まれません。また、未払給与も含める必要はありません（消基通1－5－23）。

　特定期間とは、個人事業者は前年1月1日～6月30日、法人は原則として直前期の上半期です。

　たとえば、個人事業者の納税義務判定は下記のようになります。

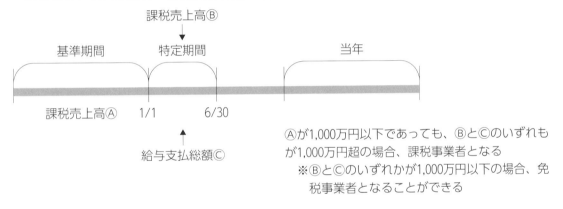

2　法人の特定期間（消法9の2④、消令20の5・20の6）

1◆月の中途で設立した法人の取扱い

　月末決算法人において、前事業年度開始の日以後6か月の期間の末日が月末でない場合には、月の中途で仮決算を組まなければいけないこととなり、納税義務の判定が非常に煩雑となってしまいます。そこで、月末決算法人で、前事業年度開始の日以後6か月の期間の末日が月末でない場合には、その6か月の期間の末日の属する月の前月末日までの期間を「6か月の期間」とみなし、納税義務判定をすることとされています（消令20の6①一）。

　たとえば、下図のように前事業年度が1月10日～12月31日のケースでは、6か月の期間の末日（7月9日）の属する月が7月となり、その前月末日である6月30日までの期間が「特定期間」とみなされます。結果、特定期間である1月10日～6月30日期間中の課税売上高と給与等の支払額のいずれもが1,000万円を超える場合には、設立2期目であっても課税事業者とな

るのです。

■1月10日に設立した12月決算法人の特定期間

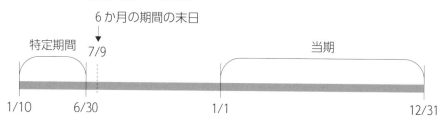

2 ◆月の中途が決算日の法人を設立した場合の取扱い

　請求書の締め日などの関係で、月の中途に決算日を設定しているケースがあります。このような法人において、前事業年度開始の日以後6か月の期間の末日が事業年度の終了応当日でない場合には、納税義務を判定するために、締め日以降の売掛金を集計しなければなりません。

　そこで、月の中途に決算日を設定している法人を設立した場合で、前事業年度開始の日以後6か月の期間の末日が事業年度の終了応当日でない場合には、その6か月の期間の末日の直前の終了応当日までの期間を「6か月の期間」とみなし、納税義務判定をすることとされています（消令20の6①二）。

　たとえば、下図のように1月10日に12月20日決算法人を設立した場合には、6か月の期間の末日（7月9日）の直前の終了応当日である6月20日までの期間が「特定期間」とみなされます。結果、特定期間である1月10日〜6月20日期間中の課税売上高と給与等の支払額のいずれもが1,000万円を超える場合には、設立2期目であっても課税事業者となるのです。

■1月10日に設立した12月20日決算法人の特定期間

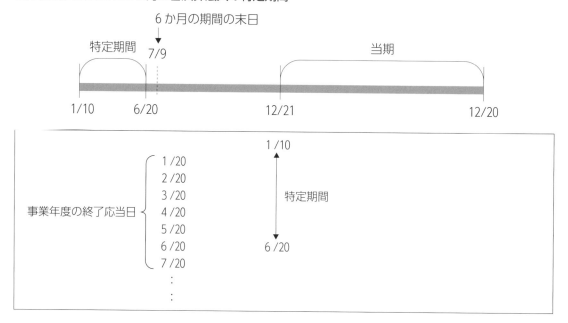

3 ◆ 設立事業年度が7か月以下の場合

　直前期の月数が7か月以下の事業者は、原則として平成23年度改正法の適用除外とされています。したがって、資本金1,000万円未満の新設法人については、設立事業年度の月数を7か月以下にしておくことにより、従来どおり設立事業年度とその翌事業年度の納税義務は免除されることになります。

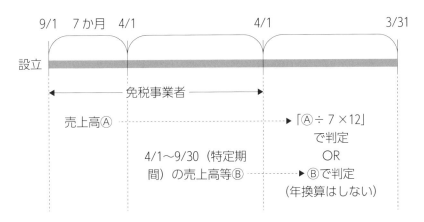

■課税事業者の選択と平成23年度改正法の関係

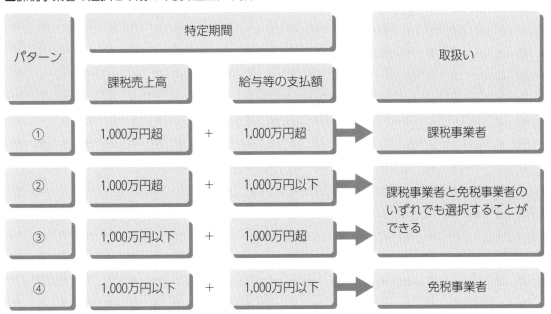

パターン	特定期間		取扱い
	課税売上高	給与等の支払額	
①	1,000万円超 ＋	1,000万円超	課税事業者
②	1,000万円超 ＋	1,000万円以下	課税事業者と免税事業者のいずれでも選択することができる
③	1,000万円以下 ＋	1,000万円超	
④	1,000万円以下 ＋	1,000万円以下	免税事業者

　パターン①で課税事業者となる場合とパターン②～③のケースで課税事業者を選択する場合には、第3－（2）号様式（消費税課税事業者届出書 特定期間用 ）を速やかに納税地の所轄税務署長に提出する必要があります（消法57①一）。

　ただし、「課税事業者選択届出書」のように提出期限が定められたものではありません。

基準期間用

消 費 税 課 税 事 業 者 届 出 書

収受印			
令和　　年　月　　日	届 出 者	（フリガナ） 納 税 地	（〒　　　－　　　） （電話番号　　　　－　　　－　　　　）
		（フリガナ） 住所又は居所 （法人の場合） 本 店 又 は 主たる事務所 の 所 在 地	（〒　　　－　　　） （電話番号　　　　－　　　－　　　　）
		（フリガナ） 名称（屋号）	
		個 人 番 号 又 は 法 人 番 号	↓ 個人番号の記載に当たっては、左端を空欄とし、ここから記載してください。
		（フリガナ） 氏 名 （法人の場合） 代 表 者 氏 名	
＿＿＿＿＿税務署長殿		（フリガナ） （法人の場合） 代 表 者 住 所	（電話番号　　　　－　　　－　　　　）

　下記のとおり、基準期間における課税売上高が1,000万円を超えることとなったので、消費税法
第57条第１項第１号の規定により届出します。

適用開始課税期間	自　令和　　　年　　　月　　　日　　至　令和　　　年　　　月　　　日	
上 記 期 間 の	自　平成 　　令和　　　年　　月　　日	左記期間の 総 売 上 高　　　　　　　　　　　　　　円
基 準 期 間	至　平成 　　令和　　　年　　月　　日	左記期間の 課税売上高　　　　　　　　　　　　　　円

事 業 内 容 等	生年月日（個 人）又は設立 年月日（法人）	1明治・2大正・3昭和・4平成・5令和 　　　年　　　月　　　日	法人 のみ 記載	事 業 年 度	自　　月　　日至　　月　　日
				資 本 金	円
	事 業 内 容		届出区分	相続・合併・分割等・その他	

参 考 事 項		税理士 署　名	（電話番号　　　　－　　　－　　　　）

※ 税 務 署 処 理 欄	整理番号		部門番号				
	届出年月日	年　　月　　日	入力処理	年　　月　　日	台帳整理	年　　月　　日	
	番号 確認		身元 確認	□ 済 □ 未済	確認 書類	個人番号カード／通知カード・運転免許証 その他（　　　　　）	

注意　1．裏面の記載要領等に留意の上、記載してください。
　　　2．税務署処理欄は、記載しないでください。

第３－⑵号様式

特定期間用

消 費 税 課 税 事 業 者 届 出 書

令和　　年　　月　　日	届出者	（フリガナ）	
		納 税 地	（〒　　－　　　） （電話番号　　　－　　　－　　　）
		（フリガナ）	
		住所又は居所 （法人の場合） 本 店 又 は 主たる事務所 の 所 在 地	（〒　　－　　　） （電話番号　　　－　　　－　　　）
		（フリガナ） 名称（屋号）	
		個 人 番 号 又 は 法 人 番 号	↓ 個人番号の記載に当たっては、左端を空欄とし、ここから記載してください。
		（フリガナ） 氏 名 （法人の場合） 代 表 者 氏 名	
＿＿＿＿税務署長殿		（フリガナ） （法人の場合） 代 表 者 住 所	（電話番号　　　－　　　－　　　）

　　下記のとおり、特定期間における課税売上高が1,000万円を超えることとなったので、消費税法第57条第1項第1号の規定により届出します。

適用開始課税期間	自　令和　　年　　月　　日　　至　令和　　年　　月　　日		
上記期間の 特 定 期 間	自　平成 　　令和　　年　　月　　日	左記期間の 総 売 上 高	円
	至　平成 　　令和　　年　　月　　日	左記期間の 課 税 売 上 高	円
		左記期間の 給与等支払額	円

事業内容等	生年月日（個人）又は設立年月日(法人)	1明治・2大正・3昭和・4平成・5令和 　　　年　　月　　日	法人のみ記載	事 業 年 度	自　月　日　至　月　日
				資 本 金	円
	事 業 内 容				

参 考 事 項		税理士署名	（電話番号　　　－　　　－　　　）

※税務署処理欄	整理番号		部門番号			
	届出年月日	年　月　日	入力処理	年　月　日	台帳整理	年　月　日
	番号確認	身元確認　□済　□未済	確認書類	個人番号カード／通知カード・運転免許証 その他（　　　　　　）		

注意　1．裏面の記載要領等に留意の上、記載してください。
　　　2．税務署処理欄は、記載しないでください。

Ⅱ　特定期間中の課税売上高による納税義務の判定（平成23年度改正）　273

消費税の納税義務者でなくなった旨の届出書

収受印				
令和　　年　月　日	届出者	（フリガナ）		
		納　税　地	（〒　　－　　　）	
			（電話番号　　　　－　　　－　　　）	
		（フリガナ）		
		氏 名 又 は 名 称 及 び 代 表 者 氏 名		
＿＿＿＿税務署長殿		個 人 番 号 又 は 法 人 番 号	↓ 個人番号の記載に当たっては、左端を空欄とし、ここから記載してください。	

　　下記のとおり、納税義務がなくなりましたので、消費税法第57条第１項第２号の規定により届出します。

①	この 届出 の 適用 開 始 課 税 期 間	自 令和　　　年　　月　　日　　至 令和　　　年　　月　　日
②	①の 基 準 期 間	自 平成 　 令和　　　年　　月　　日　　至 平成 　　　　　　　　　　　　　　　　　令和　　　年　　月　　日
③	②の 課 税 売 上 高	円

※１　この届出書を提出した場合であっても、特定期間（原則として、①の課税期間の前年の１月１日（法人の場合は前事業年度開始の日）から
　　６か月間）の課税売上高が１千万円を超える場合には、①の課税期間の納税義務は免除されないこととなります。
　２　高額特定資産の仕入れ等を行った場合に、消費税法第12条の４第１項の適用がある課税期間については、当該課税期間の基準期間の課税売
　　上高が１千万円以下となった場合であっても、その課税期間の納税義務は免除されないこととなります。
　　　　　　　　　　　　　　　　　　（詳しくは、裏面をご覧ください。）

納 税 義 務 者 と　な　っ　た　日	平成 令和　　　　年　　　月　　　日
参　　考　　事　　項	
税　理　士　署　名	（電話番号　　　　－　　　－　　　）

※ 税務署処理欄	整理番号		部門番号				
	届出年月日	年　　月　　日	入力処理	年　　月　　日	台帳整理	年　　月　　日	
	番号 確認		身元 確認	□ 済 □ 未済	確認 書類	個人番号カード／通知カード・運転免許証 その他（　　　　　　　　　）	

　注意　１．裏面の記載要領等に留意の上、記載してください。
　　　　２．税務署処理欄は、記載しないでください。

Ⅲ 相続があった場合の納税義務の免除の特例

1 相続があった年の取扱い

　相続のあった年においては、被相続人の基準期間における課税売上高が1,000万円を超える場合には、相続のあった日の翌日から年末までの期間については、相続人は課税事業者となります（消法10①）。

　相続のあった年においては、被相続人の基準期間中の課税売上高だけで納税義務を判定することとされており、相続人の基準期間における課税売上高は合算する必要はありません。また、相続人の基準期間における課税売上高が1,000万円を超えていれば、特例判定をするまでもなく、相続人は当然に課税事業者となります。

　したがって、相続人が事業を営んでいる場合には、被相続人の基準期間中の課税売上高が1,000万円を超えることにより、いままで納税義務がなかったその相続人の売上げについても、相続があった日の翌日以降は納税義務が生ずることになります。

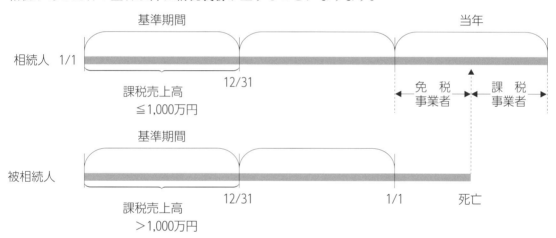

2 相続があった年の翌年及び翌々年の取扱い

　相続のあった年の翌年及び翌々年については、相続人が事業を営んでいる場合には、相続人と被相続人の基準期間の課税売上高の合計額が1,000万円を超えると、相続人は課税事業者になります（消法10②）。

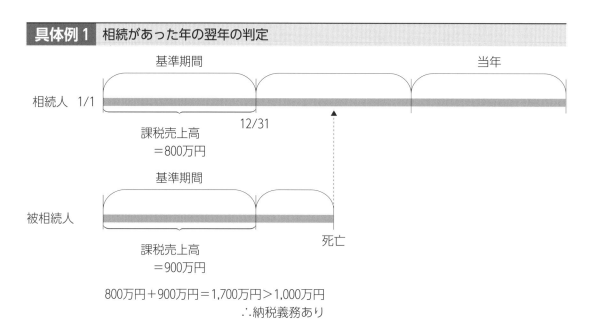

相続人　1/1
基準期間
当年
12/31
課税売上高
＝800万円

被相続人
基準期間
死亡
課税売上高
＝900万円

800万円＋900万円＝1,700万円＞1,000万円

∴納税義務あり

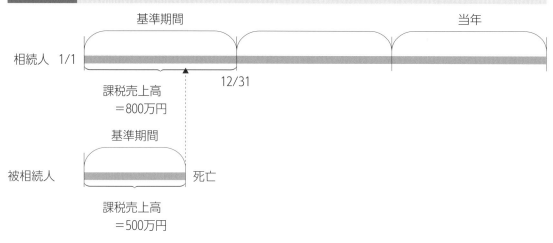

相続人　1/1
基準期間
当年
12/31
課税売上高
＝800万円

被相続人
基準期間
死亡
課税売上高
＝500万円

800万円＋500万円＝1,300万円＞1,000万円

∴納税義務あり

3　分割承継

　分割承継があった場合には、相続人の納税義務判定に用いる被相続人の基準期間における課税売上高は、それぞれの相続人が承継した事業場に係る部分の金額だけ考慮すればよいこととされています（消令21）。

具体例 被相続人がＡ・Ｂ２棟の貸店舗を所有しており、Ａ店舗の年間賃貸料収入が600万円、Ｂ店舗の年間賃貸料収入が800万円程度で推移している場合について検討します。
なお、相続人は長男と次男の２人であり、いずれも給与所得者です。また、遺産分割については公正証書遺言によるものとします。

ケース１ 長男が、ＡとＢのどちらの物件も承継するケース

　被相続人の基準期間における課税売上高は1,000万円を超える（600万円＋800万円＝1,400万円）こととなるため、長男は相続のあった年から課税事業者となります。

（注）相続が発生したときにおいて、相続財産が未分割の場合には、法定相続分割合により納税義務を判定します（278〜281頁を参照）。

ケース２ Ａ物件を長男、Ｂ物件を次男が分割して承継するケース

　長男の納税義務判定に用いる被相続人の基準期間における課税売上高は1,000万円以下（600万円）となり、長男の納税義務は免除されます。また、次男の納税義務判定に用いる被相続人の基準期間における課税売上高も1,000万円以下（800万円）となることから、次男の納税義務も免除されることになります。

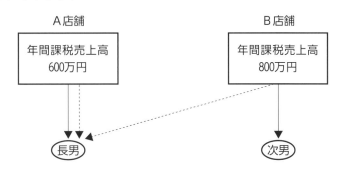

4 共有相続

　共有相続については、分割承継のように相続人が事業場ごとに分割して事業を承継するものではないことから、消費税法施行令21条の規定は適用されないと考えることもできそうです。しかし、共有で賃貸物件を相続するということは、その実態は分割承継と何ら異なるものではありません。こういった理由から、共有により賃貸物件を相続したような場合には、その持分割合に応じて被相続人の課税売上高を算定し、相続人の納税義務判定をすることが認められているようです。

具体例 年間の賃貸料が1,600万円程度で推移している商業用賃貸物件を、給与所得者である相続人甲と乙が持分２分の１で共有で相続した場合について検討します。

　この場合、被相続人の基準期間中の課税売上高は1,000万円を超えるものの、各相続人の持分割合で按分すると、課税売上高は1,000万円以下（1,600万円×１／２＝800万円）となります。
　よって、甲乙共に納税義務は免除されることになります。

5 財産が未分割の場合

　相続があった場合には、財産分与で相続人同士の話し合いがつかず、結果、裁判にもつれ込むようなことも決して珍しくありません。相続財産が未分割の場合には、財産の分割が実行されるまでの間は各相続人が共同して被相続人の事業を承継したものとして取り扱うこととされており、判定に用いる被相続人の基準期間における課税売上高は、各相続人の法定相続分に応じた割合を乗じた金額により計算することになります（消基通1－5－5）。

　たとえば、相続人が妻と子供2人の場合、法定相続分は、妻が1／2、子供が各々1／4となるので、被相続人の基準期間における課税売上高にこれらの法定相続分を乗じた金額が免税点を超える場合には、相続人は相続があった日の翌日から年末までの期間について、納税義務を負うことになるのです。

> **具体例**　被相続人が死亡し、基準期間である前々年の課税売上高（税抜）が3,200万円の場合には、妻は相続のあった日の翌日から年末までの期間について課税事業者となりますが、2人の子供については、判定に用いる金額が1,000万円以下となるので免税事業者となることができます。

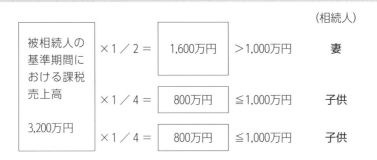

6 遺産分割が確定した場合

　年の中途において遺産分割が確定した場合には、民法909条（遺産の分割の効力）の規定に基づき、遺産の分割は相続開始の時にさかのぼってその効力を生ずることとされています。

　こういった理由から、被相続人の事業を承継する相続人の納税義務判定についても、相続のあった日においてその事業を承継したものとして取り扱うこととされていた時期もあったようですが、消費税は税の転嫁を予定して立法されているものであり、その年の納税義務の有無については、「その年の前年12月31日の現況に基づいて判定すべきである」という考え方が、現在の指針となっています。

　東京国税局の文書回答（平成24年9月18日）及び大阪国税局の文書回答（平成27年3月24日）によれば、賃貸物件などの遺産が未分割である限り、遺産分割が確定した年以前の納税義務は、上記 5 のように法定相続分割合で判定してよいこととされています。

■納税義務判定に用いる被相続人の課税売上高

分割確定時期＼判定する年	相続のあった年	相続のあった年の翌年	相続のあった年の翌々年
相続のあった年において分割が確定した場合	法定相続分割合により計算した金額	承継した事業に係る被相続人の課税売上高	承継した事業に係る被相続人の課税売上高
相続のあった年の翌年において分割が確定した場合	法定相続分割合により計算した金額	法定相続分割合により計算した金額	承継した事業に係る被相続人の課税売上高
相続のあった年の翌々年において分割が確定した場合	法定相続分割合により計算した金額	法定相続分割合により計算した金額	法定相続分割合により計算した金額

　なお、法定相続分に応じて判定したことにより免税事業者となった相続人が、遺産分割が確定したことにより、結果として事業の全部を承継したとしても、その事実により、相続人の当初の納税義務判定が覆ることはありません。

1 ◆ 前年に相続があった場合の共同相続人の消費税の納税義務の判定（相続があった年の翌年に遺産分割協議が確定した場合）

　前年に相続があった場合の共同相続人の消費税の納税義務の判定については、東京国税局の文書回答（平成24年9月18日付）により、民法909条（分割の遡及効）が適用されないことが明らかにされました。東京国税局の照会事例と回答（概要）は次のとおりです。

照会事例

　農業及び不動産賃貸業（貸店舗）を営んでいた被相続人（照会者の実母）が平成23年4月に死亡しました。相続人である本事例の照会者とその実妹の間で平成24年2月に遺産分割協議が成立し、被相続人である実母の事業はすべて照会者が承継することとなりました。この場合において、照会者の平成23年と24年分の納税義務は免除されるか否か？

　なお、照会者（相続人）は農業及び不動産賃貸業（貸店舗）、照会者の実妹（相続人）は不動産賃貸業（駐車場）を営んでおり、いずれも消費税の免税事業者です。

	各人の課税売上高		相続の発生と分割確定時期	
被相続人（実母）	1,350万円	1,390万円	4月相続発生	2月分割確定
相続人（照会者）	206万円	206万円		
相続人（実妹）	20万円	24万円		
	H21・1／1　　H22・1／1　　H23・1／1		H24・1／1	

回　答

○平成23年の照会者の納税義務

①　平成21年（基準期間）における照会者の課税売上高により判定をします。

　206万円≦1,000万円

② 平成21年（基準期間）における被相続人の課税売上高に法定相続分割合を乗じた金額により特例判定をします。

1,350万円×1／2＝675万円≦1,000万円

∴照会者は免税事業者となります。

○平成24年の照会者の納税義務

① 平成22年（基準期間）における照会者の課税売上高により判定をします。

206万円≦1,000万円

② 照会者の基準期間（平成22年）における課税売上高と、被相続人の基準期間（平成22年）における課税売上高に法定相続分割合を乗じた金額を合計して特例判定をします。

206万円＋1,390万円×1／2＝901万円≦1,000万円

∴照会者は免税事業者となります。

▌2◆相続があった年に遺産分割協議が確定した場合における共同相続人の（相続があった年の）消費税の納税義務の判定

相続があった年に遺産分割協議が確定した場合における共同相続人の消費税の納税義務の判定については、大阪国税局の文書回答（平成27年3月24日付）により、法定相続分割合によることが明らかにされました。大阪国税局の照会事例と回答（概要）は次のとおりです。

照会事例

不動産賃貸業を営んでいた被相続人（照会者の父）が平成26年2月に死亡しました。相続人である本事例の照会者とその妻、母を含む相続人7名（養子を含む。）で同年（平成26年）中に遺産分割協議が成立し、被相続人である父の事業に係る相続財産は、照会者が3分の2、妻が3分の1の持分を相続し、事業を承継することとなりました。この場合において、照会者の平成26年分の納税義務は免除されるか否か？

なお、事業承継者である照会者は会社員、その妻は専業主婦であり、相続の発生した平成26年に係る基準期間（平成24年）における課税売上高はゼロです。

	各人の課税売上高		相続の発生と分割確定時期	
被相続人（父）	1,700 万円	省略	2月相続発生	
相続人（照会者）	0円	0円	↓	
相続人（照会者の妻）	0円	0円	分割確定	

H24・1／1　　H25・1／1　　H26・1／1　　　　H27・1／1

回答

○平成26年の照会者の納税義務

① 平成24年（基準期間）における照会者の課税売上高により判定をします。

0 円≦1,000万円

② 平成24年（基準期間）における被相続人の課税売上高に法定相続分割合を乗じた金額により特例判定をします。

1,700万円×1／12≒141万円≦1,000万円

∴照会者は免税事業者となります。

(注) 妻の法定相続分割合が「1／2」、子（養子を含む）6人の法定相続分割合が「1／2」なので、照会者の法定相続分割合は「1／2」の「1／6」で「1／12」になります。

7 生前の事業承継

生前の事業承継については、納税義務免除の特例規定は一切適用されません。

したがって、課税事業者が生前に事業専従者である子供などに事業を承継させる場合には、その事業承継者の基準期間における課税売上高が1,000万円以下である限り、事業承継後については納税義務が免除されることになります。

Ⅳ 合併があった場合の納税義務の免除の特例

「吸収合併」とは、合併により存続する企業（合併法人）が、合併により消滅する企業（被合併法人）のすべての権利や義務を吸収するような形態の合併をいいます。これに対し、「新設合併」とは、合併により新しい企業（合併法人）を新設し、元の複数の企業（被合併法人）はいずれも消滅するような形態の合併をいいます。

新設合併は、新しい会社を設立するために、吸収合併よりも多くの手続が必要になります。たとえば、事業のための許認可や証券市場への上場準備などの手続をしなければならないことから、実務上は合併の多くは吸収合併で行われ、新設合併での組織再編はほとんどみられないようです。

ちなみに、吸収合併によった場合でも、合併法人は社名を変更することができます。たとえば、A社（合併存続法人）とB社（被合併法人）が合併した後に、社名をAB社と変更することや、被合併法人の社名であったB社とすることも可能です。こういった理由もあり、使い勝手の悪い新設合併は、実務上、敬遠されているようです。

1 吸収合併があった場合の納税義務の判定

吸収合併があった場合の合併存続法人の納税義務は次のように判定します（消法11①②、消令22①②）。

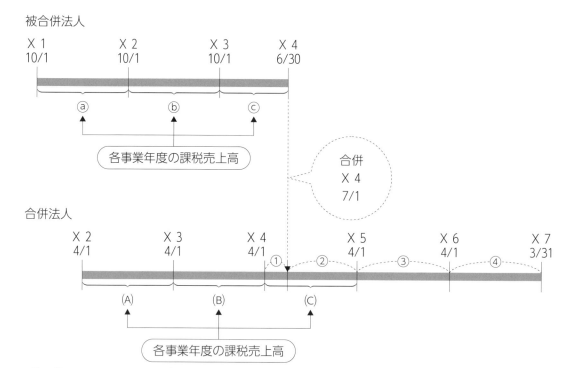

①の期間については、(A)が1,000万円を超える場合には納税義務は免除されない。

②の期間については、(A)が1,000万円以下であっても、「ⓐ×$\frac{12}{12}$」が1,000万円を超える場合には、納税義務は免除されない。

③の期間については、(B)が1,000万円以下であっても、「(B)+ⓑ×$\frac{12}{12}$」が1,000万円を超える場合には、納税義務は免除されない。

④の期間については、(C)が1,000万円以下であっても、「(C)+ⓒ×$\frac{12}{9}$×$\frac{3}{12}$」が1,000万円を超える場合には、納税義務は免除されない。

2 新設合併があった場合の納税義務の判定

　新設合併があった場合の合併新設法人の納税義務は次のように判定します（消法11③④、消令22③④⑥一）。

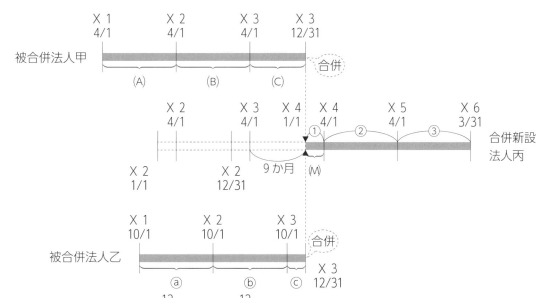

①の期間については、「(A)×$\frac{12}{12}$」と、「ⓐ×$\frac{12}{12}$」のいずれかが1,000万円を超える場合には、納税義務は免除されない。

②の期間については、「(B)×$\frac{12}{12}$＋ⓐ×$\frac{12}{12}$」が1,000万円を超える場合には、納税義務は免除されない。

③の期間については、「(M)×$\frac{12}{3}$」が1,000万円以下であっても、「(M)＋(C)×$\frac{9}{9}$＋(ⓑ＋ⓒ)×$\frac{9}{12＋3}$」が1,000万円を超える場合には、納税義務は免除されない。

Ⅴ 会社分割等があった場合の納税義務の免除の特例

1 新設分割等があった場合の納税義務の判定

新設分割等があった場合の新設分割親（子）法人の納税義務は次のように判定します（消法12①～④、消令23①～⑤）。

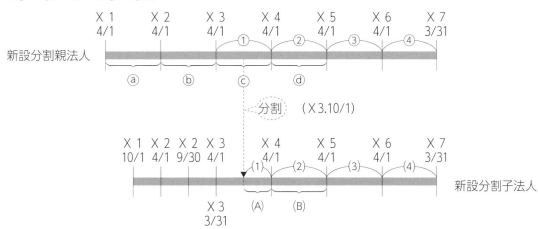

【新設分割子法人の判定】

(1)の期間については、「ⓐ×$\frac{12}{12}$」が1,000万円を超える場合には、納税義務は免除されない。

(2)の期間については、「ⓑ×$\frac{12}{12}$」が1,000万円を超える場合には、納税義務は免除されない。

(3)の期間については、「(A)×$\frac{12}{6}$」が1,000万円以下であっても、「(A)×$\frac{12}{6}$×$\frac{6}{12}$＋ⓒ×$\frac{12}{12}$」が1,000万円を超える場合には、納税義務は免除されない。

(4)の期間については、(B)が1,000万円以下であっても、「(B)×$\frac{12}{12}$＋ⓓ×$\frac{12}{12}$」が1,000万円を超える場合には、納税義務は免除されない。

【新設分割親法人の判定】

①の期間については、ⓐにより判定する。

②の期間については、ⓑにより判定する。

③の期間については、ⓒが1,000万円以下であっても、「ⓒ＋(A)×$\frac{12}{6}$×$\frac{6}{12}$」が1,000万円を超える場合には、納税義務は免除されない。

④の期間については、ⓓが1,000万円以下であっても、「ⓓ＋(B)×$\frac{12}{12}$」が1,000万円を超える場合には、納税義務は免除されない。

2 吸収分割があった場合の納税義務の判定

吸収分割があった場合の分割承継法人の納税義務は次のように判定します（消法12⑤、消令23⑥）。

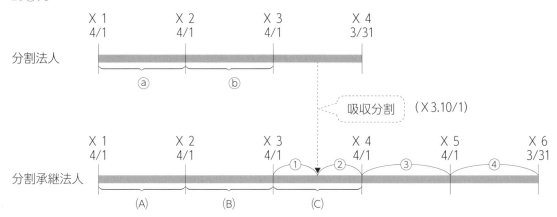

【分割承継法人の判定】

①の期間については、(A)が1,000万円を超える場合には、納税義務は免除されない。

②の期間については、(A)が1,000万円以下であっても、「ⓐ×$\frac{12}{12}$」が1,000万円を超える場合には、納税義務は免除されない。

③の期間については、(B)が1,000万円以下であっても、「ⓑ×$\frac{12}{12}$」が1,000万円を超える場合には、納税義務は免除されない。

④の期間については、(C)により判定する。

相続・合併・会社分割等の特例により課税事業者となった相続人や合併法人、分割承継法人は、「課税事業者届出書」とともに「相続・合併・分割等があったことにより課税事業者となる場合の付表」を納税地の所轄税務署長に提出することとされています（消法57①一）。

第4号様式

収受印

相続・合併・分割等があったことにより
課税事業者となる場合の付表

届出者	納　税　地	
	氏名又は名称	

① 相続の場合（分割相続　有・無）

被相続人の	納　税　地	所轄署　（　　　　）
	氏　　　名	
	事　業　内　容	

② 合併の場合（設立合併・吸収合併）

ⅰ 被合併法人の	納　税　地	所轄署　（　　　　）
	名　　　称	
	事　業　内　容	
ⅱ 被合併法人の	納　税　地	所轄署　（　　　　）
	名　　　称	
	事　業　内　容	

③ 分割等の場合（新設分割・現物出資・事後設立・吸収分割）

ⅰ 分割親法人の	納　税　地	所轄署　（　　　　）
	名　　　称	
	事　業　内　容	
ⅱ 分割親法人の	納　税　地	所轄署　（　　　　）
	名　　　称	
	事　業　内　容	

基準期間の課税売上高

課税事業者となる課税期間の基準期間	自 平成 令和　年　月　日　至 平成 令和　年　月　日	
上記期間の	① 相　続　人 ② 合併法人　の課税売上高 ③ 分割子法人	円
	① 被相続人 ② 被合併法人　の課税売上高 ③ 分割親法人	円
	合　　　　計	円

注意　1.　相続により事業場ごとに分割承継した場合は、自己の相続した事業場に係る部分の被相続人の課税
　　　　　売上高を記入してください。
　　　2.　①、②及び③のかっこ書については該当する項目に〇を付します。
　　　3.　「分割親法人」とは、分割等を行った法人をいい、「分割子法人」とは、新設分割、現物出資又は
　　　　　事後設立により設立された法人若しくは吸収分割により営業を承継した法人をいいます。
　　　4.　元号は、該当する箇所に〇を付します。

VI 新設法人の特例

1 制度の内容

　期首の資本金が1,000万円以上の新設法人は、基準期間のない事業年度については無条件に課税事業者となります（消法12の2①）。

　ただし、専ら非課税取引を行うことを目的とした社会福祉法人には、この制度は適用されません（消令25①）。

　この特例の適用対象となる新設法人は、所轄税務署長に「消費税の新設法人に該当する旨の届出書」を提出する必要がありますが、「法人設立届出書」に「消費税の新設法人に該当することとなった事業年度開始の日」を記載すれば、「消費税の新設法人に該当する旨の届出書」は提出しなくてよいこととされています（消法57②、消基通1-5-20）。

2 期中に増資を行った場合にはどうなるか？

　資本金300万円で法人を設立し、設立事業年度中に増資をして資本金を1,000万円にした場合には、設立事業年度については免税事業者となりますが、翌事業年度については期首の資本金が1,000万円以上の基準期間のない新設法人に該当しますので、免税事業者になることはできません（消基通1-5-15）。

具体例 設立事業年度中に増資を行った場合

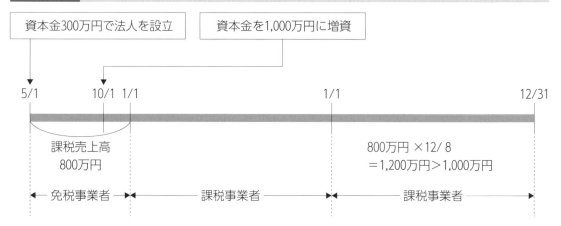

3 期中に減資を行った場合にはどうなるか？

　資本金1,000万円で法人を設立し、設立事業年度中に減資をして資本金を300万円にした場合には、設立事業年度については課税事業者となりますが、翌事業年度については期首の資本金が1,000万円未満の基準期間のない新設の法人に該当しますので、免税事業者になることができます。

（注）　第2期は、特定期間（5/1～10/31）中の課税売上高が明らかに1,000万円以下であり、免税事業者

となります。

具体例 設立事業年度中に減資を行った場合

	資本金が1,000万円未満の新規設立法人が、設立事業年度中に増資をし、資本金を1,000万円以上にした場合	資本金が1,000万円以上の新設法人が、設立事業年度中に減資をし、資本金を1,000万円未満にした場合
設立事業年度	免税事業者となる 「消費税の新設法人に該当する旨の届出書」を速やかに提出する（届出書の「消費税の新設法人に該当することとなった事業年度開始の日」には設立2期目を記載する）。	課税事業者となる 「法人設立届出書」の「消費税の新設法人に該当することとなった事業年度開始の日」に設立年月日を記載して提出すれば、「消費税の新設法人に該当する旨の届出書」を提出する必要はない。
設立2期目	課税事業者となる	免税事業者となる 「消費税の納税義務者でなくなった旨の届出書」を提出する必要はない。
設立3期目	基準期間（設立事業年度）における課税売上高が1,000万円を超える場合には、「課税事業者届出書（基準期間用）」を提出する必要がある。 基準期間（設立事業年度）における課税売上高が1,000万円以下の場合には、「消費税の納税義務者でなくなった旨の届出書」を提出する必要はない。	

（注）　上図は、各事業年度（課税期間）における特定期間中の課税売上高と給与等の支払額のいずれかが1,000万円以下の1年決算法人を前提としたものである。

消費税の新設法人に該当する旨の届出書

収受印	届 出 者	（フリガナ）	
令和　年　月　日		納 税 地	（〒　　－　　　） （電話番号　　－　　－　　）
		（フリガナ）	
		本 店 又 は 主 た る 事 務 所 の 所 在 地	（〒　　－　　　） （電話番号　　－　　－　　）
		（フリガナ）	
		名　　　　称	
		法 人 番 号	
		（フリガナ）	
_____税務署長殿		代 表 者 氏 名	
		（フリガナ）	
		代 表 者 住 所	（電話番号　　－　　－　　）

　　下記のとおり、消費税法第12条の２第１項の規定による新設法人に該当することとなったので、
消費税法第57条第２項の規定により届出します。

消 費 税 の 新 設 法 人 に 該 当 する こ と と な っ た 事 業 年 度 開 始 の 日	令和　　　　年　　　　月　　　　日
上記の日における資本金の額又は出資の金額	

事業内容等	設 立 年 月 日	平成 令和　　　年　　　月　　　日
	事 業 年 度	自　　　　月　　　　日　至　　　　月　　　　日
	事 業 内 容	

参 考 事 項	「消費税課税期間特例選択・変更届出書」の提出の有無【有 （　・　・　）　・ 無】
税 理 士 署 名	（電話番号　　－　　－　　）

※ 税務署処理欄	整理番号		部門番号		番号確認	
	届出年月日	年　月　日	入力処理	年　月　日	台帳整理	年　月　日

注意　1．裏面の記載要領等に留意の上、記載してください。
　　　2．税務署処理欄は、記載しないでください。

法 人 設 立 届 出 書

※ 整 理 番 号

税務署受付印

令和　　年　月　日

税 務 署 長 殿

新たに内国法人を設立した
ので届け出ます。

本店又は主たる 事務所の所在地	〒 電話（　　）　　－
納　税　地	〒
（フリガナ） 法　人　名	
法　人　番　号	
（フリガナ） 代 表 者 氏 名	
代 表 者 住 所	〒 電話（　　）　　－

設 立 年 月 日	令和　　年　月　日	事 業 年 度	（自）　　月　　日（至）　　月　　日
設立時の資本金 又は出資金の額	円	消費税の新設法人に該当するこ ととなった事業年度開始の日	令和　年　月　日

事業の目的	（定款等に記載しているもの） （現に営んでいる又は営む予定のもの）	支店・出張所・工場等	名　称　　　　所　在　地

設 立 の 形 態	1　個人企業を法人組織とした法人である場合（　　　　　　　税務署）（整理番号：　　　　　　） 2　合併により設立した法人である場合 3　新設分割により設立した法人である場合（□分割型・□分社型・□その他） 4　現物出資により設立した法人である場合 5　その他（　　　　　　　　　　　　）

設立の形態が2〜4である場合の適格区分	適 格 ・ そ の 他	添付書類	1　定款等の写し 2　その他 （　　　　　　　　　　）
事業開始（見込み）年月日	令和　　年　　月　　日		
「給与支払事務所等の開設届出 書」提出の有無	有　・　無		
関 与 税 理 士	氏　名		
	事務所所在地　　　電話（　　）　　－		

税 理 士 署 名		（規格A4）

※税務署 処理欄	部門	決算期	業種番号	番号	入力	名簿	通信 日付印	年 月 日	確認

03.06 改正

Ⅶ 特定新規設立法人の納税義務の免除の特例

1 制度の内容

　大規模事業者等（課税売上高が５億円を超える規模の事業者が属するグループ）が、一定要件の基、50％超の持分や議決権などを有する法人を設立した場合には、その新規設立法人の資本金が1,000万円未満であっても、基準期間がない事業年度については納税義務は免除されません。また、これらの事業年度開始日前１年以内に大規模事業者等に属する特殊関係法人が解散した場合であっても、新規設立法人は免税事業者となることはできません（消法12の３、消令25の２〜25の４）。

　ただし、専ら非課税取引を行うことを目的とした社会福祉法人には、この制度は適用されません（消令25①）。

具体例1 大規模事業者等により新設された法人の取扱い

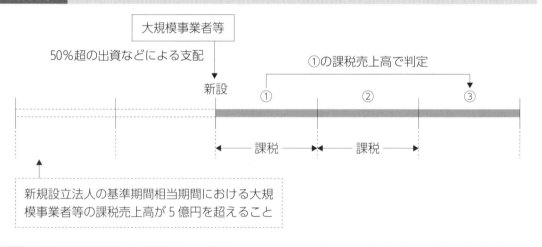

具体例2 解散法人がある場合の設立事業年度の取扱い

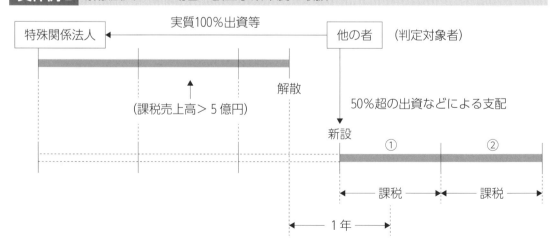

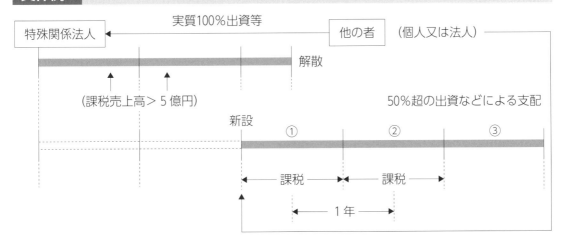

2　適用要件

　次の①、②のいずれにも該当する場合に限り、新規設立法人の基準期間がない事業年度における納税義務は免除されません。

---

①　大規模事業者等が新規設立法人を支配していること（特定要件）
②　大規模事業者等に該当する他の者又は特殊関係法人の基準期間相当期間における課税売上高が5億円を超えること

1◆大規模事業者等による支配要件（特定要件）

　新規設立法人を支配している場合とは、大規模事業者等が次の①、②、③のいずれかに該当する場合をいいます。

---

①　新規設立法人の発行済株式等を直接又は間接に50％超保有すること
②　新規設立法人の事業計画などに関する重要な議決権を直接又は間接に50％超保有すること
③　合同会社、合名会社、合資会社に該当する新規設立法人の社員数の50％超を直接又は間接に占めること

2◆大規模事業者等とは

　「大規模事業者等」とは、他の者と特殊関係法人の総称ですが、これは税制調査会の説明資料で用いられた用語であり、法令用語ではありません。

　また、他の者（判定対象者である個人又は法人）が、直接又は間接に上記①～③の発行済株式等、議決権、株主等の数を実質的に100％保有（占有）する会社を「特殊関係法人」といいます。

▌3 ◆ 同意者の取扱い

　上記②の50％判定において、個人又は法人との間で、その個人又は法人の意志と同一内容の議決権を行使することに同意している者がある場合には、その議決権は②の議決権の数に含めて判定することとされています。

▌4 ◆ 情報提供義務

　大規模事業者等は、新規設立法人から課税売上高が5億円を超えるかどうかの判定に関し、必要事項についての情報提供を求められた場合には、これに応じなければならないこととされています。

▌5 ◆ その他の注意事項

① 　事業者単位で5億円の判定をします（他の者及び特殊関係法人の課税売上高を合計する必要はありません）。

② 　支配要件の判定にあたっては、他の者が個人の場合には、その親族等の保有株式数なども加算します。

③ 　親族等には、内縁関係者や使用人などが含まれます。

④ 　新規設立法人の自己株式等は判定に含めません。

⑤ 　議決権とは、会社の合併や分割、役員の専任や解任、役員報酬や賞与、利益配当などに関する議決権をいい、行使ができない議決権は判定に含めません。

３　ケーススタディ

▌1 ◆ 直接に支配するケース

2 ◆ 特殊関係法人の課税売上高が 5 億円を超えるケース

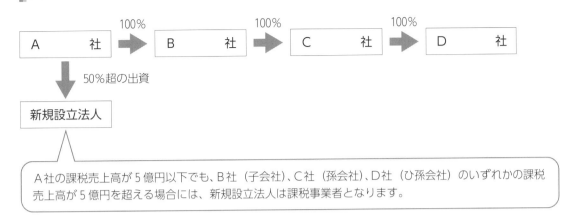

A社の課税売上高が 5 億円以下でも、B社（子会社）、C社（孫会社）、D社（ひ孫会社）のいずれかの課税売上高が 5 億を超える場合には、新規設立法人は課税事業者となります。

3 ◆ 子会社を介在させて支配するケース

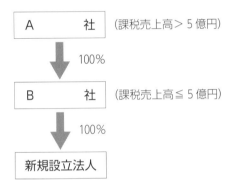

大規模事業者（A社）が子会社（B社）を介在させて新規設立法人を支配する場合には、A社は新規設立法人の直接株主ではないため、判定対象者には該当しないことになります。

次に、B社を「他の者」とした場合には、B社の課税売上高は 5 億円以下であり、また、A社はB社の特殊関係法人（他の者（B社）が直接又は間接に100％完全支配している法人）ではありません。

結果、新規設立法人は免税事業者になることができます。

4 ◆ 間接に支配するケース

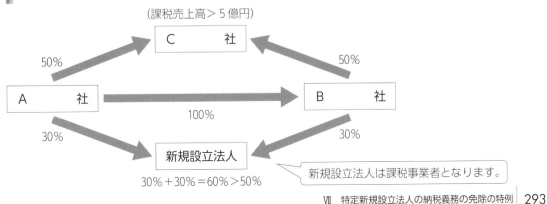

5 ◆ 個人株主が支配するケース

なお、上記のケースにおいて、甲と乙が別生計の場合には、新規設立法人は「特定新規設立法人」には該当しません。この場合における乙を「別生計親族等」、別生計親族等である乙が100%支配するM社を「非支配特殊関係法人」といいます。

6 ◆ 他の者（甲）が別生計親族等と共に大規模法人の株式を保有するケース

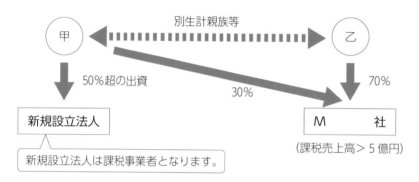

M社は、別生計親族等である乙が完全に支配している会社ではありません。

よって、M社は非支配特殊関係法人には該当しないことになります。

甲（他の者）は、その親族（乙）と共にM社を完全支配しているので、M社は特殊関係法人に該当し、新規設立法人は課税事業者となります。

M社が特殊関係法人に該当するか否かの判定は、甲（他の者）の別生計親族である乙の持株も加算することにご注意ください。

> 　新規設立法人が特定新規設立法人に該当することとなった場合には、所轄税務署長に「消費税の特定新規設立法人に該当する旨の届出書」を提出する必要があります（消法57②）。

消費税の特定新規設立法人に該当する旨の届出書

収受印		（フリガナ）			
令和　年　月　日	届	納　税　地	（〒　　−　　　）		
				（電話番号　　−　　−　　）	
		（フリガナ）			
	出	本 店 又 は 主たる事務所 の 所 在 地	（〒　　−　　　）		
				（電話番号　　−　　−　　）	
	者	（フリガナ）			
		名 称 及 び 代 表 者 氏 名			
				（電話番号　　−　　−　　）	
＿＿＿＿税務署長殿		法 人 番 号			

　下記のとおり、消費税法第12条の3第1項の規定による特定新規設立法人に該当することとなったので、消費税法第57条第2項の規定により届出します。

消費税の特定新規設立法人に該当することとなった事業年度開始の日			令和　　　　年　　　　月　　　　日				
事業内容等	設 立 年 月 日		平成 令和　　　　年　　　　月　　　　日				
	事 業 年 度		自　　　月　　　日　　　至　　　月　　　日				
	事 業 内 容						

特定新規設立法人の判定	イ	特定要件の判定	① 特定要件の判定の基礎となった他の者	納 税 地 等			
				氏名又は名称			
		保有割合	② ①の者が直接又は間接に保有する新規設立法人の発行済株式等の数又は金額	株（円）	④ ③のうち、①の者が直接又は間接に保有する割合（②／③×100）		％
			③ 新規設立法人の発行済株式等の総数又は総額	株（円）			
	ロ	基準期間に相当する期間の課税売上高又は総収入金額	納 税 地 等				
			氏名又は名称				
			基準期間に相当する期間	自 平成 　 令和　　年　　月　　日　〜　至 平成 　　　　　　　　　　　　　　　　　　 令和　　年　　月　　日			
			基準期間に相当する期間の総収入金額				円

上記イ④の割合が50％を超え、かつ、ロの基準期間に相当する期間の(1)国内における課税売上高が5億円を超えている場合、又は、(2)国内外における総収入金額（売上金額、収入金額その他の収益の額の合計額）が50億円を超えている場合には、特定新規設立法人に該当しますので、この届出書の提出が必要となります。

参 考 事 項	
税 理 士 署 名	（電話番号　　−　　−　　）

※税務署処理欄	整理番号		部門番号		番号確認		
	届出年月日	年　月　日	入力処理	年　月　日	台帳整理	年　月　日	

注意　1．裏面の記載要領等に留意の上、記載してください。

　　　2．税務署処理欄は、記載しないでください。

著者略歴

熊王　征秀（くまおう　まさひで）
　税理士

昭和37年　山梨県出身
昭和59年　学校法人大原学園に税理士科物品税法の講師として入社し、在職中に酒税法、消費税法の講座を
　　　　　創設
平成 4 年　同校を退職し、会計事務所勤務。同年税理士試験合格
平成 6 年　税理士登録
平成 9 年　独立開業
現在
　東京税理士会会員相談室委員
　東京地方税理士会税法研究所研究員
　日本税務会計学会委員
　大原大学院大学教授

＜著書＞
○単著
　・『実務から読み解く 消費税法基本通達』（清文社）
　・『クマオーの基礎からわかる消費税』（清文社）
　・『消費税インボイス対応要点ナビ』（日本法令）
　・『消費税　軽減税率・インボイス　対応マニュアル』（日本法令）
　・『10％対応 消費税の軽減税率と日本型インボイス制度』（税務研究会）
　・『消費税の還付請求手続完全ガイド』（税務研究会）
　・『すぐに役立つ　消費税の実務Ｑ＆Ａ』（税務研究会）
　・『消費税の納税義務者と仕入税額控除』（税務経理協会）
　・『クマオーの消費税インボイスの実務』（ぎょうせい）
　・『消費税トラブルの傾向と対策』（ぎょうせい）
　・『クマオーの消費税トラブルバスターⅠ・Ⅱ』（ぎょうせい）
　・『日本全国おもしろ行脚　クマオーの講演紀Part 1 ・ 2 』（ぎょうせい）
　・『タダではすまない！消費税ミス事例集』（大蔵財務協会）
　・『再確認！自分でチェックしておきたい消費税の実務』（大蔵財務協会）
　・『消費税法講義録』（中央経済社）
　・『消費税の申告実務』（中央経済社）
　・『実践消費税法』（中央経済社）
　・『消費税法ゼミナール』（中央経済社）

○共著
　・『消費税率引上げ・軽減税率・インボイス（業種別）対応ハンドブック』（日本法令）
　・『消費税のインボイスQ&A』（中央経済社）
　・『早わかり税制改正のすべてQ&A』（中央経済社）
　・『消費税率UP対応　実務の難問を解決するブック』（中央経済社）
　・『消費税率アップ経過措置完全ガイド』（中央経済社）

四訂　不動産の取得・賃貸・譲渡・承継の消費税実務

2024年6月20日　初版発行

著　者　　熊王 征秀 ©

発行者　　小泉 定裕

発行所　　株式会社 清文社
　　　　　　　　　　　東京都文京区小石川1丁目3－25（小石川大国ビル）
　　　　　　　　　　　〒112-0002　電話03(4332)1375　FAX 03(4332)1376
　　　　　　　　　　　大阪市北区天神橋2丁目北2－6（大和南森町ビル）
　　　　　　　　　　　〒530-0041　電話06(6135)4050　FAX 06(6135)4059
　　　　　　　　　　　URL https://www.skattsei.co.jp/

印刷：大村印刷㈱

ISBN978-4-433-71904-3